初中资优学生培养探索

——华育中学教育教学研究文集

李　英◎主编

文汇出版社

目　录

教学篇

心理篇

让优质初中的教师成为研究型、创新型教师

■上海市民办华育中学校长　李英

学高为师，身正为范。没有一流的师资队伍，是不可能培育一流的学生，促进一流优质初中的建构。优质初中的教师要敢于以研促学、以研促教，努力打造自身成为研究型、创新型教师。

基础教育是人才成长的起点，中小学是一个人品格、思维、习惯形成的决定时期，青少年基础素质培养的根本在于教师。让教师成为最伟大的职业，成为优秀青年的向往，用最优秀的人去培养更优秀的人。优质初中的教师，应敢于从集聚学生的特点出发，从中国特色社会主义新时代的立德树人要求出发，关注基于教育教学实践的研究，不断使自身成为研究型、创新型教师。

研究型、创新型教师应关注学生学习动机的激发与学习兴趣的激活，推进活力高效课堂建构；应关注自身教师教学个性与特色的养成，注重学生的学科学习兴趣的激活，帮助学生确立明确的学习目标。作为初中阶段的学校，应努力创设研究型、创新型教师成长的探究平台、研究氛围、提升空间。

优质初中的教师开展教育教学实践研究，努力让自身成为研究型、创新型教师，需要积极迎接新时代教育的挑战，把握学校发展过程中需要解决的难题，主动去学习、探究。这样既可以提升教师研究方面的学术素养，同时可以促进教师自觉地寻找新的育人方式、路径，还可以拓展教师开展学科教学改革、试验与创新的广泛空间。优质民办初中要想在民办教育中牢固树立自己的品牌，更要促进教师在教育教学实践问题的解决与探究中得到锻炼与提升，促进教师在基于实践的教学探究中形成学科品牌与鲜明教学特色。

上海市民办华育中学积极引导教师举立德树人的旗帜，始终把立德树人

放在首位,积极研究初中学生的德育,积极探索有效的心理健康教育路径。通过学校德育课程系列化、团队心理辅导等教育活动,提升学生的德育修养、心理素质和爱国情怀。学校积极引导教师举优秀人才早期培育的旗帜,让教师根据学校集聚的一批初中阶段资优学生特点,从他们的资质相对优异、思维活跃、发展潜质良好、有悟性的特点出发,加强对学校课程开发与学科教学模式的研究。学校积极引导教师举民办学校优质发展的旗帜,用多样、特色、多元教育方式与平台来探究如何办老百姓满意的优质教育,同时承担起良好的社会责任。

学校积极引导教师开展基于教育教学实践的研究,通过校级课题的确立、专家的指导、激励平台的创设,来促进教师开展德育、教学与心理等方面的实践研究,并用实践探究的成果进一步推动学校的教育教学工作,取得了良好效果。

学校创设了多样的平台来促进教师开展基于实践的教育教学研究,立项了一批校级教育教学研究课题,给予课题研究经费支持,借助学校聘请的教授团队以及校外专家力量进行指导,鼓励教师开展基于华育学生特点的德育方式、课程教学特色、教改实验、学生活动等多方面的探索,鼓励教师结合自身所从事的教育教学实践开展探索与研究,以教研组、备课组、部门团队以及教师个体引领的项目兴趣小组等多样的集体形式展开,大力推进教师校本研修与研究型、创新型教师的素养提升。

学校努力让教师在教育教学实践探究中不断修炼教书育人的"匠心""匠术"与"匠趣",并不断推进教师向研究型、创新型教师迈进。为此,学校选取30多篇2018年立项的校级课题研究论文,分德育篇、教学篇、心理篇进行汇集,旨在引导教师持续开展教育教学实践研究,在研究中解决学校发展的问题,不断提升自己的学术素养与专业素养的。

此书的出版,也是为华育中学建校20周年的献礼。在教师开展研究以及此书的编辑过程中,唐盛昌理事长以及周琳书记、黄立勋副校长、杜小东副校长、袁卫华副校长等校级领导给予了大力支持与指导;校务办唐轶老师负责全书统稿;赵艺老师负责德育篇的导言撰写;刘慧老师负责教学篇的导言撰写;何婉青老师负责心理篇的导言撰写;涉及课题论文撰写的老师进行了多次校稿;荆建琴老师等负责编辑校对。文汇出版社的竺振榕编辑给予了有力协助。在此一并致谢。

2019 年 9 月

德育篇

秉承着"德育为先,因材施教,全面发展,彰显个性"的办学理念,华育中学以"六品风范"作为实施素质教育的标杆,坚持"欲成才,先成人"的教育理念,重视在全面发展的基础上尊重学生个性、开发学生潜力,并在教育教学中对学生精神品质的塑造给予充分关注。

"随风潜入夜,润物细无声。"可以说,没有高素质的教师,就不可能培养出高素质的学生,成功的德育教育是中学生全面健康成长的重要保障。在长时间和高质量的德育工作实践中,华育中学的教师们不但有工作上的热情,更有对教育管理认识上的高度,在紧张纷繁的日常工作之余笔耕不辍,将自己的研究与思考撰写成文。为此,我们将教师们的德育论文编纂成册,它虽算不上鸿篇大作,但确实凝聚了教师们在德育工作方面潜心研究的点滴心血。论文内容丰富,涉及面广,教师们从自身的德育工作实践出发,依托学校自身的办学特色和资源优势,从不同的角度对德育教学进行研究。比如,何婉青老师从学校社团活动的角度、荆小静老师从鲁冰花舍志愿服务的角度切入,探讨了如何培养学生的领导力和责任感等问题;戴卉老师、汤琳老师、彭容老师分别就数学班特色管理问题、理科班文化建设策略问题、科技班科学素养培养方法问题进行了探究;韩笑老师、季燕丽老师、陈惠卿老师则通过对初中生的健康生活程度、良好学习习惯、心理变化阶段等方面的研究来探索初中不同阶段的学生心理教育……教师们的论文中不乏真知灼见,突出反映了华育中学教师对教育前沿科研理论的敏锐嗅觉和大胆的探索精神,展示着我校教师求真务实、奋进创新的迷人风采。

以汇编本论文集为契机,我们愿抛砖引玉,通过将教师们在一线教学中产生的问题意识浓缩、展示、分享、探求,以真实的问题、研究的眼光、科学的态度进行深度反思,从而建立一种教育、教学、研究、学习一体化的工作方式,推进我校德育工作健康和谐发展,促进教师队伍向更深层次和更高水平发展!

班主任八年级中途新接班问题与对策的探究

■上海市民办华育中学　陈惠卿

摘　要:班主任是班集体的组织者和领导者,是教育活动中行使管理和育人职责的重要角色。青春期是青少年生理发育和心理发展急剧变化的时期,是童年向成年过渡的时期,也是人生观和世界观逐步形成的关键时期。初二则是这个时期中变化尤为明显的一年,也因此成为整个中学阶段最难管理、"最危险"的阶段。当八年级带有鲜明初二特色的学生遇上新接班的班主任时,新班主任势必要充分了解这一年龄段的孩子特点,有的放矢,才能为班级衔接的平稳过渡和班级工作的顺利展开打下坚实的基础。

关键词:八年级　初二现象　新接班　问题对策

苏霍姆林斯基曾这样评价班主任工作:"要记住,你不仅是教课的教师,也是学生的教育者、生活的导师和道德的引路人。"班主任是班集体的组织者和领导者,是教育活动中行使管理和育人职责的重要角色。诚然,每位班主任带班都希望有始有终,但是现实中总有诸多原因,导致很多班主任不能带至毕业。因此,中途接班,是很多教师都已经或即将面临的问题。

在现有针对班主任中途接班的大多数研究中,都将问题聚焦在教师层面,对于新接班班主任的心态、对策等,已有深入研究和探讨。但事实上,对于不同年级的学生而言,因为他们心理状态的不同,在遇到新接班的班主任时,产生的问题也不尽相同。尤其是在孩子心理成长变化最大的初中阶段,以某一年龄段为切入点,会更有利于这个问题的研究和探讨。

青春期是青少年生理发育和心理发展急剧变化的时期,是童年向成年过渡的时期,也是人生观和世界观逐步形成的关键时期。在我国,一般把12—

18岁这一年龄段看作是青春期。初中阶段又称为少年期（也有人称之为青年初期），从十一二岁开始到十四五岁结束。初二是整个初中阶段变化尤为明显的一年，还有人认为初二是整个中学阶段最难管理、"最危险"的阶段，美国心理学家霍林沃斯称之为"心理性断乳期"，也有人称之为"初二现象"。

这一阶段的学生普遍自我意识高度膨胀，情绪波动起伏大，加之学习压力逐渐增大，成绩开始出现分化，渐渐会在各方面呈现出我们通常所说的"叛逆"情况，是难以接近的一个群体。作为在这个阶段中途新接班的班主任，正好站在新认识他们的角度，打破既有认识，直面他们青春期成长的变化，聚焦"初二现象"。

因此，在八年级时中途新接班，师生关系的处理就显得尤为问题重重且意义重大。对于学生而言，这是至关重要的成长关键期，又是充满变数的青春躁动期，更是即将迎来初三备考的学习储备期，班主任接班后能否迅速调整"磨合期"，让班级管理走上正轨，将直接决定老师对学生的引导是否有效，能否帮助他们在这个敏感阶段更好地成长。

通过对我校曾有过在八年级中途新接班经验老师的调查走访，细分新接班情况，大致有以下几种不同的评价指标：

换班主任原因	原班主任和学生感情	班级接受情况	班风评价
自身原因	正常	正常	正常
班级原因	深厚/破裂	抵触	问题

然而，根据走访情况，笔者也发现一个与预想不同的情况，即无论是哪一种评价指标体系下的新接班能否顺利，都与原班级情况关系不大，更多地取决于新班主任采取的接班措施。故本文拟结合我校的具体规章制度，以及本人及走访多位八年级新接班班主任的经验，对班主任八年级中途新接班的可行性对策进行一个总结。

一、班主任接班措施

同样是担任班主任工作，中途新接班与组建新班级，在工作性质和内容上存在着很大的差异。正如一位老班主任所言："班主任对班级的管理和塑造就像制作一件雕塑,组建新班级就好比利用未经加工的原材料进行创造,中途新接班就好比在一件已成型或半成型的作品上进行再创造。前者可以从一开始就根据自己的想法选材、打磨、成型,后者则需要在前人的基础上保存、修改、加工。前者是一往无前的开拓者,后者则还要担当好继承者和改造者的角色。"

那么,如何做好这个继承者和改造者呢?我认为,"先继承,再改造"是一个重要的原则,先保证班级的平稳过渡,再有的放矢地针对班级问题一步一步改造。

(一)重视接班前的全面了解

新老班主任的工作交接过程是一次绝好的了解机会。我校一般在每年六月完成新学期的人事安排,在这个月,新班主任就可以找个大半天的时间,去和老班主任深入地聊一聊,借此了解班级具体到个人的情况,在接班前做足准备。

在了解过程中,建议带上一张班级名单,顺次一一聊一聊每位同学的事,并适当做简要的笔记。为了避免带入主观印象,一定要少定性,即少直接问老班主任"他是个什么样的人",而是多问问"他让你印象最深的事是什么",通过具体的事件,去走近未见面的学生。尤其是对一些特殊学生——特别优秀的或者成绩落后、人际交往有压力的等——更是要避免标签式印象,对他们的事情了解得越仔细,越能跳出这个固有印象去感受他们的优缺点,这样有利于在接班后运用不同的方法打开他们的心扉。

除了对每位同学的个别了解,也要从整体上了解班级情况,比如班委的设置和运行机制,课代表的人员及各科老师对他们工作的评价,甚至家委会情况、班级活动的组织可以找哪些热心家长帮忙,等等。这些问题和老班主任聊得越细,越能对班级的现状和接班后可能面对的问题有深入了解,既有利于继承,更有利于后续的整改。

总之,和老班主任形成良好的交接关系是顺利接手新班的最重要基石。

(二)利用家访拉近和学生、家长的关系

我校的新接班制度中有很重要的一项工作需要新班主任完成:暑假全部家访一遍。虽然这件事对新班主任来说工作量非常大,但做好了这件事,接班可以说就已经顺利完成了一半。这是在学校正面交锋前,和学生及家长的

第一次私下接触,对于建立良好的师生关系、家校关系,是一个应该予以好好利用的机会。所以通常第一次家访,每家建议不少于一个小时,不要把它当作一项待完成的任务,而应该看作是与学生和家长真诚认识的第一步。

关于家访该说些什么,前期做的准备就可以派上用场了。可以从笔记中选择一些他曾经做过的典型事件入手,让孩子感觉到老师对他是关注且有所了解的,让家长感受到老师对孩子的负责,奠定好第一印象,就能打开聊天局面,可以顺势聊一聊孩子的学习、生活、交友、参加集体活动等各方面事情,也能从中去感受这个家庭的家庭教育、氛围,等等。尤其在面对可能存在明显缺点的学生时,不要以否定、批判的眼光和态度去聊天。这个年纪的孩子一旦产生这个老师针对我,这个老师不公平,这个老师以成绩取人等抵触心理,就很难再接纳你,所以针对这部分学生,既要用好老班主任给的情况,更要注意自己辩证的态度,就事论事地和学生去进行交流。

同时,针对马上就要开学的初二,学习任务的加重和学习难度的加强,也应在家访时给学生和家长打好预防针。包括升入高年级后学校的一些规章制度,哪些与学生关系日渐重要,需要学生提前做好准备,也都可以在这个时候提前沟通。这样能让学生和家长有一个暑假的时间去预先作准备和调整,就算在初二开学后真的因为一时无法适应而出现成绩和情绪的波动,也不至于慌乱无措。

至于家访的安排,一般而言,建议可以从班长或主要班委开始。因为班级工作大部分需要他们去协助开展,班级氛围更需要他们去带动。从他们开始,既可以让他们感受到自己的被重视,也可以在聊天中多从他们的角度去了解这个班级和同学的具体情况。更重要的是,家访不可能在短期内全部完成,学生和家长对新接班的班主任都抱有好奇,避免不了会在私下进行各种交流,先把引领班级风气的学生和家长拉到自己的阵营,就能够在舆论氛围上占据主动,有利于后续家访工作的更顺利开展。

总之,在家访中做好真诚沟通,拉近和学生、家长的距离,是顺利接手新班的重要开始。

(三)重视第一次班级活动的组织和开展

我校的新班主任在九月份新学期开学时就正式走马上任。九月份学校有一项重要的固定活动——国庆联欢,这个活动由于学生的参与度与自由度极高,非常有利于新任班主任在具体工作中多贴近学生,跟学生在各方面进行沟通和交流,既可以从学生那里更多更快地获取班级信息,也能够给学生接纳自己的空间。所以对于新任班主任而言,把握好这个活动极为关键。

新班主任一定要参与进活动中去,但参与不是全由自己说了算。对于初二的孩子来说,这样的活动对他们来说已经是第三次了,他们有足够的经验和能力办好这次班级活动,所以班主任的角色毋宁说是一种陪伴和找存在感。

多找班委开会商量方案,从与他们的沟通中去实际了解每一位班委的能力、责任,同时也从他们的角度去了解班级同学哪些是活动积极分子,哪些有什么潜能,哪些还需要再融入集体。多跟进活动报名和排练情况,在班级带动一种团结、积极的氛围,也能在排练过程中和学生有更多的近距离接触,看到他们更多面的样子。活动正式进行时,全程参与其中,和学生一起欣赏班级节目,一起鼓掌一起谈论,甚至可以在某些互动环节也下场小试身手。

一个月的渐渐熟悉之后来上一场这样的活动,大多数同学都会觉得和新班主任距离近了,所以利用好第一次活动的契机,可以实现班主任全面接手新班的一次质变。

(四) 班级整改切忌猛药,宜缓不宜急

班级在两年的发展之下,必然会形成自己一套熟悉的班务规程制度,进而成为一种班级人人都接受和认可的风气,大到班规、班务,小到作业怎么收,值日怎么排。当然,这些做法肯定不全然都是好的,退一步说,就算都是好的,也肯定会有和新班主任不太一致的习惯做法,毕竟每个人带班的风格、习惯是相差很多的。在这种时候,怎么去开展接手新班后的整改呢?

老话说"新官上任三把火",但这句话恰恰不适用于新班主任这个"官"。无论新班主任愿望多么良好,多么想解决原有的班级问题,或者能更上一层楼,但只要是在一接手时就急于推行新政,往往会适得其反,既没办法解决问题,也将学生推向和自己对立的位置,尤其对于初二自我性大大增强的学生而言,更是如此。

先全盘继承,保证班级平稳过渡和运行,切忌直接下猛药,这是保证接班顺利的一个重要原则。那么是不是对于班级原有的一切习惯,全部以班级同学情感为考虑因素,全部继承呢?也绝对不行。且不说班级原有的不好做法

可能已经造成了一些问题亟待解决,若新班主任没有任何自己的风格建立起来,也绝对不符合学生的期待。所以,整改是必要的,只是不能操之过急。

通过一段时间的熟悉、接触和观察,在和新班同学建立了一定感情的基础上,针对班级管理中的突出问题,可以先召开班委会,将自己这段时间看到的现象全盘托出,客观地就事讨论,提出自己的解决建议。只有得到了班委的支持,新政才能有推行下去的群众基础。抓重点问题,一次集中解决一个问题,将自身特有的工作方式和带班理念适时、适度渗透到每一次改变中去,"随风潜入夜、润物细无声",慢慢地逐步调整到自己想要的节奏上来。

当然,在整改的过程中,新班主任也要注意抓大放小,一些无伤大雅的与自己习惯不一致的做法,也没有必要强硬地一定要扭转。解决好必要的重大问题,在小细节上给学生一些保留原样的空间,是班级整改工作顺利推行的法宝。

(五)公平地解决学生问题,持续关注班级动态

新班主任和班级的磨合是一个渗透在日常每一天的长期攻坚战,所以重视日常工作,其实也是接班过程的一个重要环节。尤其对新班主任来说,同学之间是互相熟悉的,只有自己是需要去了解和熟悉学生的,因此,自己的一言一行,对每一个学生的态度和对每一件事情的处理,都是学生们的一把标尺,用以决定自己对这位新班主任的认识和态度。

诚然,每个新班级会出现的问题不尽相同,新班主任采取的措施也因问题而异,但有一点原则是共通的,那就是就事论事地解决问题,不上升到对同学的个人品质评价,公平地予以解决。尤其是当班级过去比较调皮、成绩不好或是有过犯错先例的学生出现问题时,新班主任更要注意放下成见,不要被先入为主的印象带着情绪去处理,而应该展开对涉事同学、目击同学的全方位调查,全面、细致地掌握事实真相之后再做出合理的奖惩。这一点对于初二的学生尤为重要,只有予以每一位学生必要的尊重,他们才会回馈以相同的敬意。

在日常工作中,新班主任可以多利用课间、午间、放学打扫卫生等时间去走近学生,多观察,及时了解班级动态。初二的学生虽然想法、情绪渐趋复杂,但总归还是孩子,对于老师的善意,他们只要感觉到了,自然就会亲其师、信其师。培养好的师生感情基础,是顺利接班的终极法宝。

二、初二现象

"初二现象"是指初二的学生处于青春发育期发生的一系列现象。身心急剧发展变化,存在着种种发展的可能性,美国心理学家霍林沃斯称初二阶段的学生处在"心理断乳期"。这个阶段的孩子具有叛逆、盲目、易受外界影响、情绪容易激动、暴躁、成绩两极分化普遍、违纪违规频繁、存在心理障碍等特征,又具有可塑性、主动、追求独立等特点。因此,初二阶段既是发展的危险期,同时也不可避免地成为教育的关键期。

以2017届3班和2018届7班为例,总体上他们都呈现出以下这些共性问题: ① 对于男女关系的关注,和异性的关系处理成为问题。② 学业压力因为物理学科的增加和其他学科的难度加大迅速增大,焦躁情绪明显。③ 为人处世、待人接物能力成为人际关系中的明显薄弱环节。在个体上,这些问题放大之后会出现一些极端反应,比如校园恋爱、情绪失控等现象出现频繁,形成成长中的"坎"。

以2018届7班一位典型学生 X 为例。在我初二接班前,就了解到她会有情绪失控的表现。根据一段时间和她的接触,我发现她的表现可以概括为两类: ① 抗挫能力非常差。当在学校遇到不在预期范围内的困难和挫折时,情绪容易崩溃,比如数学"周爽"低于均分、英语默写不合格、物理实验做不成功、体育跳横箱失败等,会一下子无法控制自己,出现在课堂上尖叫、大哭、吵闹等过激行为,特别严重时甚至会倒在地上打滚。② 人际交往能力非常差,不懂得正常的交往礼仪。比如在话题开始和结束前先和对方打招呼、准确平静地描述出自己想要表达的内容等方面,缺乏相应的意识,再加上情绪容易激动和在情绪崩溃时的异常表现,使得同学们也很难接纳她,导致在班级里没有朋友,集体活动时难以找到伙伴。

针对她的情况,我在接班时做足了准备,在接班后更是长期关注,适时引导:

(1)一定要和家长做好沟通。可以: ① 利用家访等机会坦诚地和家长沟通孩子的问题,让家长知道老师的角度和立场是希望帮助和引导孩子更好地成长,拉近和家长的关系,为以后的沟通打好基础。② 当孩子在学校有异常表现时,一定要第一时间和家长取得联系,客观陈述事实,以免孩子回家后乱说让家长有先入为主的误解。在联系时除了说明孩子在校做了什么,也要说明老师们怎么处理的,适当表达对孩子出现这种情况可能会造成的不良影响和自己对此的担心,让家长感觉自己不是在告状,而是在为孩子考虑。在此基础上希望家长能够协助老师一起,回家继续做孩子的工作,家长就会比较容易接受和配合。③ 日常的沟通不限于出现异常情况时,有两种情况也可以多和家长联系:一是提前评估孩子可能会情绪崩溃的情况,比如成绩出来还未公布时,如果已知孩子的考分不符合她的正常水准,即可提前与家长沟通,让家长先在家里给孩子打好"预防针",做好一定的心理建设工作,这样等孩子在学校真的拿到不理想的成绩时,出现情绪崩溃的可能性就会小很多。二是当孩子表现有一定进步时,也要及时反馈给家长,并趁机表达自己看到孩子的进步很为她高兴、相信她会慢慢变好、感谢家长的付出等情绪,这样非常有利于与家长建立长期的良性沟通,也会让家长更愿意配合老师的工作。

(2) 做好与任课老师的沟通。提前告知他们孩子可能会出现的情况,请他们帮忙留意,如果孩子在课堂上有异常表现,一定要告知自己,这样有利于掌握孩子的所有异常动态,不至于陷入家长来说自己才知道孩子白天在学校发生了什么的被动局面。同时做好和任课老师的沟通也有利于提前评估孩子可能会出现的问题,比如几次孩子考砸了都是通过任课老师和我的提前沟通,我再和家长联系得以避免孩子的情绪崩溃。

(3) 做好班级同学的教育工作。因为孩子的异常行为,其实也不难理解为何其他同学不愿意和她做朋友,但理解不等于放任不管,应利用晨会、班会等时机,适时教育,让孩子们明白如何去接纳其他人的"不一样",并且去尊重这种"不一样",孩子们对待她的态度是可以被引导的。刚开始时他们可能会嘲笑她,到后来次数多了习惯她的这些表现,在这个过程中,可以不断引导他们用更友好的态度和更包容的心态去对待她。同时一定要注意集体活动的"落单"问题,当她自己找不到伙伴时,就需要我来为她找伙伴,可以找一些心理年龄相对成熟稳重已经懂事一些的孩子,让她们带着她一块活动,几次下来,她们会自动在分组时带上她,不再需要我来做工作。当孩子在班里感到自己不再被嘲笑不再被孤立时,她也能更加放松地对待其他同学,形成更好的互动。

(4) 最后就是和孩子自己的沟通,这点最为重要。一定要让孩子自己明白老师是在帮助她,让她先从内心接受自己,才能开展工作。这就需要长时间不断地和她沟通交流,拉近和她的关系。出现问题时,及时制止她的不恰当行为,并将她带出教室单独沟通,不在其他同学面前处理。沟通时先要问清楚为什么,再针对原因给她具体的解决措施,主要有两个方向:一是舒缓她的情绪,让她明白她所遇到的困难和挫折的实质是什么,是否真的有她自己认为的那么严重;二是评价她的表现,让她知道自己情绪崩溃对于解决问题没有任何好处,反而是一种副作用,再提出她怎么处理会更好。对于这样的孩子,批评没有效果,只有跟她把道理讲透了,她能听进去,才有可能在下次做得更好一点,所以在沟通过程中耐心非常重要。同时,平日里也要多观察她,当看到她有进步的时候一定要及时表扬,甚至给点小奖励,只有当她在心理上接受了你,她才愿意听你说话。她的情况一定是会不断反复,难以完全转变的,在这个过程中唯有耐心耐心再耐心。

当然,小孩子的心是最明净的一面镜子,班主任的付出能够清楚地在他们身上留下印记。想一下子改变她很难,但一点点潜移默化地让她变得越来越好却并不像想象中那么难。在我带这个班的两年间,我就这样目睹着她变得越来越好,她情绪失控的次数越来越少了,其他老师跟我表扬她进步了的次数越来越多了。这些都让我感受到发自内心的喜悦,而更触动我的是她自己的变化,我能够感觉到她越来越信服我、依赖我、敬重我、喜爱我。在大考前,当她心情紧张时,她会来办公室找我,哪怕我在忙,她也会乖乖地坐在我的桌旁,她说即使是这样,也能平复自己的心情。最让我感动的事发生在中考时,每场考试结束,从考场出来的她都会跑到我身边紧紧拥抱我,告诉我她发挥得很好。现在回想起来,和她一起成长的过程虽然有苦有累,但更多的却是这样温暖的画面。她也是一朵小花,只不过开得比别人晚一些。我很庆幸自己见证了她逐渐破茧而出的样子,更庆幸自己在等她开放的过程中,在我力所能及的范围内给了她足够的阳光和雨露。

中途接班是一项光荣而艰巨的任务,只要付出真心,用心浇灌,学生就会接受,家长就会信任,就能把工作做好,就能圆满完成学校托付给你的任务。

参考文献

[1] 魏书生.班主任工作漫谈[M].漓江出版社,2014

［2］万玮.大夏书系·班主任兵法(修订版)[M].华东师范大学出版社,2009

［3］韩东才.班主任基本功——班级管理的基本技能[M].暨南大学出版社,2009

［4］李进成.班主任有效沟通的艺术与技巧[M].中国轻工业出版社,2016

［5］刘儒德.班主任工作中的心理效应[M].中国轻工业出版社,2012

［6］刘坚新,郑学志.班主任工作中的55个"鬼点子"[M].中国轻工业出版社,2009

［7］江舜巧.中途接班班主任有效管理策略探究[J].基础教育研究,2018：(4)

［8］赵玉珍.浅谈如何做好中途接班班主任工作[J].延边教育学院学报,2012：(8)

［9］刘云飞.中途接班班主任工作建议[J].科学大众(科学教育),2014：(2)

［10］黄春英.班主任中途接班工作心得[J].都市家教(下半月),2013：(6)

［11］李卓.让反思成为一种习惯——以班主任中途接班管理为例[J].海外英语,2013：(3)

［12］卢杰.浅谈中途接班的班主任如何真正融入班级[J].成功(教育),2012：(4)

［13］何康.让中途接班成为班级发展的活力[J].思想理论教育,2013：(3)

［14］景强.浅谈中途接班后进生转化及班级管理[J].教育现代化,2017：24

［15］杜云霞.班主任半路接班有妙招[J].学周刊,2011：(8)

［16］黄伟伟.初一、初二学生心理韧性及其与心理健康关系的研究[J].现代中小学教育,2013：(11)

关于初中生心理健康生活方式的
制度保障的学校体系

■上海市民办华育中学 韩笑

摘 要: 在 21 世纪充满机遇与挑战的今天,生活节奏越来越快,压力日剧增大,心理健康问题也日益突出。尤其是初中生,在身心发展的过渡时期,在竞争日益激烈、升学压力越来越大的情况下,他们的心理问题趋于严重。我们需要探究如何教育学生过一个健康的生活。本文通过调查研究初中学生的健康生活程度,并实践探索在初中阶段如何进行健康生活教育。

关键词: 初中生 心理健康 健康生活

一、研究背景

(一) 社会现状

改革开放以来,国力上升,人民生活水平得到稳步提高,一切在向更好的方向前进。然而在 21 世纪充满机遇与挑战的今天,生活节奏越来越快,压力日剧增大,心理健康问题也日益突出。一位美国学者曾经说过:"随着中国社会向商业化的转变,人们将面临比一直困扰中国人民的身体疾病更严重的威胁自身生存的心理问题。"正如这位学者所说,我们初中生也面临着各种各样的心理困惑或问题。

初中学生的身心发展正处于转折点。在竞争日益激烈、升学压力越来越大的情况下,他们的心理问题趋于严重。主要表现为:学习动力不足,对学习的强烈反感;人际关系紧张;冲动易怒,不善控制情绪;缺乏明确的目标;适应性、抗挫力差,等等。因此,开展初中生心理健康教育是一件迫在眉睫的大事。

随着时代的进步,为青少年提供有关性健康和生殖健康的科学知识,帮助他们树立正确、负责任的生活态度变得越来越重要。同时,也是落实习近平总书记、李克强总理做出的重要指示批示,认真履行肩负职责的充分体现。做好青春期健康工作是《中长期青年发展规划》《健康中国 2030 规划纲要》《"十三五"全国计划生育事业发展规划》的要求,也是促进广大青少年健康成长,满足学校、家庭和社会需求的一项意义重大的事业。如何良好促进初中阶段学生掌握青春期健康知识,如何帮助初中阶段学生家长了解孩子青春期健康知识,是本课题的研究意义和价值之一。

在升学压力不断提升的同时,学生的身体健康有时容易被忽视。事实上,一种过于强调智育的教育并不是成功的教育。我们要注重教导中学生如何过健康的生活。

(二)学校现状

我校教学质量较高,很多学生是社会所称的"牛娃"、资优生。对于资优生来说,心理、身体的健康尤为重要,这也是完整学校课本教材、完整教育教学整体的一个重要组成部分。

二、研究内容与过程描述

(一)课题研究的过程

我们计划通过理论研究法和文献研究法,厘清健康生活等相关概念,并撰写研究综述,明白生活方式与行为决定健康状况。健康状况与工作效率呈正相关,了解影响学生健康生活方式行为的因素有生理特征、心理及认知特征、家庭特征,这些因素还彼此互相影响,确定了将健康教育融入学生管理工作的教学任务;通过问卷调查法,调查初中学生目前对健康生活的认知与看法,以及现在存在的问题,并且在全校范围内开展健康生活活动,探究社会实践德育课程体系。首先我们成立华育中学心理健康生活方式活动小组,自上而下地确立工作体系,其中包括:校级领导干部、专职与兼职心理教师、年级组长、班主任、学生家长、学生联络员等。接着确定了所有相关硬件设置、软件,其中包括有:四位国家二级心理咨询师以及两个心理咨询室,一个青春健康俱乐部(内部包括两个公共活动空间、三个心理咨询室)。为了了解学生的心理需求,在与学生交流过程中,通过心理测量量表、心理咨询等相关手段,确立各年级学生心理特点,并且确立了家长、班主任所能承担的功能和责任。最终我们初步确立了华育中学心理健康教育图表。

(二) 研究基本内容

我们主要将华育中学的心理健康教育分为以下几个板块:

1. 针对学生

分为面向全体、团体以及个人三个部分。

(1) 针对全体性的心理教育

A. 全体学生进行心理测量量表,以方便学校、家长适时进行心理干预。

我们学校主要采用"十四份儿童人格因素问卷"心理测量量表。测试的内容包括音乐团体、智力、稳定性、兴奋、欺凌、轻松、坚定性、大胆、敏感、充实、老练、焦虑、自律和紧张。共有 14 个人格因素。14 个人格因素相互独立,但是互相关联比较少,不会产生测量偏差。因此,对每个因素的测量可以使测试者对受测者某一方面的人格特征有明确而独特的了解,通过对测量结果的有机结合和数据分析,再通过之前案例的经验比较,可以对孩子的个性有直观立体的评价。除了直接测量这 14 种人格特质外,卡特等教授也发展出一系列的公式。利用前 14 个量表的分数和这些公式,可以计算出一些次要的人格特质。主要包括:适应性和焦虑,内向和外向,神经过敏。到目前为止,CPQ 已经被翻译成多种语言,是世界上使用非常广泛的人格测试。华东师范大学的心理学研究人员也对这项测试进行了修订,使之更适合中国国情。经测试,该测试具有良好的可靠性和有效性。这个测试可以在大约 40 分钟内测量出 14 个主要的性格特征,适用于 8—14 岁的中小学生,它被认为是一个比较好的儿童的个性测试尺度。

B. 心理课程进课表。

C. 针对不同年级的全体性心理讲座。

预初年级《预初新生如何应对压力》,初一年级情绪管理《我的情绪我做主》,初二年级叛逆《心有主见不盲从》《提升抗挫折力》。初中生在学习、生活和人际交往中可能会遇到各种各样的来自主观和客观的挫折,同时心理特征也十分显著,表现为情感负担和责任心的缺失。大多数学生都是独生子女,他们承担着全家人和所有长辈的期望。学校的压力使独生子女在成长过程中始终像一根拉直的橡皮筋,同时,更容易养成自尊自大、缺乏家庭支持的坏习惯。强烈的自我意识但缺乏独立能力,长辈的"大包"使孩子对他人的依赖过于强烈,父母过度保护孩子,导致孩子的独立能力较差;优越感重的同时存在挫折感。华育的学生十分优秀,长久以来受到的表扬给他们树立了十足的"信心",但往往不经历挫折,内心无法真正强大,当许多尖子生汇聚一堂,挫折和压力便纷至沓来,学生往往会存在挫折感。因此,如果不及时给予教育指导,将对其身心发展产生非常严重的影响。学生应对压力的方式主要是自我调节心理,确立合理的自我认知和目标,加强对挫折的忍耐;父母提供感情上的支持和一定的帮助;学校开展适当教育,加强日常生活管理,组织形式多样的心理咨询活动。

初中生处于青春期,这是一个男女同学从性别意识不明显到渐渐明显的阶段。我国学者黄方孔从五个方面提出了对青少年异性交往的辅导策略:一是对青少年进行正确的性教育,包括性生理、性心理、性伦理和性道德教育;二是要帮助青少年树立正确的理性沟通观念,让青少年更为了解异性,能够对青少年的爱情和友谊进行正确区分;三是帮助青少年了解自身的心理发展,包括了解认知发展、人格与社会化发展;四是培养学生在异性交往中能够以真诚尊重、慷慨大方的态度对待对方,并且可以积极参加集体活动,可以广泛交往等技能;五是帮助年轻人克服在异性交往中的种种障碍。因此老师要充分发挥引导作用,适时开设青春期讲座,对学生进行青春期教育,不回避必要的性教育,解除学生对性的神秘感,培养学生高尚的道德、健康的人格和高度的责任感。在教育学生时,教师应遵循以下原则:第一,为学生保守秘密;第二,为学生提供可靠的情感支持;第三,开展有意义的相关活动,引导学生了解和处理情感问题,建立学生异性交往的规律,避免各种麻烦,使学生顺利渡过青春期。

初三年级开展《影响学习成绩的非智力因素》、考前心理辅导《从容去考试》的全体性心理讲座。影响学生成绩的主要因素不是人们最重视的智力因素,而是许多人忽视的非智力因素。有些班级人心涣散,成绩停滞不前,要解决问题,首先要分析问题。这些问题主要有:第一,部分学生缺乏理想、信念和自信心,进而缺乏进取心和拼搏精神,缺乏刻苦勤奋的学习态度和持之以恒的学习毅力;第二,一些学生缺乏集体的荣誉感和团结精神,缺乏同学之间的关心和班级的凝聚力;第三,有些学生虽然努力学习,但是学习方法不正确,会对学习效果有很大影响;第四,沟通不足,学生和老师对于学习的内容有差异,使教学与学习脱节。这些是非智力因素。随着社会的进步和学生自我意识的增强,非智力因素在学生的学习和成长中发挥着越来越重要的作用。

（2）团体性的学生心理活动

分别有心理联络员培训系列课程、"园艺疗法"系列课程、心理剧社团、"情商训练"第二课堂。另有面对预初年级开设的团体性青春健康俱乐部课程《了解自己》《男女有别》,针对初三年级部分学生开设的《拖延情况集体诊疗》课程等。

（3）个别学生的心理健康活动

开设心理辅导室,接受个别辅导。心理咨询室包括沙盘治疗、通风室、发泄室等一系列相关设施。现在很多学生对心理咨询认识不够。即使是严重的事件,也很少找专业咨询师进行专门的心理辅导。因此,要大力宣传和普及心理健康教育知识,不仅可以增强学生的心理健康保健意识,还能使他们对自己的心理状况有初步了解,帮助积极解决成长过程中可能出现的各种心理异常。

2. 针对家长

家长与学生在家庭中的关系紧张与否直接影响着学生的紧张情绪、待人处事的方式方法等。如何解决好家庭关系矛盾,或者说如何和父母一起沟通,使其帮助孩子营造更好的一个心理健康成长的环境,也是我们这个课程在努力的一个内容。我校在预初年级会对所有家长进行全体讲座,分别是《如何帮助孩子顺利从小学过渡》和《如何和孩子谈性》。家长需要对孩子的情绪与压力有一定的了解,再加以缓解和安抚。在教育改革的背景下,许多学生依赖于他们的家庭,当他们感到沮丧时,常常向父母倾诉。良好的亲子沟通对缓解心理压力、调节负面情绪有积极作用。家庭治疗或咨询可以帮助学生理性地理解父母养育方式对自己的影响,客观地看待父母的批评和教育,与父母形成良好的沟通方式,培养独立的性格,正确处理人际关系,合理地处理挫折和困难。所以,充分调动家庭教育的力量,让家长为学生提供情感的支持,能帮助学生更好地应对压力及挫折。在性教育和青春期教育方面,父母应该理解和尊重孩子的情感变化,不要给孩子戴上消极的帽子,在青春期的独特阶段积极陪伴孩子,给予他们必要的生活指导,不要把幼稚的爱等同于道德的腐败。父母不应羞于与子女谈论性,而应积极引导青少年有健康的异性交往。

此外,在全体讲座后,我们亦会定期进行部分家长沙龙活动,就这两个主题进行更有针对性的小组咨询,并及时让家长了解子女的心理动态,提高其适切性和成效。学校每周三开放心理咨询室,接受家长的心理咨询,每学期末进行"心理开放日"活动,接受家长的个人心理咨询。

3. 针对教师

作为学校教育的主体,我们课题努力让所有教师重视心理健康教育,从而让学生在方方面面都能处在一个相对安全、健康的环境之中。在实践中,可以通过开设心理健康教育课程和组织心理调查问卷等方式为其提供心理咨询。心理健康教育课程一方面帮助同学了解基本的心理学知识,另外帮助学生及时醒悟自身问题、自我缓解和调适。我校针对全体教师开展讲座《心理健康状态的识别与应对》《教师的心理养护——与情绪共舞》,等等。也有部分教师参与《园艺疗法》系列课程、班主任心理学学习课程、资深班主任心理学技巧学习课程。希望可以营造和谐、平等、轻松、自由的良好校园文化氛围,通过访谈、班级活动、素质拓展等活动引导学生树立正确的价值观。

三、研究成果与成效

我们的心理咨询活动取得了一些研究成果。

对于学生,他们学会了一些控制情绪的方法,对于自己压力和心理问题的缓解更为成熟。以情感 ABC 理论为例,认为人的情感产生过程是对触发事件 A 的认识和评价的结果,导致人的不良情绪的原因是触发事件的错误观念和非理性观念。运用 ABC 理论来调节不良情绪,要求学生列出引发不良情绪的刺激因素,然后列出自己对事件的感知和评价,找出对事件的非理性感知,并加以修正以达到情绪上的改变,成为一个好的情绪管理者。在学会了这一方法以后,学生对于一两次的考试失利,能开展自我分析,对非理性观念进行纠正,"一次成绩不能说明人生成败",最后让学生用理性的观念,如"我知道自己哪里学得不好了""这次考试成绩对于我来说是一次鞭策"等评价自己,把非理性观念调整为理性观念,正确看待成败得失,学会接受最坏结果,分享积极心态,产生积极正向的情绪。学习必要的情绪调节理论,能引导学生掌握科学方法,找出自身存在的非理性观念,建立合理的认知,保持积极的心态,成为积极乐观的正能量者。另外,老师们通过心理课和在学科中融入性健康教育,普及性生理及卫生知识、性心理健康知识与技能,学生形成了正确的性价值观,学生的良性异性交往的发展也得到了鼓励,学生在异性交往上的问题明显减少,同学互传谣言的情况逐渐减少,异性同学间的关系更加融洽了,合作交流时也不再躲藏或害羞。对于家长,他们越发重视孩子的家庭教育和抗压教育,正确看待提高抗压心理素质的重要性,着力于家庭成员之间加强沟通、增进感情,统一立场引导孩子心理。学校定期开展的线下的心理沙龙及时让家长了解到孩子的心理动态,提高针对性和有效性,心理咨询室又可以以专业的角度解答家长关于孩子的问题,帮助家长更好地引导孩子的心理状态。

对于老师,经过努力,老师们都更为重视学生的心理因素,在学习上,高度重视对学生非智力因素的培养,千方百计调动学生的非智力因素,把它作为促进学生成才的强大的内在动力,给予新生有关学习方法、人际交往方法等方面的指导,以此有效地减少挫折心理的发生;平时生活中,老师们不仅加强对学生日常生活的管理,以期保证学生的健康生活,更能有效地引导学生学习自我情绪管理理论,提高自主情绪调节能力,培养自我情绪激励技能,结合实际情况采取不同的方法,引导学生化解自身情绪矛盾,实现成功的情绪调节,为学生身心健康发展提供保障。虽然在整个心理健康课程体系中,我校已经考虑的较为周全,但是是否可以在这个体系中再强化心理预警机制会更好。近年来,社会上学生因为心理问题而受伤的事件频频发生。为了避免再出现这种严重的后果,建立心理预警机制是一个很好的方式方法。

我们初步认为,学校各级教师应定期接受危机干预常识培训,以便在出现问题时能够提供信息、进行干预和转移危机干预。可以关注学生的情绪变化,跟踪重点群体,建立重大危机事件的通知系统和现场处理。另外,利用家长会议和其他机会与学生家长建立密切的联系,了解孩子成长的家庭环境,并及时告知学生其心理健康状况。最后,我们将建立一个关于心理问题的定期报告制度。重点是策划学校心理健康活动,处理突发心理危机事件,检讨心理危机干预计划,定期听取下级报告,决定是否将学生转介至有关医疗机构及人员。但是具体如何实施还需要之后进行进一步的研究,并且在配合度等方面也可能存在一些问题,具体的操作方法及细节需要我们进行后续的思考。

参考文献

青少年成长指导中心. 学生自杀的警示:建立心理危机预警机制迫在眉睫[E]. https://baijiahao. baidu. com/s? id = 16121829023804467391&wfr = spider&for = pc&isFailFlag=1. 2018. 9. 21

指向"中华优秀传统文化认同"的
初中课程校本化开发
——以上海市民办华育中学为例

■上海市民办华育中学　荆小净

摘　要：在全球化的今天，培养学生对中华优秀传统文化认同被置于学校德育工作的重点地位，基于此，华育中学进行了以"中华优秀传统文化认同"为宗旨的校本化课程开发，设计"基础型课程、拓展型课程、实践型课程、隐性课堂"四个模块的课程，培养初中学生对中华优秀传统文化的认同。

关键词：中华优秀传统文化认同　校本化开发

一、背景与目标

在当今全球化的时代背景下，经济全球化带来了文化的全球化，导致不同民族、不同地域、不同国家之间产生激烈的文化交流和碰撞，促成了文化多元并存。在多元文化的背景下，保持文化的民族性和独立性，对于国家文化软实力的提升具有重要意义，因此各个国家都致力于加强本国传统文化教育，提升文化软实力，增强综合国力。

习近平总书记在十九大报告中提出建设社会主义文化强国的概念。他说，"要坚持中国特色社会主义文化发展道路，激发全民族文化创新创造活力，建设社会主义文化强国"。[1] 文化强国的建设中，教育是基础。因此2014年国家教育部印发的《完善中华优秀传统文化教育指导纲要》以及《中共上海市教育卫生工作委员会上海市教育委员会关于完善中华优秀传统文化教育长效机制的实施意见》都将中华优秀传统文化教育置于德育重要位置。

从学校层面而言,华育中学始终将立德树人置于德育工作的首要目标,致力于培养懂得"服务社会、奉献社会"的菁英学生,促进学生的全面发展。因此学校教育应将中国传统文化放在重要的德育位置,让学生自觉坚守民族信仰,继承与传承中华民族的文化硕果,塑造自身的人格和气质素养。

从学生角度而言,华育中学的学生是资优生,在初中阶段他们的思想意识变得更加自主,价值追求更加多样,而在高中或大学阶段,很多人会选择出国深造。随着接触世界的广阔,学生很容易在潮流中迷失自我。加强中华优秀传统文化教育,对于增强他们的民族文化自信和价值观自信,自觉践行社会主义核心价值观具有重要作用。

基于以上原因,华育中学试图开发一个符合初中资优生实际、贴近社会和学生生活、突出学生主体性、促进学生全面发展的培养中华优秀传统文化认同的校本化课程,以增强学生对中华优秀传统文化的理解力为重点,引导学生提高对中华优秀传统文化的认同度,做到知行合一,培养具有社会关爱、家国情怀的菁英学生。

二、研究与实践

根据《中华文化辞典》的解释,文化认同就是"一种肯定的文化价值判断"[2]。要培养初中学生对中华优秀传统文化的认同,需要增强学生对传统文化中涵盖的文学典籍、语言文字、辉煌艺术、人文古迹、历史文化等具象化符号的认同,进而抽象出对中华优秀传统文化的认同。因此中华优秀传统文化认同校本化开发的过程中,学校必须从全局角度进行统筹安排。华育中学在近五年的学校教育教学综合改革中,以课程改革为抓手,对课程体系进行了校本化建构,初步形成了学校特色校本课程体系(见图)。

(一)结合课程改革的要求进行校本化研发

华育中学以学生的"全面发展,彰显个性"为出发点研发校本化课程,分别对"基础型课程、拓展型课程、实践型课程、隐性课堂"四个模块进行设计。

(二)针对学生年龄特点,坚持课堂教育与实践教育相结合

1. 针对不同年龄特点,设计由低至高培养的课程层次

不同学段学生身心发展特点不同,因此华育中学在"中华优秀传统文化认同"校本化课程设计中注意体现从具象到抽象,从浅至深的分阶段目标:

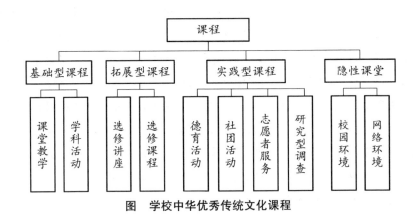

图　学校中华优秀传统文化课程

（1）低年级（六、七年级）阶段的课程目标：通过对中华优秀传统文化的不同具象文化的学习和研究，了解中华优秀传统文化的历史渊源、发展脉络、精神内涵，增强文化自觉和文化自信。

（2）高年级（八、九年级）阶段的课程目标：通过学生自主探究、社会实践的方式，体验中华文明的灿烂和华夏子孙的智慧，自觉地思考中华优秀传统文化内涵，引导学生树立天下兴亡、匹夫有责的家国情怀，树立对社会的关爱，树立以正心笃志、崇德弘毅为重点的人格修养，增强自觉传承弘扬中华优秀传统文化的责任感和使命感。

下面的基础型课程、拓展型课程、实践型课程、隐性课堂四类课程的内容设计中就分别体现了不同年龄的特点。

2. 丰富四类课程内容，实现课程目标

（1）指向规范发展的基础型课程

基础型课程要求各学科根据课程标准中关于强化中华优秀传统文化的目标，加强学科建设，结合本学科特点，深入挖掘中华优秀传统文化中蕴含的丰富德育资源，充实教育内容，创新教学方法，提升教学效果。基础型课程分为课堂教学和学科活动两个类别。

课堂教学由各学科带头人和骨干教师领衔，根据课程标准、结合学情教情进行校本化建设。如在体育课堂上的八年级教学中，根据八年级学生体格生长发育突增，其自尊心、自信心、争强好胜心增强，对武术的攻防技巧有兴趣的特点，我校体育组教师设计了将初级长拳与武术操练习相结合的教学内容,既沿用了现代教育教学模式,也展示了民族传统武术长拳的连贯、节奏、力量的特点,让学生们在学习中了解中华传统文化,也学习传承传统文化。

学科活动则重视立足本土文化的探究性学习。如语文学科活动四个年级分别是"采诗词之韵"诗词比赛、对联大赛、成语大赛、汉字风云争霸赛四个层次,通过比赛的形式分年级考察学生对中华传统文化的掌握,通过对不同年级学生提出的不同要求加深了学生的层层递进的认同感。再比如历史学科在七、八年级的学科活动分别是"上海人文探宝"和"民族风情展",从上海本土资源的探究出发上升至对民族文化的探究,从具体到抽象,在自主探究的过程中加深对上海传统文化、中华优秀传统文化的了解,进而产生认同。

(2) 指向个性发展的拓展型课程

拓展型课程的设计是对基础型课程的拓展和深化,它充分利用了学校、家庭、社会资源,通过寓教于乐的方式,由学生自主选择有兴趣的课程,充分发挥学生的自主性,促进学生的个性全面发展,加深学生对中华优秀传统文化多样性的理解。兴趣是最好的老师,在拓展型课程中需要尽可能地满足学生个性化的兴趣和需求,根据学情、教情对选修课程进行精细化、差异化的分类开发[3]。华育中学的拓展型课程分为选修讲座和选修课程两类。

选修讲座就是在一个集中的时间,由教师分析综合、系统归纳、重点讲述为主的教学方法[4]。其区别于基础型课程之处在于教师不必限于课本、讲义和常规教学步骤,可以自主选择一个主题,从不同侧面组织学生自主学习[5]。华育中学设计了不同类别的选修讲座:《食在红楼》讲座是对文学典籍和历史文化的一种解读。通过对红楼中"食物"的介绍,让学生感受中国传统文学的魅力,也了解了中国古代贵族的饮食文化。比如一位同学在讲座后写道:"《红楼梦》是我国古代四大名著之一,有别于《西游记》《水浒传》与《三国演义》,这本书完全是由文人编撰,没有经过说书人的添色加彩与曲折离奇。里面有大量对仗工整的诗篇,意蕴深刻的语言,雍容高贵的礼节,绵连不断的思念与少男少女们的青春华年。这本书对生活中的一切都有所描绘:出行、穿着、饮食等等。这节课老师带我们领悟到茄鲞为何被刘姥姥称作'要十几只鸡来配它',了解到为何看似平淡无奇的米饭竟也有'碧粳米''黄米'之分,了解到贾政送来的鸡髓笋是多么的难得，了解到胭脂鹅脯的色泽之红润，了解到'松瓤鹅油卷'与'奶油松瓤卷酥'为何会让林黛玉难以下咽。老师还细讲了庚辰本与蒙府本之间的差别。思想的净化，如空中绽放的烟花，洗净内心铅华，抹去一切浮夸，重回最真实的爽飒。"再比如讲座《印章的艺术》，介绍了印章艺术中的传统文化，《建筑里的中国文化——屋顶篇》则展示了人文古迹中的传统文化……各种各样的讲座激发了学生兴趣，为学生进一步探究做好铺垫。

选修课程相较于讲座而言更具有系统性。如《何氏灯彩》学习课程的内容包括何氏灯彩发展历史、材料介绍、兔子灯制作、熊猫灯制作、神仙鱼灯制作、圣诞树灯制作，既具有趣味性和实践性，又在系统性课程中收获对中国传统灯彩文化的了解和认同。再比如《中国画》选修课堂提出五个教学目标：了解中国画的工具、颜料的性能及选购、使用的一般知识；掌握写意花鸟画的用笔、用墨、用色和用水等的基本技能；把握花草的基础技法；掌握禽鸟、畜兽的基本技法；掌握虫、鱼、蔬、果的基础技法。系统化、专题化的学习吸引了学生参与，也加强学生对中国画的认同。

（3）指向自主探究的实践型课程

随着基础型课程和拓展型课程的开展，学生对自己的兴趣有了更深入的了解，会更加希望通过平台展示应用其所学。实践型课程的设计就是为了适应此需求，充分发挥学生的主观能动性、团队合作性，通过积极参与有计划、多层次、多形式地融合中华优秀传统文化的内容，增强学生的爱国情感和人文素养。实践型课程包括四种：德育活动、社团活动、志愿者服务、研究型调查（社会调查）。

德育活动是依据年龄特点而开展的。预初年级的德育活动是以"爱国主义"为主题的诗朗诵。爱国主义精神是中华民族传统文化的精髓，在诸多文学作品、历史文化中都有所体现。预初年级的德育活动希望以此为主体，以纯音乐为背景原创一个作品，用诗朗诵的形式诵读出来。不仅可以提高学生沟通合作的能力，也可以潜移默化地培养爱国主义情感。初一年级的"唱红歌"德育活动同样体现爱国主义精神，学生在音乐中了解中国抗战历史，陶冶情操的同时深化爱国主义精神。初二阶段随着思辨能力的增强，其德育活动设计为以传统文化为核心的辩论比赛。比如2018年华育初二年级以"汉语拼音是否弱化了汉语的文化传承作用""《中国诗词大会》等节目火热能否带动传统文化的发展"等主题开展辩论,辩论中唇枪舌剑让所有同学思考如何传承中华传统文化、如何创新中华传统文化。

社团活动与其他德育平台不同之处在于,社团是学生根据自身的兴趣自发组织和自愿参加的组织,是学生实现"自我管理、自我教育、自我服务"的学生团体,是补充课余知识的重要方式,其功能较为丰富。华育中学的传统文化社团包括:制作中华传统美食的美食社;学习传统曲艺文化的相声小品社;磨练书法的劳谦书画社;绘制国画的丹青艺术创作社;欣赏并学习京剧的京剧社等,这些体现了中华优秀传统文化中的诗、书、礼、乐。华育这些社团为了宣传社团文化,分别在校园中开设了红糖糍粑制作、相声小品表演专场、书法展示专场、绘制京剧脸谱等校级活动,参与人数达到 2 000 人次,受到华育中学学生的广泛好评。部分学生在参与活动后主动向社长了解社团情况,增强了学生了解传统文化的主动性和传承传统文化的意识。

志愿者服务则侧重"服务社会"。华育中学不仅开展面向敬老院、孤儿院等发扬中国传统助人为乐精神的社会实践,也致力于构建"弘扬传统文化"的志愿者服务平台。在志愿者服务中,先后与钱学森图书馆、中国乒乓博物馆、邹容纪念馆等组织签署志愿者服务协议,建立长期对接关系,学生们在查阅展馆或者红色基地的历史名人的生平事迹后,深刻感受他们的文化修养和家国情怀,在此基础上他们会撰写或者学习导游解说词,为展馆进行解说,也将相应的解说带进华育校园。接触参与其中,感受传统文化的魅力,中华优秀传统文化的精髓深入学生心中。

研究型课程(以下称"社会调查")则是由学生以小组的形式在寒暑假期间进行社会调查,体验自主规划、自我调整、自主研究的过程,在自主探究中收获对中华传统文化的认同。华育中学社会调查分为两个方向:第一,结合中国节庆日考察中国传统节日。如 2018 年寒假期间开展"寻找不同地区春节"的社会调查。学生们回到自己的老家了解当地的饮食、习俗、语言、历史等,进而思考一个问题:不同地区的春节传统分别反映了中华文化的哪些特点? 第二,寻访上海中学两院院士的人生故事,体悟中华文化对于人一生的影响。这种方式,既能增强学生的自豪感和归属感,激发学生爱家乡、爱国的情怀,又能实现传统文化中的内涵精神薪火相传。

（4）指向潜移默化的隐性课堂

隐性课堂涵盖校园环境和网络环境两个方面。校园环境分别有走廊上的名人名言、广播中的文化解说、教室布置的中国角、教学楼的书画墙等,打造中华优秀传统文化的氛围,潜移默化地培养学生对传统文化的认同。网络环境则是充分发挥微信等新媒体技术在弘扬中华优秀传统文化中的作用,组织学生团队适时推送关于中华优秀传统文化的基本知识,讲述优秀传统文化新时代故事,生动呈现中华优秀传统文化的博大精深。

三、反思和展望

在校本化开发实践中发现,中华优秀传统文化认同的过程中,推进学生对传统文化的审美认同是比较容易的,凝聚对文化的情感与共识是比较难的。因为认同效果的达成需要受众明确建构"他者"与"自我",而初中生正处于思想观念激烈变换的时期,因此需要外在力量帮助学生明确"自我"的关系,树立文化自信,增强文化认同。为此,在未来校本化建设中希望添加一定的仪式教育,通过共同的、外在的引导将学生对具象文化的喜欢抽象为文化认同。

参考文献

[1] 习近平.中国共产党第十九次全国代表大会在京闭幕　习近平发表重要讲话.新华网 http://www.xinhuanet.com//2017-10/24/c_1121849894.htm

[2] 冯天瑜.中华文化辞典[M].武汉大学出版社,2001

[3] 陈耸.指向自主学习的高中课程校本化重构.现代基础教育研究[J],2019:33

[4] 王敬东.教学法辞典[M].山东教育出版社,1992

[5] 王丽丽.基于哈贝马斯交往理论的讲座式教学法的组织构建[J].西部素质教育,2015:1(13)

[6] 上海市教育委员会教学研究室组编.知·用:中小学校本课程彰显中华优秀传统文化实践研究[M].华东师范大学出版社,2017

[7] 苏晨杰.丁莉.中华传统文化民俗课程[M].华东师范大学出版社,2018

[8] 龚鹏程.中国传统文化十五讲[M].北京大学出版社,2006

[9] 舒坤尧.中国传统文化认同研究[M].中国水利水电出版社,2017

[10] 杨福荣,邰蕾芳.中国传统文化与大学生德育教育研究[M].西安交通大学出版

社,2016

[11] 唐盛昌主编.资优生的必修课程　创新与社会实践[M].上海科学技术出版社,2013

[12] 唐盛昌主编.资优生的必修课程社会考察[M].上海科学技术出版社,2017

[13] 梁怀超主编.优秀传统文化与大学生人文素养[M].对外经济贸易大学出版社,2016

基于项目学习的初中生的社会实践研修

■上海市民办华育中学　韩笑

摘　要：随着近些年全球范围内对素养研究和实践的深入，项目化学习作为培育素养的一种重要手段受到了普遍的关注并获得了快速发展。华育中学利用社会实践机会，推行项目化研究，结合各科学习、经历从而达到育人目的。

关键词：初中生　项目化学习　社会实践

一、引言

（一）研究背景

我国的学生社会实践开始于 20 世纪 80 年代。刚刚恢复高考后的前几届的大学生大都经历过"上山下乡"、招工进厂等形式的社会实践锻炼，亲身体验过社会生活，参与过社会的建设。之后直接从高中考入大学的"天之骄子"们则明显缺乏社会生活体验，并且对国情、民情知之甚少，表现为轻视劳动、社会责任感淡漠、思想信念摇摆迷茫等。特别是随着改革开放的深入展开，各种社会思潮的涌现与冲突直接影响了一些大学生的思想政治倾向和价值取向。针对这种情况，1983 年 10 月，团中央、全国学联决定利用假期引导大学生开展以社会调查、勤工助学、挂职锻炼为主要内容的实践活动周，得到各地高校的积极响应，从而拉开了几十年来大学生社会实践活动的帷幕。

（二）项目化学习的发展历程与意义

随着近些年全球范围内对素养研究和实践的深入，项目化学习（Project Based Learning）作为培育素养的一种重要手段受到了普遍的关注并获得了快速发展。在我国高中新修订的课程标准中,语文、数学、地理、信息技术等诸多学科都提出要运用项目化学习方式,也有众多国内知名学者倡导大单元、项目化的设计方法。[1]

设计教学法只有百年时间,是美国进步教育思潮和欧洲新教育思潮的产物。在1914—1949年间,设计教学法以其鲜明的儿童中心、统整教材及联系生活的价值取向,为当时的"传统教育"中的保守风气带来一股新风。但是,设计教学法对以往的教学方法采取了全盘否定的方式,过于强调儿童本身的需求,忽视学科价值,当时全国上下盲目试行,迅速推进,对其背后的理念和价值并不完全理解,使设计教学法在20世纪30年代短暂的复苏之后落入了低谷时期。1950—1990年,整个中国教育的官方和研究领域对包括设计教学法在内的"杜威系理论"的认识经历了几次大的反转,这些反转更多体现了政治领域的思潮变化,而对其本身学术性的探讨深度还是不够的。1990—2010年,包括活动课程、校本课程及综合实践活动等在内的新的课程形态中蕴含了内容的综合,也关注到儿童的兴趣,以及培育他们的探究精神和实践能力等项目化学习的要素,虽然没有正式引入"项目化学习"概念,但是新的课程和学习形态中却蕴含了项目化学习的相关要素。2010年至今,随着全球教育中的个性化、信息化和全球化浪潮的兴起,国际范围内对素养研究的深入,项目化学习作为一种综合的学习和课程形态,获得了极大的关注。就国内教育发展而言,在教育政策领域,核心素养导向的课程标准修订对教育目标和评价产生了深远的影响,引发了对学科素养、跨学科学习、深度学习等需求。

项目化学习是一种新的学习形态。根据已有的研究,项目化学习纳入学生的视角能够引发学生更主动地投入学习,做出更积极的关于如何学习的决策,甚至影响到教师的实施过程。学科项目化学习是从某一个学科切入,聚焦关键的学科知识和能力,用驱动性问题指向这些知识和能力,在解决问题的过程中进行学科与学科、学科与生活、学科与人际的联系与拓展,用项目成果呈现出对知识的创造性、运用和深度理解。之所以提出学科项目化学习,是考虑到当前我国分科教育和学科教师的现实,从学科领域提出有挑战性的问题,跨学科解决,同时培育学科素养和跨学科素养。

二、实施项目化学习的要点难点

(一) 寻求与学科课程最佳比例

在不同学段、不同地区的制度环境中,项目化学习和学科课程最佳比例关系需要进一步研究。并不是所有学科都适合对同学进行项目化学习,在有些学科中实施项目化学习反而会让同学们困惑,达不到预想效果。在以往经验中,类似数学和英语之类的学科并不适合开展项目化学习,这两个学科的教学规划要跟着考纲走,贸然进行项目化学习会给平时的课堂授课带来负面影响,因此这两门学科适合紧跟着老师的步伐进行学习。其他的学科也要牢牢把握住最佳比例,让学生在接受课堂知识的同时,举一反三,从自身角度挖掘知识点,这样不仅能更好地消化课堂学习的内容,还可以丰富课余知识,形成自己的见解。

(二) 与当前现状的矛盾更显性

随着越来越多的项目进入课堂实践,基于项目的学习,资源分配、空间、评估、学校管理和现状所需的矛盾将更加明显;不同类型的教师、学生基于项目的学习经验也将受到更多关注。目前,大多数教师和学校对基于项目的学习有一个相对简单的理解。他们可能已经进行了一些小规模的尝试,但只有当他们真正进入完整的项目学习时,才会发现项目化学习对空间、图书馆、信息技术和艺术学科的资源分配要求非常高。学校应改变过去统一资源配置的概念,并根据项目进度灵活分配相应的资源。

三、研究过程中的真实案例

我们在日常教学中要求学生参加一定的社会实践活动。全体学生参与,以小组为单位,进行环境问题、生物问题、健康与营养问题、家庭生活、城市建设、民生问题、文化生活等方面的社会调查。培养组织学生参加社会实践活动,将有助于学生接触群众,了解社会。学生在项目化学习过程中要走出校门,离开课本,要积极融入社会,与自然和谐相处,借此对社会上的问题能有自己的思考。我校现有开展的社会实践活动如下:

分年级的秋季、春季社会考察:

预初秋季:参观自然博物馆,并伴有生物科学知识考察。

预初春季：学农活动。

初一秋季：参观西塘，并伴有社会经济市场调查。

初一春季：素质拓展。

初二秋季：参观民族企业，譬如上海商飞集团等。

初二春季：参观民族企业，譬如华为等。

初三秋季：参观辰山植物园，并伴有植物知识调查。

初三春季：参观共青森林公园，并伴有植物知识考察。

接下来分析三个社会实践活动对于学生的益处。首先是预初年级的自然博物馆参观，图 1、2、3 展示了部分同学对于这部分学习的汇报及反馈。

在这项活动中，老师事先根据自然博物馆的展览内容给同学们出了几道问题，组成了社会实践任务单。同学们凭着任务单可以在参观的同时，有针对性地研究某些内容，这样学生在自我学习的时候还可以受到老师的指引。任务中包含了整体的感知，比如对一个印象最深刻的场馆的陈述，比如建筑本身可能蕴含的含义，比如描述活动场景，这些问题都是相对直观的。通过

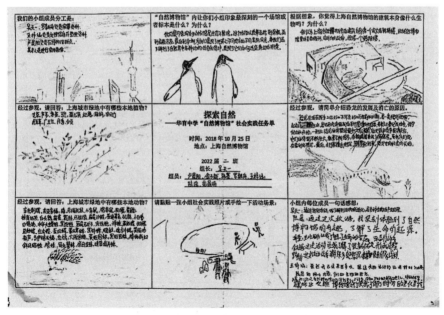

图 1　自然博物馆社会实践任务单

图 2　自然博物馆社会实践任务单

图 3　自然博物馆社会实践任务单

对这些问题的思考,可以帮助厘清同学们第一步接触到展馆的思路,先由浅再入深。任务中还问到了上海本地动植物的问题,了解动物先从身边开始。对于这两个问题,许多学生的家长可能都回答不全,许多家长也是城市里长大的,一些食材放到地里、回归未收割的状态,他们也可能认不出,更别说学生自己了。学生们囿于环境限制,而且从小学业压力繁重,可能不会有太多机会去近距离接触生态圈。那么对于这种情况,对本地动植物的一些了解就迫在眉睫,这方面的知识是学生们很需要弥补的点,在查询这方面知识的时候,学生也可以顺便对上海的地理有更深刻的认知。任务中还有个问题就是概括恐龙发展及消亡的原因。在了解完身边的动物后,又去探索过去的古老动物的秘密。在检阅社会实践任务单时可以发现,很多同学对这个问题比较感兴趣,回答的内容超过了展览馆概括的知识,多了一些自己的想法和查找到的资料。在寻找这道问题的答案的时候,学生们不仅回想起在项目化学习中学到的知识,更锻炼了自己搜索材料寻找答案的能力,这培养了学生们思考和汲取知识的主动性,不同的想法在整理的过程中互相摩擦,迸发出灵感的火花。在同学们写的五花八门的感想中可以看到,同学们都认识到了和自然和谐相处的重要性,都发自内心地感受到了自然的美。这是我们平时一而再再而三强调保护自然所没有的效果,喊口号无疑太过空洞,和学生们讲道理也很难让他们完全理解并感同身受,但是通过项目化学习,让他们离开教室,亲身投入去体验,主观能动地感受自然的美好,那么保护自然爱护自然的意识会无比地深刻,这是常规教学所不能带来的。

学生们还去了联想企业参观,参观的重点,也是给同学们留下最深印象的地方是联想企业的工厂。图4、5是同学们参观完联想企业后完成的任务单。

图4 联想企业社会实践任务单

图5 联想企业社会实践任务单

在参观过程中,同学们首先体验了现在处在科技最前沿的 VR 技术,最直观地体验了科技带来的便利,真正体会到了身临其境,这无疑提起了同学们的兴趣,有助于之后的学习。之后便是工厂的参观,几乎所有同学都在社会实践任务单里提到了,可见这对同学们的震撼有多大。对于很多同学来说,可能是第一次在工厂里亲眼见到高速自动化的流水线,其整洁、高效能给他们留下了深刻的印象。这种项目化学习也给同学们留下了一个印象,即随着科技和自动化的发展,重复性的工作会慢慢被机器所代替。当直面高速发展的科技,这种震撼会牢刻心底,同学们认识到电脑不仅是可以打游戏可以上网,也可以控制机械,创造出大量的产值。对机械制造类、程序类学科有兴趣的学生而言,这是一个很好的启发,通过接触到高端的科技,可以开阔眼界,明白努力的目标。在国外许多大学都有先进制造业技术这门专业,学习的就是如何精准、有效地制作工业产品,学习的知识可以直接应用到流水线上。这门专业不仅要学习机械类的知识,知道如何进行制造,也要通晓自动化程序,需具备编程的能力。在课堂授课时,学生只能对现在的发展情况有一个大概的了解，受时间和场地影响，无法得到直观和切身的感受。通过项目化学习，学生可以通过自行观察了解到自己学习的知识最终可以得到运用，也可以激发学生对这些相关知识的兴趣，吸引同学主动学习继续钻研，细心的学生还会发现高端的科技都是需要复合型人才的，也就是说需要多领域不同的知识融会贯通一起运用，才能达成预期的效果，说明对任何一个学科都不可以放松下来，都要认真对待。

学生们还去参观了大名鼎鼎的商飞集团，图 6、7 是相应的社会实践任务单。

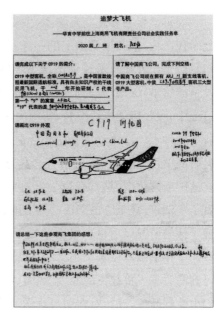

图 6　商飞集团社会实践任务单

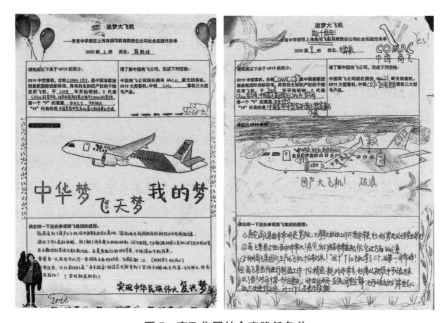

图 7　商飞集团社会实践任务单

安排学生去参观商飞集团,主要是想让学生更深入了解国产大飞机这一划时代产物,中国工业史上的一座里程碑,也希望学生在听介绍的过程中了解科研工作者在技术封锁情况下摸索前进的艰辛。学生们在参观过程中都被情绪感染,深刻体会到科研工作的严谨认真。在视频中,研究人员在研究过程中,屏气凝神专注实验,实验失败就反复尝试,给同学们心中留下了一颗科研的种子。许多学生会在今后走上科研道路,他们一定会想起第一次接触科研的项目化学习,这份情怀会传承给他们,让他们严谨对待每一项研究。在这次项目化学习后,有位学生对飞行器的兴趣萌发了,他在课余对飞行器做了些调查,甚至尝试阅读一些专业论文以求对此有更深刻的认识。老师知道了他的情况以后也积极给予援手,在一些专业性难题上相互探讨,还鼓励该同学在班级内做了个小讲座进行交流学习。在小讲座上,该学生将自己学习到的关于飞机起飞的原因、风阻、应力等专业知识向同学们进行汇报,同学们也受到鼓舞,开始对在项目化学习中学到的自己感兴趣的内容进行更深入的学习。这场景无疑是老师所愿意看到的,通过项目化学习可以拓展学生知识面,锻炼学生查阅资料的能力,并使学生更主动地进行学习,反哺课内学习。

生物科学知识考察类的社会实践帮助学生积极主动获取生物科学知识,有效提高初中学生的生物科学素养。除了让他们了解基本的生物科学知识外,还要让他们明白生物科学的形成过程、研究方法以及对社会和个人产生的巨大影响,追根溯源,进而树立牢固的科学精神,也可以系统展示人类适应自然、探索自然、追求发展的艰苦历程,让学生从活生生的历史和科学案例中获得有益的启示,激发他们探索世界、追求科学的渴望和激情。在此类社会实践中,我们希望可以引导学生关注和认识与生物科学有关的社会问题,培养学生对自然和社会的责任感;通过探讨生物科学技术在解决气候、生态、环境等问题中的应用,激发学生求知欲望,培养思考能力,开发智慧潜能;引导学生分析经济发展和环境保护的关系,人类和自然如何和谐共处,树立正确的科学价值取向。

四、总结

高质量的项目化学习,被认为是教育素养时代最为重要的一种学习方式,它指向学习的本质。它不仅是一种学习方式,还是一种课程的结构方式,指向知识观的变革与人的心智的自由迁移。

参考文献

夏雪梅.从设计教学法到项目化学习:百年变迁重蹈覆辙还是涅槃重生?[J].中国教育学刊,2019:(4)

建设班级特色文化 促进学生个性化发展

■上海市民办华育中学　王静

摘　要：学校教育承担着帮助学生形成科学的世界观和正确的人生观，用人类崇高的思想、高尚的道德去塑造学生的灵魂，引导学生养成良好的行为习惯的使命。一个班级的班风对每个正在成长的孩子来讲都是至关重要的，这就需要班主任积极有效地开展班级特色文化建设，促进良好班风的形成，促进学生个性化发展，为每一个学生创设积极健康的成长环境。

关键词：班级特色文化　个性化发展

每一个人青少年时期的大部分时间都是在校园中度过，在班级集体中度过，他早期形成的行为习惯、价值取向都会深受班级文化氛围的影响。所以，一个班级的班风对每个正在成长的孩子来讲都是至关重要的，这就需要班主任积极有效地开展班级特色文化建设，为每一个学生创设积极健康的成长环境。

一、班级特色文化建设的教育意义

学校教育承担着帮助学生形成科学的世界观和正确的人生观，用人类崇高的思想、高尚的道德去塑造学生的灵魂，引导学生养成良好的行为习惯的使命。雅斯贝尔斯曾说："将教育仅仅停留在知识的传授上，这种教育是没有灵魂的。"在新时代高速发展的时代背景下，我们更需要培养出具有"爱国尚礼、厚德重道、勤学博采、务实创新"这类精神气质的优秀人才，更需要培养出具有"大气、谦和、诚勉、博雅、笃行"这类素养品行的时代精英。

与此同时，教育的目的不仅要让学生拥有强而有力的精神信仰，还需要关怀学生心灵的健康,学会爱自己、爱生活。好的教育不仅是为了适应外界,更是为了自己内心的丰富;引导孩子转向爱、善、智慧。也就是把一个人内心的力量真正引导出来,帮助他成为自己本来的样子;教育就是激发内在潜能,帮助每一个孩子在未来的生活中能够成为更好的自己,成功地寻找自己的幸福!

所以,班级特色文化建设的意义就在于在传授学科知识之外,更承担了立德树人的作用和影响力。在班级的建设过程中要创设更多的平台来丰富学生的课余生活,鼓励孩子多多参与各类活动,提高个人的综合素养;建构起对于学生爱的教育、美的教育的空间,发展学生自身的个性和特长,在活动中提升能力,多元的学习途径和自由的学习状态才能激发学生最佳状态和潜质。

二、班级特色文化建设中班主任的角色定位

所谓班级文化,通常是指班级内部形成的独特的价值观、共同思想、作风和行为准则的总和。在班级文化建设过程中班主任要起到精神引领的作用,要将正确的思想认识和积极阳光的生活态度传递感染学生,又要能够主动搭建宽广的舞台让每个学生都有发现自我、表现自我的机会,并且还能带动家长们的积极参与,为班级文化建设添砖加瓦,正所谓"众人拾柴火焰高",只有学生们愿意积极投入,家长们大力支持,才能多方位地构建班级的特色文化,为每一个孩子营造积极健康的成长环境。

在这个过程中班主任要善于发现班级学生的特点,尊重学生内在的需求,采用有效的方式激发学生的能量,让每一个孩子都在班级文化的感召下既能明确自己应尽的义务和责任,又能找到爱的归属感和集体的荣誉感,以此不断地提升自己、超越自己,共同投入班级文化的建设,营造良好的班级风貌。

三、新时代赋予学生个性新特质

我们所处的时代是一个日新月异快速发展的时期,又是一个信息爆炸的时代,我们的学生时时刻刻都在接收删选各类信息,他们的眼界日益开阔,对事物有独有的认识,不愿意屈从于权威、按部就班,他们渴望被尊重、渴望自

由。所以,作为老师就要打破自以为是权威的狭隘认知和一言堂的格局,真正地去了解学生的所思所想,尊重他们的感受,顺应学生的个性,引导他们发展个性优势,激发孩子们内在潜力和动力。

我们华育的学生更是一群个性张扬、多才多艺、思想独立的学生,他们从小受到很好的家庭氛围影响,具有良好的学习习惯和强烈的求知欲。所以,这些孩子更加具有独立自主的意识和表现自我的想法,同时他们也会因为很高的自我要求和期许承受着来自学业的很大压力。所以,面对这样优秀的学生群体,老师要敢于信任、敢于放手,提供平台让学生们探索自我、实现自我,在班级文化建设的过程中要充分挖掘学生潜力;要创设平等民主的氛围,让学生成为班级真正的主人;也要营造班级充满爱的温馨环境,让每个孩子能够有一种归属感。

四、班级特色文化建设的过程

(一) 班级的物质文化建设

建设整洁温馨的班级环境,形成物质文化。苏霍姆林斯基曾经说:"无论是种植花草树木,还是悬挂图片标语,或是利用墙报,我们都将从审美的高度深入规划,以便挖掘其潜移默化的育人功能。"优美的教室环境能给学生增添生活与学习的乐趣,有助于培养学生正确的审美观念。最好的教育是"美育",激发学生对于美的追求,就能够自然引导学生们向善、怀仁的本性,从而养成自我的约束力和创造力。

我们学校的每一个班级都会布置温馨教室,发动学生来美化自己的生活环境。墙面上会悬挂学生创作的书法、国画作品,让学生的特长有展示的途径;布置"美文荟萃"来展示学生的优秀习作;后柜上会设置"图书角"和"园艺区",陈放书籍和植物,并且会让学生负责管理和照料,从而培养学生的责任心;最有特色的就是主题专栏的布置,每个月更换一次主题,使专栏不断焕发新的气息,充满吸引力。

创设温馨教室进行美的教育。有一学期我们开设了"照片里的故事"专栏,让学生提供照片并且拟写一段介绍,希望每个孩子都能成为一个有故事的人,一个会讲故事的人。紧扣照片系列,又推出下列分主题,如"情迷上海"拍摄极具味道的上海建筑;"我的视界"拍摄感人的场景和印象深刻的画面;

"人在旅途"拍摄自己旅行中见到的景和遇到的人。鼓励孩子们尝试用拍摄照片的方式来记录生活中的见闻,在平凡之中发现美、感受美,让转瞬即逝的美好能够在相机定格的一刹那成为一种永恒。文化就应该落实在生活之中,抬起眼去发现美,拿起笔去书写美,张开口去表达美,美其实就在举手投足之间。在美化班级环境的同时渗透进爱的教育和美的教育,以此呈现班级浓郁的艺术文化气息。

(二) 班级的精神文化建设

雅斯贝尔斯说过,教育过程首先是一个精神成长的过程。班级的精神文化建设是班级文化建设的核心内容。如今,学生们承受着巨大的学业压力,他们在成长的过程中难免会感到迷惘失意、力不从心、焦虑不安,那么作为学校教育就更应该从心灵和精神的层面去呵护学生的成长,要时时关注学生心灵的动态,并且能够进行有效的引导,让学生在人生至关重要的蜕变成长中感受到爱和力量。

1. 鼓励学生积极参加各类活动,提高综合素养

班主任要充分调动学生的积极性,组织开展丰富多彩的班级教育活动充实学生的学习生活,丰富学生的精神世界。即便面对繁重的学业和考试,也要鼓励孩子去学习一些现在看似"无用"的东西:音乐、美术、哲学、体育竞技等。这些看上去"无用"的学习能够很好地提升人内在的涵养以及提高对于世界积极乐观的认识,激发孩子独立思考的能力。

(1) 在文艺活动中能够激发学生创造美的能力。我曾在班级中提出创设班刊的建议,让每个孩子都有在班刊上留下痕迹的机会,激发他们对于创作的热情。在执行工作中,充分发动学生的能动性,每个栏目都争选小编辑,由小编辑来收拢各类文章和材料,并且要独立编写栏目的编者按。全新的体验激发了学生们的创造性和积极性,在创作班刊的过程中激发了学生们敢于尝试的热情。

(2) 在社团活动中,培养学生的自主能力和责任担当的意识。在班级中大力鼓励学生自己组织社团,招募社员,积极开展社团活动。让学生能够发现自己的特长和强项,然后寻找志同道合的朋友形成核心团队并且分工合作,让学生体验了一把当家作主的感觉,给予学生们发掘潜力的空间。

(3) 在志愿者活动中奉献爱心,传递温暖,培养学生社会责任感和使命

感。我们班级曾参加了由绿洲公益组织联手家乐福集团举办的"转手遇到爱"公益活动。之后,班级又成为大型公益组织——绿洲公益创建的绿色食物银行的当家人。我们班级还曾组织学生在康健街道江安路百花街路口——康乐文化广场(绿地)举行了一次爱心义卖活动。

在参与各类活动的过程中,学生们发挥了自己的特长,发现了自己的潜质,充分地激发了学生的自主性和能动性,不断在活动中磨炼意志,学会独立思考和合作交流,在过程的体验中对自己有了更加深入的认识。在活动中培养了班级的向心力和凝聚力,感受到风雨同舟、荣辱与共的感动和激情。

2. 开展丰富多彩的主题班会,呵护学生的心灵世界

学校教育不仅肩负起传授知识的重任,更需要培养具有正确的人生观和价值观,拥有良好的品行和个人的修养,具有坚毅的意志和乐观心态的未来栋梁。初中阶段是一个孩子快速成长的时期,正在逐步形成自我的人格特质和思想格局,班级的文化建设需要通过开展丰富多彩的主题班会活动引导学生积极健康地成长,关注青春期少年的心理健康和精神状态,塑造良好的品行和价值观。

为了让学生学会有效沟通,缓解青春期少年与父母之间的矛盾和冲突,我开设了一堂《NVC——爱的语言》的主题班会,将我自己所学的课程"NVC——非暴力沟通"的方式来引导孩子如何正确地用语言表达自己,如何耐心地倾听父母,让学生懂得有效的表达和倾听的方式,促进孩子和家长建立起良好的沟通,化解彼此之间的隔阂。

为了呵护学生们的心灵世界,帮助他们能够积极地面对繁重的学业,我曾经开设了一堂《成为快乐的自己》的主题班会。让学生认识到要有明确的信念和追逐的梦想,才能够快乐地学习。要成为一个快乐的人需要有一颗善于发现美的心灵,具有审美的能力;成为快乐的自己还需要怀有一颗感恩之心,无论何时何地怀着一颗感恩之心去面对生活。通过主题班会让学生们明白真正的快乐一定是来自内在的滋养,内在的能量才能给予自己源源不断的支持。

3. 搭设家校共建的平台,拓宽学生的视野和格局

学生的成长不能仅仅依赖学校的教育,更需要在家校良好的互动中为学生营造健康积极的成长环境。要鼓励家长积极参与班级的文化建设,能够分

享资源,创设条件为学生综合素养的提升尽自己的一份力。

比如我在带 2018 届 5 班的过程中,就邀请家长给班级开讲座,开展丰富多彩的特色活动。比如:在家长们的热情协助下邀请了东方卫视金话筒得主雷小雪到我们班级开展了关于"选择、积累、思考"的师生交流活动;邀请了上海天文台副台长束成刚老师到我班举行了一次关于神秘宇宙的讲座;邀请了上海电力科技有限公司副总经理李老师举办了一次光伏发电的讲座;我们还在期中考试后邀请了国家二级心理师谢伟老师来为大家做了一次关于如何缓解压力的心理讲座;邀请了安信农业保险股份有限公司副总裁石爸爸作了一堂精彩纷呈的金融理财讲座;邀请到"和静茶修学堂"的陈佳雯老师给班级孩子做了一次关于传统茶文化"爱上一杯中国茶"的讲座;邀请了职业画家、上海美协会员吴晓申老师到班级举办了一场关于中国版画创作的讲座。在这些不同种类的讲座中,孩子的眼界大大开阔了,也许因为一次讲座他们会更多地翻阅文献、参阅资料,促使了他们自主性的学习,让他们明白学习有多种样式。

为了让孩子走近优秀的人才,还联合家长一起举办了"走近院士"系列活动,约见各个领域的院士进行交流,希望在与这些在科学领域卓有成就、德高望重的科学家们面对面互动中,学生能进一步明确自身发展的方向,获得不断进取的动力。

让家长参与班级文化建设,在筹划各类活动中大大激发了家校良好的互动,联合家长为学生搭建更好的平台,使之在尝试中不断全面发展,让学生也感受到家长们的殷切期待和无私付出,促进亲子的和谐关系;学生们也更加以班级为荣,感受到了相互分享、共同扶持的温暖,使班级呈现出积极向上、乐观昂扬的气氛面貌。

(三)班级的制度文化建设

在班级文化的建设过程中,要健全规范细致的管理机制,形成制度文化。"没有规矩,不成方圆",加强制度文化建设显得尤为重要。班级制度文化建设可以从以下两个方面着手:一是制度的制订与完善,二是制度的实施。

比如,我们在新学期初会制定班规,班规内容的制定是由班级学生全员参与通过协商讨论来决定。每一位学生可以先拟定一份提案交给相应的部门班委,有八个分工不同的班委同学收集整理全班同学的议案并且召开班委会协商表决通过。通过后的议案在班会课上向全体学生宣读并且举手表决通过,对于一些有争议的细节进行协商调整,最后明确出台一份班级一致通过的班规细则。在班规的制定过程中充分体现了民主自由的精神,从征求意见到表决通过,尊重每个学生所赋有的权利和参与的意识,这样制定出来的班规也具有更强的民意基础,有利于后期的执行。制度制定之后要落实实施,班规中所涉及的个人评分细则和小组评分细则都会安排负责同学每日进行记录,一周进行一次班级反馈,让每一位学生在第一时间对于自身表现和小组情况有全面了解,及时地调整状态。班级的墙面上设计了一大张小组的评比表格,在一棵参天大树的掩映下尤其显得生机勃勃、鸟语花香,在上面记录着每一个小组进步和成就,让学生从中感受到团队的凝聚力和奋斗的历程,激发学生的上进心。班规的细则成为班级共同的行为准则,让每个学生意识到自己身上的权利和义务,成为班级的主人为班级建设尽一份力。

班级制度文化的建设确保了班级各项日常工作有条不紊地开展,让学生们在行使权利的时候也能够意识到肩负的义务,让他们真正地成为班级管理的主体,激发他们自我管理、自我约束的意识。

五、班级文化建设形成班级独特的个性气质

从班级的物质文化、精神文化、制度文化三个方面来进行班级的文化建设,既紧密地围绕学校立德树人的育人指导思想,又能发挥班级学生的个性特长,形成班级的特色风貌。所以,要进行班级文化建设,首先班主任需要深入了解班级的现实情况以及学生们成长的需求,为班级量身制定符合实情的发展方向。就如我们班级的特点是孩子们比较乖巧听话,比较重视学习成绩,但是创造性和能动性方面还有所欠缺,所以我就侧重于鼓励学生们积极参加各类活动以此提高综合能力,广泛地引入家长资源为孩子们能力的提升创设更多的平台,尝试让孩子们自我管理培养主人翁精神。在四年初中成长过程中学生们也变得越来越自信,组织能力、策划能力、独立思辨能力都有提高,每个学生都能在班级中找到自己存在的意义,也更加愿意为班级尽心尽力,共同创造具有温度、富有朝气活力的班级文化。

班级文化建设的最终目的就是培养具有人文情怀和道德修养,具有责任和担当意识的发展性人才;帮助每一个学生能够在尝试中不断地发现自我、

成就自我,拥有积极乐观的生活态度和寻找幸福能力。

六、班级文化建设喜迎丰收硕果累累

通过班级文化建设,看到了很多学生慢慢走出了内心的困顿和迷惘,在班级浓郁的文化气息的影响下感受到了内在的力量,性格发生了很大的改变,变得更加自律、主动、乐观。在班级文化建设过程中培养学生们感性的情怀和理性的格局,为未来的人生之旅打下坚实的基础,拥有远行的无限潜力和前景。

我们班级在四年的成长过程中,不但在校园活动中有着精彩的表现,也在中考中获得了非常优异的成绩。很多曾经的学习困难户,最终考取了理想的高中,远远超过了他们自己的预期。虽然他们曾有一段学习不甚理想的阶段,但是他们依然在班级中找到了适合自己的位置,他可以在活动中展现自己的特长天赋,可以在为班级同学服务中找到自己的价值,班级营造的积极向上和宽容接纳氛围不断促使他们修正自己,提升自己。当他们毕业之后,也特别喜欢回到华育看老师,看看自己曾经度过四年的环境,因为在这里他们经历了蜕变,成就了自我。

综上所述,班级文化建设是营造良好班风的重要抓手。一个班级通过个性化的班级文化建设,将德育、美育、爱育深入其中,让每个学生在良好班风的陶冶浸染下具有良好的修养,拥有爱的能力,追求幸福的愿望,实现个人价值的理想,成就每一个独一无二的精彩人生。

角色扮演法在初中数学班班级管理中的实践探索

■上海市民办华育中学　戴卉

摘　要： 我校数学班学生绝大部分毕业于沪上知名的小学，也都曾经是班级金字塔顶端的学生，身上集中有"自我中心""心理脆弱""思想幼稚"几大特点。笔者借用心理学、管理学领域的方法，将"角色扮演法"应用于数学班学生教育及班级管理上，尝试通过角色扮演法接近或达到民主型班级——更高级别的班级管理模式。

关键词： 角色扮演法　民主型班级　数学班　班级管理

我校数学班学生绝大部分毕业于沪上知名的小学，也都曾经是班级金字塔顶端的学生，其心理表现有些共性特质。这些学生中，以自我为中心、心理较为脆弱、单纯幼稚的特点更为明显。

一、创建民主型班级的班级管理模式

班级管理的目标就是"育人"，旨在"发展学生自我意识与成长需要，增强他们的内在力量"，从而改变学生传统的地位和角色，提升学生自身的综合能力。通过专业的班级管理，形成有效的教育机制，通过更加丰富、有成效的人际交往促进学生个体的成长。

运用科学专业的班级管理模式可充分体现学生的主体地位，与以往不同的是，可以让孩子们学会自主策划个体和集体的发展，自行设计实施活动。在与其他师生的积极互动中，学会自主反思，改善自己的精神生命质量，具有高尚品质和内在尊严。数学班的学生内里有一种优越感，这样的主体，比简单地接受标准答案的人，拥有更强的生命活力，更能承载中华民族复兴的伟大使命。

我国目前的班级管理实际上存在五层境界：维持班级秩序、营造学习氛围、形成班级合力、学会自主活动、提升生命质量。其中，第五层境界是当下班级管理应该追求的。它将"着力提高学生个体和班级整体的精神生命质量"作为鲜明的教育目标。

因此，我确立班级管理新目标：提升生命质量。与之匹配的是"民主型班级"，这也是我主张建立的新型班级，强调让学生个体充分展现自己的精神世界，以平等的身份民主参与班级事务，共创精神家园，提升个体生命意义。期间，班集体整体形象逐渐形成，独立性、凝聚力、创新力、竞争力提升。

民主型班级可以成为学生主动展现才能、全面发展的舞台。班级活动不再由上级或教师预先安排，不是为了完成任务，而是将社会要求、学校要求与学生的真实生活结合起来，全体成员齐心参与，共同商讨，不论是决策还是执行，权力都交至学生手上。最终，每一位学生形成主动发展的动力和能力，学会欣赏他人和与人合作，在民主参与集体生活过程中提升生命意义，让班集体成为学生的心灵之家。

二、将角色扮演法融入班级日常管理

角色扮演法是美国心理学家雅各布·莫雷诺首倡的。通过提供个人角色扮演的机会，使个人能设身处地地扮演一个在实际生活中不属于自己的角色，并可通过不断地演练，学习更多的角色模式，以便自己在应对各种环境时更具有弹性。

以某种任务的完成为主要目标，在设定了教育目标后，再设定某种情境与题材，让学生扮演一定角色，通过行为模仿或行为替代，充分体会角色的情感变化和行为模式，表露自己或角色的人格、情感、人际交往、内心冲突等心理问题。我们的学生对所担任的角色进行合理的分析、认同，进而培养出同理心。

在追求建设"民主型班级"的班级管理时，当然要明确班级管理究竟可以实现哪些更为具体的目标，然后再尝试将角色扮演法融入具体的班级管理中。可以从如下三个方面把握班级管理的具体目标：

1. 班级的基本制度

在进行班级情况分析后,应提出切合本班实际的班级奋斗目标。接着便是班级常规的制定,包括工作职责常规、学习生活常规、活动管理常规、体育卫生常规等。

2. 班级活动的质量

不断推进的班级活动是促进学生发展的一条主线,所以需要切实关注班级活动的质量,使学生的生命活力在此得到充分的敞现。

3. 班级文化的品质

文化包含了人的思想观念和行为表现,内含人的发展状态。班级文化,就应在班级制度、教室环境、人际关系和学生作品中处处彰显出学生的成长气息,有班级的特色。

在实验期间,尝试将角色扮演法融入班级的常规制度、活动、文化管理中,以下主要以案例的方式呈现研究过程。

(一)规范班级基本制度

1. 班级班规制定

在六年级入学前的暑假校访时,我问了每个同学一个相同的问题:你希望将来的集体是个什么样的集体?开学报到的那天把我记录下来的高频关键词出示给了全班同学:成绩好、同学关系融洽、开心、优秀。可以看到有些词是指向很明确的,有些表述是较为宽泛的。大部分同学对自己将来所处的集体还只有一个模糊的概念,这天就让同学回家细想如何能达到我们的目标,配上相应的班规。第一周的班会课基本讨论出了班规的第一版。

数学班的学生思维缜密,制定的班规内容比较全面,但是缺乏"情怀",显得相对刻板,没有针对性。于是,在剩下的班会时间里,我把管理学上的激励理论带给同学,然后把学生分组,设置了情境。在学校一贯的"立德树人"的要求下,数学班的学生更是肩负着勤勉刻苦,追求卓越,成为回报社会、具有竞争实力的优秀人才的责任,让同学们站在班主任甚至是学校管理者的角度修改我们的班规。

再经过两周的讨论、修改,我再加以整理、润色,我们的班规中加入了更针对我们学生特点的内容,如:

辨证地看待自己,对自己负责任。做自己的主人,有分清是非黑白,战胜"本我"的能力。改变自我,海阔天空。

学会尊重别人,对他人负责任。从对别人的尊重理解中,得到别人对自己的尊重理解,从和别人融洽和谐的相处中感受自豪与幸福。己所不欲,勿施于人。

保持对外界社会的广泛兴趣。能够从政治、经济、教育、文化、科技领域广阔的海洋中,搜集对自己有益的信息。

数学班的学生思维更为活跃,也因其常年在班级中处于"领导地位",这样的角色扮演让他们感到很新奇,在学生进行角色的代入后,立场发生变化。班规如此修改后,原来只关注言行基本规范的,多为"警戒式"的班规增加了更有人文情怀的内容,既规定了学生发展的方向,把学生培养成有理想、有道德、有文化、有纪律的文明学生,也对学生的具体行为作了一些规定。它也有较强的层次性,包含了学生心理素质目标、认知素质目标、社会素质目标等;其内容涉及学生发展的方方面面,包含了世界观、人生观、价值观等方面的目标;各项规定之间具有很强的相关性,把学生个体目标、学生群体目标、班集体目标结合在一起。

2. 人人是班委

我们班级既有按照学校流程民主选举产生的常务班委,也有按照学号轮流负责的值日班长,可以说日常管理是常务班委制和值日班长制的双轨运行模式。

虽然步入青春期,有的同学羞于直接表达出想要做班长的念头,但通过家访、私下的约谈、周记中,还是能探知很多同学是有"官瘾"的,"值日班长"顾名思义就是"班长轮流当",使得每个孩子都有上台行使班长权力的机会,让同学可以"扮演班长的角色",从而得到锻炼。这种方法可以说是综合了选举制和轮换制两者的优点,优化了班集体管理。

班级的值日班长日志里就记录了小 C 同学"扮演班长"的片段:

2018 年 4 月 26 日,星期四,我如愿当上了值日班长。

午自休时,我负责管理班级纪律,在讲台前一站,我蹦跳的心顿时悬了起来。我感到自己有点"高高在上",人也一下子长高了,同学们的眼神似乎都在盯着我,我不由自主地挺直了腰板,清清嗓子,大声说"请同学们安静自习"! 说完,我一点也不敢怠慢,连忙带头在讲台上做起作业。你信吗? 这是我午自休完成作业量最多的一次。

但我很快发现下面有几只"小麻雀"用书当盾牌,在悄悄地讲话。我心一横,大声嚷起来:"谁不认真,站到上面来!"真气人,我环顾四周,发现不但"小麻雀"不停嘴,反而多了几个偷笑的同学。"你记名字呀,我们就怕你不敢。"不知谁冒出了一句,几个同学哄地笑起来,气得我胸口发闷,脸上发烫,站在那儿不知该怎么办才好。正当我准备记下屡次讲话的小D的名字时,他就苦苦地哀求起来。我心乱如麻,记吧,他在求我了;不记吧,要是别的同学也学他的样,怎么收拾? 我真不敢再往下想,可最终还是心太软,原谅他了。

噢,对了,还有一个办法。我大声说:"谁不认真,抄课文100遍!"这一招还真灵,"药到病除"。可细细一想,这一招,依老师的话应该是不太科学吧。哎,今晚我又多了一个作业:寻找对付"小麻雀"的绝招。

这位值日班长的日志里有初任值日班长的兴奋,遇到同学"挑衅"的生气,面对同学求饶的矛盾,还有反思自己的措施是否得当的责任心。要知道平时这位小C同学也是违反纪律的常客,而当他融入角色中去换位思考时,可以看到他自我的努力,做作业比平时更认真,而且也在认真寻找对付"小麻雀"的绝招,调动了学生的积极性,增强了学生的责任感。其次,小C从中体会到了当班长的不易,有利于班级的团结。

值日班长制度使管理者和被管理者经常有转换的机会,有利于同学们对老师、班干工作的理解和支持。

(二) 提升班级活动的质量

学校一向主张"立德树人",因此每学期的德育活动以及各学科组织的学科活动已经是丰富多彩,除此之外,还有一些班级活动实际上是由解决问题的班会演变过来的,这些来自学生的问题,我交由班委和"智囊团"一起,策划完成。

如在六年级下学期时,班级内(用手机、电脑、平板电脑)上网打游戏或者浏览、聊天的情况较多,有的同学甚至已经影响了课内学习,班委们先是在班级家长群中发放了一份自主设计的家长问卷,了解情况。

关于学生在家上网情况的调查问卷

1. 您的孩子在家是否玩网络游戏?(   )

A. 玩　　　　　　　　B. 不玩(选此选项者跳过第 2 题)

2. 您的孩子玩网络游戏的频率最接近以下哪种情况?(   )

A. 每天　　　　　B. 一周三次　　　　　C. 一周一次

3. 您对您的孩子玩网络游戏持什么态度?(   )

A. 支持　　　　　B. 反对　　　　　C. 无所谓

4. 您的孩子坑网络游戏后,成绩如何?(   )

A. 上升　　　　　B. 下降　　　　　C. 不变

5. 您对孩子如何使用网络有什么建议?

从严格的问卷设计方法来说,这份问卷也许"漏洞百出",有不少有待完善之处,但学生对相关信息自主梳理、筛选,并加以分析和策划,非常值得肯定。

数据收集齐整之后,我没有采取"批斗式"的主题班会给同学们"洗脑",而是请几位很少和较热衷玩游戏和上网时间较长的同学来扮演一次"辩论队友",主题班会以辩论赛的形式呈现,给双方同学两周的准备时间,正方辩题是"网络对中学生来说,利大于弊",反方辩题是"网络对中学生来说,弊大于利",由班长作为主席主持,其余同学作为大众评审。

我仅作为"技术支持",给予孩子们 些思路,对丁网络,可以考虑让学生从正反两方面进行思考:① 为什么它有那么大的吸引力?(可以结合年龄特点,如是否每个年级的学生都同样迷恋它? 为什么?)② 它究竟有什么好处?(如让紧张的学习生活得到调节,在学生之间增加了一条新的互动渠道、一个新的交友平台。)③ 网络是怎么逐步吸引我们的?(回顾个人逐步了解网络、参与网络活动的过程,进述自己在这一过程中的真实体会。)④ 网络给我们带来了哪些麻烦?(用中性的"麻烦"一词,不简单地说是"坏处",这样便于学生冷静地、理性地分析问题。)⑤ 我们是如何看待网络的? 我们应该如何处理网络(网吧)? (用中性的"处理",而不简单地说"利用"或者"拒绝"。)总之,让学生从多个角度进行探讨,然后再作明智的判断。

在这样扮演成辩论队员的教育活动中,学生不是面对外界冷眼旁观的看客,也不是默默接受批评训斥的对象,他有自己的独立意识,更有参与感,不扼杀他的发言权,尊重个体想法,也看重他接受来自他方见解的能力。

班委各部门也有学科性的活动设计,比如学习部就设计了"小队评比",出台了相关评比细则,以及"一对一互助结对",进行组合 PK。文体部在班内组织卡拉 OK 大赛,记歌词比拼……除了寓教于乐,更是让孩子们有了班集体的归属感。

(三) 塑造班级文化品质

我们班的班级文化建设主要集中体现在班级的标志(班徽、班级目标、班级口号等)、教室布置、学习园地这三大块。

开学第二周的晨会内容就是:"我是班级文化建设者",让同学再一次转换角色,谈谈自己对班徽设计、教室布置等方面的看法,招标优秀设计方案,献计献策,择优录用。

例如关于教室布置就征集了如下意见:

1. 黑板报要围绕不同主题组织和撰稿,每期由板报组征集优秀设计方案,投票择优。

2. 学习园地要经常更新,由课代表择名家短篇或是老师推荐学生优秀作品。因为是数学班,特增数学题库,由数学老师和出题组成员负责更新题目,以供同学挑战。

3. 图书角的书籍要摆放整齐,并做好借还登记。

4. 管理好教室里的每一盆花草,按需浇水。

5. 教室墙面布置不要太幼稚,要能体现初中生的特点。

班级的班徽、目标和口号则是于开学第一个月后评选出来的,班级标志一经确立,原则上不再变化,所以也可以说是一次性工程。班级文化建设的重点是营造一种文化气息,数学班学生难免"重理轻文",所以打造"书香"班级也成为班级文化的一部分。

课外阅读的目的是要让学生们开阔眼界,活跃思维,通过开展各式各样、形式不一、内容充实的读书活动,让学生们学会选择和思考,自觉自愿地拿起书本,沉浸其中。因此,给学生阅读的自由非常有必要。爱美之心,人皆有之,初中学生也不例外,当他们自由充分阅读以后,我给孩子们提供展示自我风采的舞台。不定期举办小报展、故事会、信息交流会、"小博士知识竞赛""作家作品知多少""演讲比赛"等读书汇报、阅读欣赏活动,让课外阅读积累融入才艺活动。通过不同形式(朗诵、演讲、讲故事等),共同分享丰收的喜悦,在不经意间营造读书氛围。

三、优化管理模式,成就心灵之家

在班级管理中运用"角色扮演法"试行了一年多后,班级是有一些改变的。

首先,学生行动与班级目标相一致。大家在每周的晨会上会听取学习委员就本周小队评比的情况作出的分析,优胜小组会和大家分享经验,落后的小组也会反思本周在什么板块出现了问题,谈解决方案,都是为了同一目标进发。

其次,每个学生都注意德、智、体全面发展而不偏颇于某一方面。经过这一年多的尝试,学生们参与自己组织的学科活动、志愿者活动,从参与者转换到组织者、策划者,更能懂得活动的意义,眼界并不只局限于书本上的数学题。学校的诗歌创作比赛、英语配音比赛,乒乓球、羽毛球等体育赛事,班级同学都斩获了非常靠前的名次。

再次,还表现在全体成员的协调、班委会及骨干的号召力和指挥能力增强,同学之间的"小团队"渐渐扩大,甚至打散了,对集体的各项有益活动给予积极支持,找参赛同学的时候不像开始的时候那么困难,愿意为集体牺牲时间。不论是学校还是班级活动,大家有强烈的目标意识和积极实现目标的态度,经常处于积极状态,不气馁,不抱怨,自觉争取做得最好。例如我们的舞蹈大赛,没有基础,没有经费,没有专业的舞蹈老师,可大家从来都不觉得自己没有竞争力,事实证明也确实完成得很精彩。

建设"民主型班级"仍将成为工作目标,通过努力,一步一步接近达成。

参考文献

［1］班华等.发展性班级教育系统［M］.南京师范大学出版社,2000

［2］李伟胜.班级管理新探索:建设新兴班级［M］.天津教育出版社,2006

［3］王琪编.美国青少年公民教育理论与实践研究［M］.北京理工大学出版社,2011

［4］王芳,唐和英.优秀班集体的建设与维护［M］.华东师范大学出版社,2010

［5］李伟胜.班级管理［M］.华东师范大学出版社,2010

［6］潘玉峰,赵蕴华.好班规成就好班级［M］.安徽人民出版社,2012

学科教育引领下的中学生科学伦理观念形成之"四化"模式的探索与实践

——科技特色班学生的科学素养培养之科学伦理观念形成的研究

■上海市民办华育中学 彭容

摘 要: 科学伦理是指科技创新活动中人与社会、人与自然和人与人关系的思想与行为准则,它规定了科技工作者及其共同体应恪守的价值观念、社会责任和行为规范。科学伦理和科技工作者的社会责任事关整个社会的发展前途。随着科学技术的不断突破,许多伦理问题也相应产生,并在社会上引发种种争议;它在给人类创造财富和物质文明的同时,也带来战争工具、环境污染和生存条件的恶化,并且冲击着人们的传统观念。在这样的大环境下,作为科技特色班的教师,若能在中学阶段启发学生对上述伦理问题的思考,促成其科学素养之科学伦理观念的形成,也许能提高在将来改善此类社会问题的可能性。

关键词: 科学伦理 生命伦理 班级建设 中学模式

华育中学设有以科学探索与研究为兴趣特长的科技特色班。相较于其他同龄人,该班学生拥有更为良好的科学素养,知识面广、综合能力强,对科学学习具有很高的热情。该班学生从六年级便开始学习校本 STEM 课程,在校内外专家指导下了解环境、微生物、植物生理、太阳能、智能机械、计算机编程、工程、化学、3D 打印、无人机等领域的入门知识,并参与科技创意大赛、科技创新成果大赛等活动,这就要求学生在诸多学科领域接触或具备一些较为系统、宏观的知识结构体系,以便他们开展后续学习和课题研究。

纵观当今社会,科学技术迅猛发展,由此带来的变化与革新层出不穷,也促生许多道德伦理观念的冲突与争论。在转基因生物、克隆研究、器官移植、安乐死、生殖技术等各领域,自技术出现伊始就伴随着无尽的矛盾和伦理议题。通过本次课题研究,笔者希望能给予青少年一定的启发和思考,从而提高在将来改善此类社会问题的可能性。

与此同时,笔者作为华育中学科技班的班主任,希望在课程以外的班级文化建设、班级志愿者活动开展、班内特色讲座举办等各方面树立积极向上的良好班风,力求在引导学生热爱科学、以科学为理想和目标、有志于从事相关行业实现人生价值与回报社会的同时,注重培养学生的科学伦理观念。

综上,笔者希望通过实践有针对性的教学、开展主题系列讲座、组织学生进行长期的社会志愿者活动,在科技班的班级建设中将培养学生科学素养和形成科学伦理观念相结合,提升教师在教育、教学中融合学科观念、伦理观念进行教学设计和班级活动、文化建设的水平与能力,并探索将此类经验推广到其他班级的可行性。经过初步的实践与探索,笔者摸索出了具有一定实效和推广应用价值的学科教育引领下的中学生科学伦理观念形成之"四化"模式:

一、教学设计的评价体系化

以笔者设计的《生物间的关系》学科教学为例,教师可以在科学、信息技术、生命科学、物理、化学等相关学科开展融合科学教育大概念和校本 STEM 课程理念的班级特色教学活动,从单元设计的角度出发,在单元教材教法分析和单元教学目标确立的基础上,以评价先行的模式指导教学设计和活动设计,从而提高教学的针对性和有效性,并更好地评价学生的分组探究活动和展示成果。同时,此类教学实践将很好地锻炼学生进行探究、分组合作与交流的能力,体会在科研过程中与同伴分工协作、良性沟通的重要性,这是学生在未来参与从事科学研究相关工作时必须具备的科学素养和伦理观念。

以《生物间的关系》单元教学设计为例,其核心的科学大观念是:生物需要能量和营养物质,为此它们经常需要依赖其他生物或与其他生物竞争。在《科学教育的原则和大概念》一书中还提道:"学生所进行的学习活动,是否能帮助他们进行科学大概念理念的思考,并将课题的内容和其他的经验相联系,是教学法有效与否的重要特征。"故本单元整合了牛津上海版《科学》教材自然单元第二章《生物的世界》和第十五章《人与自然的协调发展》的第三节的内容,其主要核心概念为生物的多样性、生态系统的组成与稳定性、自然界生物的种间关系;核心能力为在探究种间关系活动时涉及的"提出问题—形成假设—制定计划—收集证据—处理信息—表达交流"的科学探究活动六要素,并在探究过程中逐渐形成相应的科学大观念,初步具备与同伴分工合作完成科学探究活动的经验和意识。

通过单元教材教法分析,确立各板块主要内容与学习水平、重点难点:

板块序列	主要内容与学习水平		课时安排
生物及其多样性	认识一些常见的动植物;观察和比较身边的不同生物	A	1
保护濒危生物	濒危生物和珍稀野生动植物;已灭绝生物及原因;环境变化对生物生存的影响;保护野生生物;生物多样性的意义	A	1
生态系统与种间关系	生态系统的基本组成与相互关系;生态系统的稳定性;物种与物种间的关系;探究种间关系	C	5
人与自然的协调	人与环境的协调关系;环境的可持续发展对人类行为的要求	B	1
重　点	了解生态系统的组成与稳定性;了解自然界生物的种间关系(定义、类型与实例)。这是本单元设计中最考验学生学习与理解能力,亦是活动所占课时最多的部分		
难　点	在"探究自然博物馆"的活动中,如何在浩瀚的馆藏中找到能诠释种间关系的展品。需要学生在入馆前做好充分的背景资料调查与分析		

在单元评价规则中,应罗列出各板块的概念权重、评价目标、能力维度与水平(提出问题、形成假设、制订计划、收集证据、处理信息、表达交流)、评价形式(过程性/形成性,纸笔测试/档案记录/成果展示)与测试的具体题型。在分析评价情况时,需要对比预期完成程度与实际完成程度,统计学生的得分情况(得分率、优良率、合格率),并记录学生的能力优势与能力缺陷。

在单元活动评价中,应注重过程性和形成性评价兼备,对活动目标、活动性质、方式、时间进行具体规划,并注意收集活动资源和形成活动档案。在单元作业评价中,应关注作业形式(短期/长周期,口头/书面/实验,观察/查阅/参观/调查/制作/成果展示)和时长、难度,并分析典型问题和改进。

笔者先后在 2019 届、2020 届、2021 届科技班校本 STEM 课程中开展上述教学，并组织学生收集有关濒临灭绝的动物和植物的资料，设计主题为"保护野生动植物"的小报，在校内进行展示，从而使学生关注自然界的濒危生物，乐于参与保护和拯救濒危生物的活动，初步具有欣赏和保护生物多样性的意识，具有对自然与生命的好奇。同时，组织学生以小组形式探究自然博物馆各展区的展品，分组活动并完成学习任务单，归纳在探究活动中调查获得的信息，并作出合理的分析，设计小组展示，将探究成果以 PPT 演讲的形式进行总结与展示，从而使学生具有维护生态平衡的意识，养成保护环境的责任感和行为习惯，并初步具有探究与合作精神。

二、活动设计的大观念融入化

要开展符合对象特点的有效教学活动，需要对学生进行学情分析，并融合科学教育的大概念思路与策略进行单元教学设计。近年来，科学教育的原则和导向是与科学大观念的理念紧密联系的——它源于 2009 年的一次科学家和科学教育专家的国际研讨会（我国参与这次会议的专家是教育部原副部长、中国工程院的韦钰院士），在会上确定了一些科学教育的指导原则，以及十个科学知识中的大概念，和四个有关科学本身及其应用方面的大概念，并把科学教育从传统的依靠现象和理论堆积起来的知识，转变为趋向于理解科学核心概念的进程（这些核心概念是与学生在校期间和毕业后的生活相关的）。此外，与会专家还达成共识，认为科学教育的主要目的应该是为了使每个人能够参与有依据的决策和采取适当的行动，这对保证个人、社会以及环境的健康和协调发展是非常重要的。

以笔者设计的《塑料》一课为例，教师在学科教学中可设计并开展在科学大观念指引下、关注技术发展之伦理观念问题的班级特色教学活动，并评价学生的课堂表现。

（一）核心活动

（1）学生通过课前观察和资料查阅了解生活中常见塑料的特性，推断其用途，并通过实验和设计实验验证塑料的耐腐蚀性和导热性，从而体会塑料这种材料的诸多优良特性。

（2）学生通过观看视频和交流讨论，比较几种处置废弃塑料的方法，体会事物的两面性,具有辩证看待"使用材料改变人类生活"的视角,关注日常生活中的废弃塑料,养成垃圾分类回收的良好习惯,初步形成勇于探索、挑战难题的科学探究价值观。

(二) 活动设计

1. 活动一　交流:塑料在人类日常生活的应用

活动目标:① 通过观察与收集资料,展示带来的塑料制品,介绍其特性与用途;② 通过回顾在创新实验室的学习经历,介绍塑料在科技前沿领域的应用。

学 生 活 动	教 师 指 导 要 点
◆ 通过预习书本 62 页"塑料的应用"表格,观察生活并查找资料,展示各自带来的塑料制品,介绍其特性与用途。 ◆ 回顾在 3D 打印实验室的学习经历,介绍塑料在科技前沿领域的应用(视班级情况拓展)。 ◆ 总结归纳:塑料的品种繁多,用途广泛,对人类的生活影响巨大。	◆ 在课前提示学生观察塑料容器底部编号,思考在何种情况下使用何种塑料容器。 ◆ 向学生指出塑料在 3D 打印这一科技前沿领域的重要性,指出该领域的发展前景。引导学生回顾在各个创新实验室的学习经历。

2. 活动二　讨论:对于废弃塑料的看法和解决途径

活动目标:① 通过观看两个视频/故事片段,获得回收与处理废弃塑料的启发;② 通过讨论对于废弃塑料的看法和解决途径,明白事物皆有两面性,优点亦可为缺点,需要辩证、全面地看待问题。

学 生 活 动	教 师 指 导 要 点
◆ 观看故事:《海洋如何自我清洁》。 ◆ 观看视频:TED 演讲:利用微生物降解垃圾。 ◆ 讨论对废弃塑料的看法和处置途径。 ◆ 联系自身,关注日常生活中的废弃塑料,养成垃圾分类回收的良好习惯,初步形成勇于探索、挑战难题的科学探究价值观。	◆ 合理控制视频节选长度。 ◆ 向学生指出:事物皆有两面性,优点亦可为缺点,需要辩证全面地看待。

(三) 活动设计的技巧和经验

1. 情境设计与活动设计以贴近生活为佳

在本节课的引入环节,教师以"环视四周,找找塑料的装潢和布置"为情境,引导学生观察和发现身边的塑料制品,从而对塑料有直观感受。随后,教师请学生自由发言,展示各自从家中带来的塑料制品,介绍其特性和用途。对于这项有预习要求的学习活动,学生在家中寻找塑料物品的过程,即是他们体会"塑料在人类生活中被广泛应用"的过程。通过几位同学精彩纷呈的展示和发言,结合教师在课堂上请全体学生举起手中塑料物品的场景,当教师在板书中概括出"用途广泛"四个字时,学生就会有水到渠成的感受,对教师传授的内容能够充分理解——这正是有效教学互动的一种体现。

由此,笔者深切体会到,教师在进行情境设计和活动设计时,设计内容越贴近学生的日常生活,就越容易激发学生的共鸣,从而取得好的活动效果。

2. 精心设计提问内容,善于挖掘学生思维

在以往授课时,教师曾以"说说你带来的塑料的特性"为题请学生自由发言。然而"特性"这个字眼太过专业,限制了学生的思维和发言积极性。于是教师将提问内容改为"说说你带来的塑料有什么特点和用途",降低了发言门槛,提升了回答的自由度,于是学生们给出了"塑料很轻""但还比较结实""包在电线外是绝缘体""上面的标记可以回收利用""少数容易降解,但大部分不行""可以被做成各种形状""耐腐蚀"等五花八门的回答。

当学生的思路被打开,敢于发言、乐于发表见解时,教师的角色就转变为了话题的引导者和归纳者。通过副板书,教师将学生的回答提炼为关键词句写下;当发言环节告一段落后,教师将副板书归纳出要点写入主板书。这一过程既是教学环节的步步推进,亦是教师向学生亲身示范如何从经验、事例得出核心归纳的过程,可以说是对学生学科核心能力的一次良好培养。

3. 预估课堂生成性,教学准备小技巧

课堂具有生成性,这既是课堂的魅力,亦是对教师应变能力与综合能力的挑战。怎样结合学情分析,在课前预估课堂生成性,并通过课前准备和一些小技巧来合理应对,是每位教师需在职业生涯中始终关注的要点。

在本节课中,还是以"学生介绍塑料制品的特点与用途"活动为例,教师期待通过这一活动,从学生回答中归纳出常见塑料的五个特性:轻巧牢固,容易加工,耐腐蚀性强,不易传热,不导电。通过试讲和预估,教师认为"不易传热"这一特点可能受限于学生携带的塑料制品种类而无法予以呈现,因此教师准备了一把塑料锅铲,通过向学生展示这一物品,引导学生回忆家中厨房

用具,从而得出"塑料传热性不如金属"的结论。

在本节课中,教师面临了这样的处境:学生发言积极性高,课堂氛围好,但部分发言占时较长,可能会影响教学环节的推进,又不宜贸然打断。例如在讲到塑料的分类回收、循环利用时,一位学生详细介绍了塑料容器底部编号1—7所代表的含义和特点,发言质量很高,但时间略长。通过课后反思,教师认为可以在多媒体课件上做如下改进:在出示塑料容器编号1—7的图片时,将其材质名称附在图片之后出现。当学生详细讲述时,教师可操控课件播放,及时出现每种编号对应的材质名称,通过这种方式归纳和揭示学生精简发言,从而掌控课堂节奏。

综上所述,要上好一节课,教师要在落实教学目标的同时,形成与学生良性有效的教学互动。互动不仅限于教师与学生的一问一答,也体现在学生紧跟教学思路展开思考、教师预判学生思维方向并给予充分回应、师生在某些时刻获得思维的高度共鸣等诸多方面。

三、讲座设计的创新思辨化

华育中学拥有丰富而完整的活动课程体系,每学期针对各个年级开设几十个不同主题的讲座,涵盖众多学科领域,学生参与度高,反响热烈。受此启发,笔者设计并开设与生命伦理相关的系列讲座(涉及转基因生物、克隆人研究、器官移植、安乐死、生殖技术等话题),并在讲座课堂上创新性地引入即兴辩论等环节,引导学生对当下各类生命道德伦理与科学观念伦理的热议话题进行讨论,启发学生对于此类问题的深入思考。

此后,笔者通过问卷调查和引导学生撰写论述,对学生反馈的思考、意识与观念进行分析评价,以期检验研究成果。

(一)生命伦理系列讲座案例梗概

漫谈死亡与安乐死

适宜年级:*初二、初三*

摘要:"你害怕死亡吗?人类为什么害怕死亡?"面对这样的问题,有人说,"恐惧是因为未知"。可以说,死亡是人类探求自我的永恒主题之一。从古至今，无数文人、哲学家、思想家、医生和科学家都在思索着关于死亡的问题，耶鲁大学的公共开放课程之一"人文课程——《死亡》"就是其中一例。

对死亡的未知和恐惧或许是促使宗教产生的原因之一。天堂与地狱、极乐世界、前世今生、轮回转世……许多宗教都不约而同描绘了人死后的情境。甚至有人认为，人死后肉体消亡而灵魂不灭。那么，普通人对于即将到来的死亡又是怎样应对的呢？

关键词：死亡　安乐死　临终关怀

（二）生命伦理匿名问卷调查结果

（1）你赞成废除死刑吗？A. 赞成（40%）　B. 不赞成（60%）

（2）你认为人之初性本善还是性本恶？A. 性本善（55%）　B. 性本恶（45%）

（3）你认为人类应该研究并制造克隆人吗？A. 应该（31%）　B. 不应该（69%）

（4）你认为捐献器官者应该获得金钱报酬吗？A. 应该（59%）　B. 不应该（41%）

（5）你同意社会上大众的利益高于小部分人的利益吗？A. 同意（57%）　B. 不同意（43%）

（6）你认为代孕母亲对代孕所生的孩子有作为母亲的权利和义务吗？A. 有（40%）　B. 没有（60%）

（7）你认为人类应该研究并发展转基因技术吗？A. 应该（85%）　B. 不应该（15%）

（8）你赞成使同性恋婚姻合法化吗？A. 赞成（81%）　B. 不赞成（19%）

（9）你认为人类应当和地球上的其他物种平等吗？A. 应当平等（48%）　B. 不应当平等（52%）

（10）你认为人工智能会有人类的情感吗？A. 会（59%）　B. 不会（41%）

（三）学生撰写论述选题统计

（1）人类应该制造克隆人（5人）/人类不应该制造克隆人（18人）

（2）人体器官可以买卖（6人）/人体器官不可以买卖（13人）

（3）应该允许代孕母亲的合法化（2人）/不应该允许代孕母亲的合法化（2人）

（四）学生撰写论述摘选

学生A："周瑜打黄盖，一个愿打一个愿挨。代孕也是一样，一个愿意付钱，一个愿意代孕，双方都做自己选择的事。我认为应该允许代孕母亲合法化的关键原因还是因为，我觉得代孕母亲是一个职业。这个职业的职责是帮助一些不能自己孕育的母亲孕育，从而获得相应的劳动所得。这种通过自己特殊的劳动而获得钱财的工作，理应是合法的。"

学生B："如果代孕母亲成为一个职业，这将是可怕的，将化母亲这种神圣的角色于一种机器。如果她以此谋生，那么就会像流水线上的机器一样，生产后转移。人类的母性不应是可以剥夺并转移的……人生而平等，贩卖人是违法的，那代孕不是一种对人的贩卖吗？准确地说是对人的租借，也许比买卖更为恐怖。"

学生C："我的身体是我的，我的人生是我的。如果没有器官买卖，那人体所需要移植的器官从哪里来？只有捐。可是除了亲人家属，有多少人愿意牺牲自己，帮助一个素未谋面的人呢……如果用非法手段骗或抢别人的器官并转卖，他是错在骗和抢还是错在转卖呢？我认为是前者，所以这并不是器官买卖的错。"

学生D："如果人体器官成为市场上具有贸易价值的物品，那么就会有众多问题：其一，基于生存是一个个体最基本的需要，富人必定会购置大量人体器官以免自己遭遇意外，同时掌握绝大部分资源，甚至形成垄断。根据经济学理论，一切商品的价值取决于人们对它的需求。当需求无比迫切时，人体器官的价格会急速上涨，穷人将没有能力获得'重生'的机会，健康与财富都会向富人倾斜。同时，赋予器官商品价值会促使非法分子采取暴行，社会将陷入混乱。"

学生E："'应该'不等于就要大量制造克隆人，我认为克隆一方面是保存基因的方法，一方面也是一种象征性的生命的延续。目前看来，记忆是不会随着基因转移的。也就是说，一个克隆人就像一个婴儿，需要一步步长大成人，并不会存在科幻片中克隆人取代本人的事情发生。克隆可以作为一种繁殖方式,一些不想结婚的人也可以通过这种方式生育后代。"

学生F:"我认为克隆人是违背伦理的。显然我们很快就能发展出克隆人的技术,但克隆人带来了什么？克隆人会使安全风险增加。在你家中出现与你一模一样的人从而引发盗窃;你在银行的资金被克隆人转移;克隆人代替犯人坐牢而犯人逍遥法外……还有伦理上的问题。若一个人的父亲去世了,他又把父亲克隆出来,那这位克隆父亲在家中的身份是什么……将人类克隆是一种违反伦理道德的行为。只有杜绝这种事件的存在,社会才会安定。这个雷池一旦越过,人类的历史将无法回头。"

从学生的问卷反馈和观点论述中不难看出,许多学生对于伴随科学技术而生的伦理问题有自己独特而深入的思考,大部分学生在伦理观念上表现出更为谨慎、更符合当前社会主流观念的倾向,而持不同意见的小部分学生也在他们的论述中阐述了想法和理由,并不是武断和不可理解的。

与此同时,学生们也意识到,关于生命伦理问题的诸多讨论还将持续很长一段时间,也许人们还不能就这些问题达成某种程度上的共识。但是这种讨论不是毫无意义的,它体现了在科学飞跃发展的今天,人们对于技术之外、社会伦理道德的日渐关注。正如一位学者所言,"仅有生存的欲望不能造就文明,不然地球上就不会只有人类造就了文明。文明需要纽带,使她脆弱的花朵能够充分盛开,这个纽带就是社会,以人之间的组织与关系为基础的社会。正是在接触、沟通、包容、让步、妥协与互助的基础上,社会才能够成形,使得文明应运而生。"相信在未来,人们终会对生命伦理问题达成一些共识,那时,人类的文明也将达到一个新的高度。

四、班级建设的奉献常态化

笔者从事教育行业、担任班主任工作将近十年,因此格外关注课程以外的班级文化建设。言传不如身教,理论需结合实践,若能使学生身体力行地参与社会活动、为公共事业奉献自己力所能及的力量,就能在班级建设中将培养学生科学素养和形成科学伦理观念相结合,取得良好的实效。

由此,笔者带领班级学生响应学校德育处号召,结合班级特色,建立与科学科普相关的社会志愿者服务平台,在传播科普知识、实践志愿活动的同时,培养班级学生服务社会、回馈社会的习惯与意识。这将有利于学生接触与了解社会,并在将来更好地融入社会生活,实现个人对于社会的价值。

在过去的三年中,笔者带领华育中学 2020 届 7 班与华泾社区活动中心创新屋、华泾小学共同搭建名为"华育科技小讲堂—iLab 社区实验室"的科普志愿者平台,通过每学期开展 4—6 次志愿者活动,为小学生们提供科普知识、科技创新、动手制作等志愿服务。截至 2019 年 5 月已开展活动 28 次,志愿者服务达 250 人次,服务总时数逾 250 小时。在此过程中,班级学生构想并形成了初步的科技志愿者服务课程体系。

五. 反思

通过本次课题研究与成果总结,可以将笔者在教育、教学中融合学科观念、伦理观念进行教学设计和班级活动与文化建设的"四化"模式在本校其他班级进行尝试推广。不过,由于本研究建立在班主任于日常教学教育活动中对班级学生的观察、分析、引导的基础上,研究工作具有分散性强、时间跨度大、涉及内容广而琐碎等特点,故在形成理论和体系化过程中需要更多经验和投入。

笔者对本课题亦有后续思考:计划开展融合科学教育大概念和校本STEM 课程理念的班级特色教学活动:以《科学》(牛津上海版)主题单元"平衡与健康"为例,在平衡大观念的指引下,以单元整体教学设计为框架,围绕单元主题《平衡与健康》,以三个活动开展教学,使学生理解平衡对人体健康的影响,养成正确的健康观。与此同时,笔者将继续开设生命伦理学系列讲座课程,观察并收集学生反馈。

此外,还可以对学生个体在科创课题相关方面行为表现进行分析研究:鉴于科技班学生在六至八年级共有三轮科技创意设计或科技创新成果的个人课题,可通过对学生课题中科学伦理部分的统计与分析,检验研究项目的预期目标达成度。

参考文献

[1] 郭永松.生命科学技术与社会文化[M].浙江大学出版社,2009

[2] 瞿晓敏.生命伦理学讲义[E].复旦大学,2008

[3] 温·哈伦编著,韦钰译.科学教育的原则和大概念[M].科学普及出版社,2011

［4］温·哈伦编著,韦钰译. 以大概念理念进行科学教育［M］. 科学普及出版社,2016

［5］葛飞飞. 重审科学与伦理的关系［E］. 中国知网,2012

［6］科技伦理：没有约束的科技是危险的［N］. 光明日报,http：//www. xinhuanet. com/science/2017－07/05/c_136419371. htm

［7］金吾伦. 科学研究与科技伦理［J］. 哲学动态,2000：(10)

浅析心理学在班主任工作中的作用

■上海市民办华育中学　高丽君

　　摘　要："立德树人"是教育的根本任务,班主任工作的核心在于如何培养全面发展身心健康的未来公民。认识到学生个性化的差异,利用心理学的相关知识,可以发现和引导学生的成长,与家长进行有效的沟通。本文结合班主任工作经历,从几个方面简要分析了利用心理学辅助工作的策略。

　　关键词：心理学　班主任工作　引导策略

　　联合国科教文组织将"学会认知、学会做事、学会共同生活、学会生存"作为现代教育的四根支柱。新形势下,班主任工作的核心在于如何培养全面发展身心健康的未来公民。我们认为运用心理学知识,观察、了解学生的心理需求,用正面引导的方式,帮助学生认识自己,适应集体生活,获得自我成长的幸福感,有积极的意义。

　　苏格拉底说过：教育就是把一个人的内心真正引导出来,帮助他成长成自己的样子。实际上,生命的个性本是有差异的,真正有价值的教育应该是为每一个生命搭建多元的平台,欣赏并养护其个性,静候生命之花自主开放。

　　教育学家叶澜教授也指出："正在到来的是　个重视人的主体地位时代,是一个需要生命的主体在生活实践中充分发展自己潜力的时代,因而对个体生命的热爱和多方面发展的促进是教育不容忽视的价值取向。"

　　习近平总书记曾说过,要按照人才成长规律改进人才培养机制,"顺木之天,以致其性"。学生能否长成参天大树,出发点是要顺应这棵树的天性,给予其因材施教的引导策略。

　　古今中外的先贤智者都看重培养个性化的人才。但是在相当长的一段时间内,学校教育重点强调"集体主义",主张规则一致,步调一致,过于放大集体利益,忽视个体需求。极端的集体主义其实压抑了学生的自我探索的能力,从而造成学生在心智方面的"发育不良",如缺乏自信、盲从、自我认同感低、成就感低。但是单纯强调"个性发展"又容易走向另一个极端,带来规则意识薄弱、缺乏同理心、难以获得群体的认同等问题。

因此,我们追求的理想目标是学生在集体中能充分地表达自己,同时他们又有良好的规则意识,能与集体和谐共处。在班主任工作中,我们常常遇到突发事件或特殊学生,在对这些事件进行处理时,如果我们有明确的教育思路,不是为了解决一时的问题,而是为了学生长远的发展,那么这每一次的"事件"都会成为一个积极的机会,是帮助学生自我成长的契机,我们班主任也能避免常常扮演"救火队员"的角色。抓住这些机会,引导学生成长,可以利用心理学的相关策略。

一、初中班主任需要了解青少年青春期的心理

学生进入初中后,便同时进入了人生的青春期,他们面临着人格再造的"第二次诞生",错综交织的矛盾和激烈振荡的内心世界,使他们产生了诸多不同于以往的显著特点。自我意识的觉醒,使得思维的独立性和批判性显著发展,不满足于简单的说教和现成的结论,但由于还不成熟,所以容易固执和偏激。因各种需要互相交织,所以满足需要和需要得到满足的体验都较过去强烈和丰富。在我们工作的实践中发现,学生间认知发展也是各有差异,有的学生心理发展层次明显,也有部分学生的认知发展缓慢。

然而,由于青春期孩子社会经验、生活经验不足,所以也常常碰壁,对父母、师长还是有一定的依赖性。独立性与依赖性的矛盾使孩子对自己的身份感到迷惑,自己跟自己"较劲"。

从生理上看,这是主管理性思维的前额叶没有发育成熟,有研究表明,正常人的前额叶要到二十七八岁才能发育成熟。所以青春期的孩子虽然看起来像个大人,但他们依然无法做到很好地平衡情绪、思维和行为。基于这点理解,我们在工作中就要避免给学生贴标签,遇到问题不要上纲上线,而是要判断和分析学生行为产生的深层原因,从学生的心理层面上寻找根源,并在此基础上寻找解决的策略。

工作中,常常看到学生有各种情绪的流露,失控的情绪其实是求助的信号,学生在表达着他的恐惧、失望、不满、灰心等内在感受,但是他们不能冷静地诉说,更不会自我疏导,这恰好是我们工作要捕捉的信息,理解情绪背后的心理动机并给予引导,而不能仅仅是批评或者转移情绪。这种辅导是要因学生的个性而异,对策各不相同,但思路有共性,看到情绪,分析并理解,然后分析对策。

此外,学校的竞争压力、家庭教育的问题、成长的"轨迹"等也是班主任工作中需要考虑的"背景材料"。华育中学是一所知名的民办中学,生源优秀,这里集中了很多综合能力强的学生,无论是学习成绩还是活动能力都相当出色,学生间竞争压力较大。入校后,在小学阶段相对优秀的孩子,面对新的竞争起点,呈现出不同的状态,学生间的差异也比较大。就心理健康方面来看,绝大多数学生能接受教师的引导,不断修正和提升自己的心理素质,但有的学生成绩优秀却自我认知不足,待人接物上存在障碍,有的学生抗挫能力不足,严重阻碍了他在初中阶段的学习和生活,有的学生缺乏有效的家庭教育,成为老师头疼的教育对象。

二、运用认知心理学策略解决突发事件

马歇尔·卢森堡在《非暴力沟通》一书中说:"别人的行为可能会刺激我们,但并不是我们感受的根源。"这提示我们要去理解学生行为背后的心理原因。面对突发状况,首先要做的是理解他的感受,使他可以充分表达自己的需要,下一步再进行疏导和教育。如果仅仅是批评学生的行为或者简单地采取惩罚措施,只会增加对方的敌意,其实并不会实现有效的教育。

认知心理学分析,人们听到不中听的话一般会有四种反应:① 责备自己;② 指责别人;③ 体会自己的感受和需要;④ 体会他们的感受和需要。当我们选择第二种反应时,我们认为别人应当认错或受罚。当我们选择第三种反应时,我们专注于自己的感受和感觉,我们用心体会着自己,而不再分析别人犯了什么错误。

表达愤怒的具体步骤是:首先,停下来,除了呼吸什么都不做,避免采取行动去指责或惩罚对方。接着,想一想是什么使我们生气了。然后,去了解自己想要满足的需要。最后,用语言明确地充分地表达愤怒。

这种方法可以用于指导个人面对冲突的时候如何进行自我认识和自我表达。但是作为班主任，我们可以将此进行三个方面的应用：第一，学习将此应用到分析自己的情绪，将此应用到面对学生冲突时。因为教师也会有自己的情绪，如果没有掌控，就会在事件中卷入进去，而不能很好地将自己的角色理解为教育者。第二，在平时的班会或晨会课中以系列课程教育学生如何认识和表达自己的情绪。第三，在面对突发事件时，我们将此作为控制自己情绪、理解学生心理、及时规划策略的方法。

案例说明：有一次，班级劳动委员委屈又愤怒地投诉 A 同学损坏班级劳动工具，当他进行劝阻时，这位同学不仅不听，还把他的书本弄到了地上。当我与两人进行面谈时，他们各执一词，纠缠于畚箕到底是什么时候坏的，两人都愤怒得很。从我的判断看，这只畚箕弄坏的原因不是重点，而是两位同学的心理诉求如何被理解到。劳动委员的气愤是因为他尽职尽责的意识没有起到效果，反而在班级里被同学"羞辱"，他觉得有失"尊严"；小 A 经常做点恶作剧，他没有想到自己平时的好朋友今天突然"翻脸不认人"，他其实也是不知如何应对。我从满足两人心理需求的原则出发，一是极力表扬了劳动委员的尽责，明确告知小 A，劳动委员的火气不是针对谁，是针对破坏公物的行为，我们班级有这样的劳动委员是一种幸运。两位同学听罢都没了脾气。接着我顺势提醒小 A，恶作剧没有分寸是很危险的，幸亏劳动委员有涵养才没有酿成大祸。他也诚恳地点了点头，并向劳动委员道歉。最后，等两人的情绪都稳定了，我提议这两位平时玩在一起的好朋友，想个办法把弄坏的畚箕修好，要求是修得牢固耐用，还得美观。这时，两位同学的兴趣马上来了，后来两人也确实修好了畚箕。

虽然这件事可以用严肃批评的方式解决，甚至写个检讨，赔个畚箕什么的，但是我的判断是从他们的心理入手，求安慰的给以安慰，要引导尊重同学的要引导，还不想伤了他们的和气。

总之，心理学知识不能仅仅将认识个人的情绪和感受作为解决问题的步骤，我们还要考虑解决问题的根本目的是培养学生长远意义上的健全人格，从微观来看，还必须要考虑这个事件对班级"价值观"的影响，有必要的情况下要对全班学生进行说明和正确引导。因为学生工作的特殊性，有时候要在教室等公共场合处理突发事件，这时候考虑到对群体的影响，直接的批评也可以先放在第一步,然后再进行情绪引导,也就是要灵活处理。

三、运用心理学帮助学生认识自我情绪

在初中的班级管理中,班主任总会遇到一两个个性鲜明的学生,他们不太容易接受师长的建议,有自己的"行事风格"和"处事理念"。如何进行个性化的引导是对班主任的一个挑战:如果找到"命脉",适当引导,工作思路会比较流畅,如果只是单纯地为了解决问题而解决问题,那可能费时费力,且没有效果。所以在工作中,班主任一是需要用合适的方式改变这些学生的认知观念,二是需要"投其所好",利用学生的心理设计合理的引导策略。

学生小 A 性格急躁,善争辩,常常在课堂上打断老师,但他的打断是基于学习内容的讨论。令老师们头疼的是,他的这种打断方式往往是带着情绪的,有时也会扰乱正常的课堂秩序,使学习气氛比较糟糕。较长时间观察后分析下来,我们认为对于这位学习成绩优异但情绪管理能力较差的学生,我们的引导目标就是利用各种机会,对他进行情绪发现和引导的训练。

有一次,小 A 在教室里怒气冲冲地发牢骚,大意是他拿到的作业本上的成绩老师算错了,他非常不满意,指责老师标准不统一等。我先是严厉地批评了他,指出他以偏概全,用一个算错的数字来全盘否定老师,听了很令人沮丧,而且语气那么生硬,充满了火药味,令人不适。这些话其实是讲给全班学生听的,让大家看到在这个冲突中,彼此都不愉快,应该避免用这种"情绪地表达"方式来解决自己的诉求。等他的情绪暂时稳定下来,我突然话题一转,指着他的鼻子说,你看你的鼻子都冒烟了,就像费加尔一样。他先是一愣,我接着说费加尔是一只爱发脾气的小狼,他扑哧就笑了。然后我就把《冒烟的费加尔》的故事给大家讲解了一遍,告诉大家如何表达情绪,而不是用情绪表达。类似事件也发生过几次,我不仅仅是告诉他正确表达的重要性,更重要的是给他可操作的方法,再配合激发他为大家服务的热情,请他担任班级的学习顾问,给大家做各种学习经验分享,他也慢慢体会到自己在集体中的价值。他在初三时的一次作文中写道,感谢老师教会了他如何控制情绪。

在这个学生的转化中,我们利用的是满足学生自己的愿望,给他施展积极能力的舞台,同时对学生身上明显的不足,要集中解决,寻找适合他的方法。从结果来看成效是明显的。

针对另外一位学习习惯较差、成绩偏弱的学生，我们找准他有较突出的文艺才能，鼓励他多多参加学校的各项活动，在这些过程中，他的才能得到了展现，为班级争得了荣誉，赢得了更多的尊重，他的自信心得到了一定提升，在学习上就有了一定的动力，对待作业也有了更踏实的态度。尤其是在初二，学校活动多，这位学生有诸多表现的机会，成就感很明显，与师长的冲突明显变少。但是在初三，因为学习任务加重，升学目标明确，他学习能力不足的问题严重影响了他的自信心，也是寻找各种途径宣泄情绪，与师长的矛盾增多。

所以这也启示我们，对待学生的问题一定要用发展的眼光看，如果看到一时的进步就放松警惕，对于新问题出现感到沮丧、束手无策，那也是影响工作效率的。教师可以有自己情绪，但不能情绪用事，对学生产生的问题始终要用积极理性的思考去面对。

同时提醒我们班主任，对学生的转化和引导是一场"持久战"，在不同时期，学生问题的表现也不尽相同，要用发展的眼光看待问题。

四、运用心理学建立与家长的良性沟通

与家长打交道时，把握好"边界意识"，工作会更明朗。人际边界是指人与人之间基于人性与规则形成的界限。老师和家长的身份不同，边界应该是非常清晰的。老师代表着集体规则，是要引导学生适应集体生活，家长的责任是认识自己孩子的个性特点，从父母的角度对孩子进行教育引导。因此那些总是说孩子不听自己的，希望老师能如何如何教育孩子的家长，其实是让渡了自己的一部分责任，是没有找准自己的该负起的责任。教师对孩子的管理有效果，只是针对在学校工作的部分，老师代替不了家长。因此在与家长沟通时，我们要明确告知我们的立场和原则，并且让家长从自己的边界角度对孩子进行教育，争取到合力。

了解家长的心理也能争取到家长的理解和配合。很多事情，我们和家长看的角度是不同的，并不是说我们要颐指气使地教育家长，对于屡屡犯错的孩子是要严肃地告知他们家长问题的症结，避免我们就事论事，批评了事，我们和家长达成共识，在大方向上一起努力，允许他反复和后退，但前进方向是明朗的。

五、小结

从认知心理学角度看,学生的问题就是心理诉求没有得到满足。事物的发展都是错综复杂的,一定要争取更多的支持力量,才能从根本上解决问题。班主任应首先充分了解学生的个性特点,形成对学生的客观认识和评价;其次因材施教,引导学生发扬优点,克服不足;还可以抓住每一个特殊事件,作为积极转化的机会,运用恰当的策略给予学生指导。

参考文献

[1] 李中莹. 李中莹亲子关系全面技巧[M]. 中国华侨出版社,2013

[2] 司继伟. 青少年心理学[M]. 中国轻工业出版社,2010

[3] 马歇尔·卢森堡. 非暴力沟通[M]. 华夏出版社,2018

[4] 李进成. 有效处理学生问题的25个心理学智慧[M]. 华东师范大学出版社,2017

[5] 简·尼尔森. 正面管教[M]. 北京联合出版公司,2017

[6] 赵正铭,周丽萍. 论青少年学生逆反心理问题教育的对策[J]. 西南民族大学学报(人文社科版),2006:(4)

[7] 张忠华. 论中学生的逆反心理与调适[J]. 天津教育,2000

[8] 李英杰,邹成锡. 浅谈青少年逆反心理的教育与纠正[J]. 新西部,2011:(12)

理科班文化建设策略研究

■上海市民办华育中学 汤琳

摘 要：作为学校人才综合培养的一个重要方面，班级文化建设受到越来越多的关注，已成为深化教育改革、优化育人环境的重要课题。班级文化建设是一门需要不断关注的潜在的课程，高质量的班级文化对学生的成长往往起着润物无声的作用。因此，我们应该从多个方面入手，积极探索班级文化建设策略，努力构建符合理科班特色的班级文化。

关键词：班级文化 中学教育 理科班

班级是学校最基本的组织单位，也是学生日常学习和生活的场所，中学生对集体的归属感和荣誉感，首先表现在自己所在的班级里。因此，班级文化是影响学生个体发展最直接，也是最深远的文化环境之一，必然要摆在中学校园文化建设的重要位置。理科班有自身的特色，针对理科班特点建设班级文化，也是一个不可或缺的课题。

一、班级文化的内涵与层次

（一）班级文化的概念

"班级文化是校园文化形成的基础和前提，没有健康向上、丰富多样的班级文化，就不可能形成具有影响力的校园文化，也不可能形成优良的校风。"[1]由此可见班级文化的意义及重要性。就班级文化的概念而言，有人将其定义为"班级文化是校园文化的一部分，是以学风、班风、价值观、人际关系、舆论等方式表现出来的观念文化和与之相适应的行为文化，是以班主任为主导，由班集体中全体成员创造出来的独特的班级生活方式"[2]。依据班级文化的这一特征,有学者将班级文化建设定义为"以学生自我管理为主体,以建立班级精神为核心,以班级群体行为为基础,以树立良好的班级形象为目标的班级管理模式"[3]。

理科班的班级文化,除了体现在普通班级学生的自主性与积极性、活动的组织性和参与性、班集体的凝聚力、学生之间及师生之间的人际关系等方面以外,还具备理科生群体思维方式与思维能力方面的独特性。

(二) 班级文化的层次

同社会文化类似,班级文化也由三个层面构成,即环境文化、制度文化以及精神文化。因此,建设班级文化也可以从这三个层面展开。

首先,从环境文化层面来讲,中学班级环境文化建设的主要内容,是通过布置、美化教室环境来营造学习生活的文化氛围,可使学生受到感染。这个外部的文化环境是人为设置的,具有直观性和直接性。它一方面要能体现出一个班级的精神风貌和教育教学主旨,另一方面也要与班级的学科属性相关,能与班级定位有紧密的联系。构建良好的班级文化内部环境,保证学生在身心愉快的氛围中学习和生活,正能量会在学生内心萌生和发展。

其次,从制度文化层面来讲,中学班级制度文化建设的主要内容,是根据中学生的行为规范和学校对中学生的德育要求,制定具体的班规,以便实施对本班学生的常规管理和德育考核。赫尔巴特说:"如果不坚强而温和地抓住管理的缰绳,任何功课的教育都是不可能的。"这句话道出了班级制度的重要性。班级制度文化涉及出勤、早读、作业、早操、眼操、教室卫生、自修纪律等诸多方面,基本覆盖了班级常规评比和德育考核的各个方面。

再次,从精神文化层面来讲,中学班级精神文化建设的主要内容,是班级文化建设的核心内容以及更深层次的结构要素,"它包含价值观、道德观、行为方式、人际关系、集体舆论及各种认同意识"[4]。

我们通常所说的班级文化建设,主要指的是精神文化建设。例如,在建设班级文化时,把"团结奋进,永不言败"作为班级口号,这种进取性的精神文化,代表着这一个班级全体师生的心理认同。班级精神文化建设是一个逐渐递进和积累的过程。

二、班级文化建设对中学生成长的影响

一个班级的文化环境对每一位学生的影响都是潜移默化的,文化环境的

好坏对学生的成长起着至关重要的作用。通过本课题研究，我们进一步深挖了理科班文化建设对学生身心发展的益处，从而坚定了加强班级文化建设，把班级建设成一个具有积极向上独特精神风貌班集体的决心。

（一）激发学生的内在学习动机

"动机是引起并维持人们从事某项活动以达到一定目标的内部动力，是非智力因素的核心。"[5]学生的首要任务是学习，良好的班级文化能激发学生的内在学习动机。一旦建设成了师生共同接受的班级文化，学生就会产生对班集体的心理认同感，加强对班集体的荣誉感。为了这份认同感和荣誉感，不管是学习还是课外活动，学生都会本着积极的目标努力，发自内心地产生向前向上的动力，焕发出极大的学习热情。

（二）培养学生的兴趣爱好

良好的班级文化可以为学生提供展示自己风采的平台，培养健康向上的爱好和兴趣。作为班主任，要尽可能地将班级全体学生纳入到我们的班级文化建设当中来，努力调动全体学生的积极性，为学生创造一个自由、平等、民主、和谐、向上、团结的氛围。例如在班级环境的布置上，理科班也有爱好琴棋书画的学生，教师可以发挥学生所长，让学生写、画、构思、设计等，唤醒学生自我意识，引发学生独立思考；指导学生开展语文综合知识竞赛、成语比赛、飞花令、对联比赛和古诗词擂台赛等；利用节假日，组织学生参加志愿者、人文探宝和社会实践等活动。根据学生的年龄特点，挖掘学生的潜力，激发学生的学习兴趣，从而改善班级的心理和生态环境。[6]

（三）培养学生的逻辑思维能力和想象力

对于理科班来讲，班级文化建设还应该重点考虑到对学生逻辑思维能力、想象力的培养。恰当的班级文化建设也确实对理科生的思维能力、想象力起到良好的锻炼作用。例如指导学生开展辩论赛，这对于理科生的思维训练来讲也是很不错的一种方式，既锻炼了理科生的逻辑思维能力，也展示了学生的风采。又如班徽、班级标语的设计，简单的线条、图形或者简单句子的描绘，都可以使学生发挥自己的想象力和思维能力。

（四）养成主人翁精神，提高社会适应能力

"教育的最终目标是培养人，培养社会需要的全面发展的复合型人才。"[7]学生最终还是要走出校园，步入社会。在班级文化建设中，学生还可以逐步确认主人翁精神,有利于提高学生的社会适应能力。班级文化建设,要让学生积极参与其中,例如班级管理制度规范的拟定与具体执行,能很好地培养学生的主人翁意识。又如班级组织学生到地铁博物馆,了解上海地铁的发展历史和地铁的构造运行等科技知识;前往虹桥地铁站维持站内秩序,帮助有困难的乘客,为城市地铁交通献上一份微小的力量。这些都让学生提前走出象牙塔,形成对社会的初印象,不做高分低能、与社会脱节的书生。

三、建设理科班文化的策略

(一) 建设班级环境文化,营造良好的班级文化氛围

我们努力建设班级的环境文化,尽力让教室的每一个角落、每一面墙壁都富有教育意义,让教室里每一面无声的墙发声。正如办崔姆林斯基说的:"无论是种植花草树木,还是悬挂图片标语,或是利用墙报,我们都将从审美的高度深入规划,以便挖掘其潜移默化的育人功能,并最终连学校的墙壁也在说话。"[8]

经过研究,我们总结出以下几个策略来打造环境文化:

1. 美化教室环境

例如将教室的墙面进行模块划分美化——名言警句墙、学生风采展示墙、理科小知识墙等,每一面墙的美化和装饰工作都由学生自主完成。以名言警句墙为例,班主任发挥学生的特长和才艺,让有书法和绘画特长的学生进行图文绘制,绘制内容主要来自全班学生精挑细选的名言警句,并将绘制好的图文进行装裱、悬挂。

2. 在环境布置美化中彰显班级特色

一个班级要有自己与众不同之处,要体现出极具理科班特色的文化气息。因此,班主任可以发动学生开展班徽的设计工作、班级口号的拟定工作以及班歌的编写工作等。一个凝聚了全体师生心思的班徽,一句代表全班学生美好愿景的班级口号,一首代表全班学生心声的班歌,都丰富了班级文化的内涵,让班级文化环境变得具有生命力和朝气。

3. 办好班级板报

板报是为学生提供施展才华的舞台,能使学生从中得到快乐和成就感,发挥出极大的自主性;还可以培养学生的创造力、创新能力和个人素养。办

一份板报要遵循实用性和个性化的原则,突出班级特点及学生个性。做好板报的规划,例如一学期出四次板报,每次板报有特定主题,从选题到排版设计,从采写到编辑,都由学生分组轮流合力完成,力求每位学生都能参与其中。一份板报,展现出的是学生和班级的个性与特色。

(二)建设班级制度文化,建立和完善班级日常管理规范

布置一个好的环境是为了使学生心情愉悦,但校内的学习生活不仅需要愉悦的心情,更需要良好的秩序。建立良好的秩序离不开纪律的约束。一个班级想在纪律方面有保证,那班级的制度建设必不可少。

1. 制定切实可行的班规

班规是在民主基础上形成的班级共识,也是管理和考核的标准。班规是班级管理制度的核心,是顺利开展班级工作的基石,班主任针对班级情况制定班规,并严格执行,让学生养成有纪律、有组织的性格。对于优秀的班集体来说,运行良好的行为管理规范和规章制度是班级管理的保证,从制度上确保班集体在正确的轨道上运行。首先在制定班规时要让每一位学生参与其中,其次在执行班规时要做到班规面前人人平等,最后制定的班规必须具有可行性和广泛性。

2. 学生轮流执周

如设立自修课纪律维持、卫生工作检查的轮流值周制,让每位学生都能在工作实践中锻炼自己的组织、协调和管理能力,激发学生参与班级管理的热情。在轮流值周的过程中,我们发现几乎每一位学生都能够尽职尽责,原先在班级中默默无闻的一些学生,也能在轮流执周中脱颖而出,以他们热情的服务和认真负责的态度赢得了其他学生的信任和支持,也找回了自信心和上进心。

(三)建设班级精神文化,打造振奋人心的班级精神

班级精神文化建设涉及班级目标、班训和班级口号、班集体舆论和班风、人际关系等建设以及实践活动的开展等各个方面。我们通常所说的班级文化建设,主要指的就是班级的精神文化建设。

1. 确定班级目标,这是班级精神文化建设的起点

班级目标的确定不能一言堂,不能班主任一人说了算,而是要通过师生共同商讨的方法,集思广益,考虑到学生的情感需求,发挥学生的创造力,增

强师生之间的合作。学会对班级目标进行分解,班级有班级目标,小组有小组目标,甚至个人也可以有目标,大、小目标形成一个有机整体。采用这样的方式确定下来的班级奋斗目标,更能调动学生的积极性,也更能带来强大的凝聚力。

2. 围绕班级目标确定班训和班级口号,形成班级标志

将班级的奋斗目标具体到一段文字和几句话,师生反复强调并牢记于心,内化为自我奋斗的动力。我们根据班级的特点,师生共同思考,最终确立了"勤学乐思,奋发向上"的班训,并将班训融合到集体活动中。

3. 培育优良的班风

班风是由班级成员共同营造的一种集体氛围,是班级精神文化建设的核心。班主任要认识到每一种优良班风的形成都需要一个漫长的过程。在这个过程中,要发挥自己的模范带头作用,为学生做出道德示范,也应该培养民主的师生关系,尊重学生的主体地位和主观意愿表达,多与学生沟通和交流。

4. 开展组织丰富多彩、形式多样的活动

这也是班级精神文化建设的重要方面。在这个过程中,学生自主参与,可以增强学生之间的团结和集体荣誉感,也能培养他们的学习兴趣。在开展活动时要考虑活动的教育性、多样性和自主性。例如,理科是我们班的特色,但我们不能让理科班学生只知天文地理,而不懂得人文修养。因此,我们在开展活动的时候,针对理科班这一特点,组织大家积极参加上海市古诗文大赛、央视古诗文大会上海市海选、上海市级诗词创作比赛,在平时的学习之余组织学生进行飞花令比赛等。此外,我们也会组织针对理科班特点的活动,如数学课代表联合学习部成员筹划的二十四点比赛、数独比赛等,充分体现了活动的教育性、多样性和自主性。

四、思考与建议

班级文化建设不是一蹴而就的,是一个需要持续投入心力、不断递进、逐渐积累的过程。在这个过程当中,作为班主任老师应该时刻提醒自己以下几个方面:

第一,在建设班级文化的过程中,坚持采用民主的方式,尊重学生在班级文化建设中的主体地位,让学生在自由开放的氛围中敢开口,敢发表自己的

看法和意见,敢于传达自己的情感和意愿。

第二,班级中人际关系的协调,形成良好的人际关系也是班主任在文化建设中应该重点把握的。人际关系,既包括学生之间的关系,也包括师生之间的关系,良好的人际关系是学生身心健康成长的重要保证。

第三,教师自身应该更加严格地要求自己,约束自己的行为规范。比如一旦班规形成,班主任要以身作则,主动遵守班规,培养高尚的师德,用自己的实际行动做出榜样和示范,言传身教。

第四,建设班级文化一方面要持之以恒,坚定不移,切不可三分钟热度,急于求成;另一方面也要善于抓住时机,循循善诱,因势利导。

第五,教师也应该不断学习,掌握更加优秀的教育教学方法,丰富自己的理论知识储备,用于更好地指导教学实践。

参考文献

［1］赵剑乐.学校文化与班级文化建设[J].云南教育,2008:(18)

［2］李静.文化建设在班级管理中的作用[J].云南教育,1999:(18)

［3］张云杰.班级文化建设的时间策略研究[D].东北师范大学,2008:(8)

［4］王俊花.关于中学班级文化建设的思考[J].素质教育论坛,2000:(28)

［5］张杰.高师心理学教程新编[M].合肥工业大学出版社,2008

［6］陈德名.班级文化中渗透心理健康教育的策略[J].考试周刊,2008:(47)

［7］包根胜.浅谈班级文化建设对中学生心理素质优化建构的影响[J].淮南师范学院学报,2009:(138)

［8］苏霍姆林斯基著,安徽大学苏联问题研究所译.培养集体的方法[M].安徽教育出版社,1983

社团活动中初中生领导力培养的实践研究

■上海市民办华育中学　何婉青

摘　要：现代社会，领导力不是基于职位的权力，而是一种基于价值观、人格、能力等综合因素的影响力。价值观是构成领导力的核心，在我国，社会主义核心价值体系是构成学生领导力的价值核心。中学生领导力培养问题尚未引起我国教育界的应有重视，而在新时代，领导力的培养非常重要。学生领导力的培养需要课程支撑、平台服务。学校社团课程的开设为学生领导力的培养提供了有力的保障。

关键词：初中生　社团活动　领导力

教育的根本问题是培养什么人、怎样培养人、为谁培养人，这是习近平总书记针对教育工作反复强调的核心要义。要把立德树人融入教育全过程，坚定理想、敢于担当、提高素养、崇尚劳动，习总书记提出的这些要求方向明确，意义重大。我校的德育工作始终坚持育人为本、德育为先，大力培育和践行社会主义核心价值观。在新时代，构成学生领导力的价值核心就是社会主义核心价值观。本文就社团活动中学生领导力培养这一问题做了一些研究和探索。

一、当代中学生领导力培养的基本现状及对学生领导力的基本认识

对于学生而言，领导力并不是一种权力，而是一种跟人格、能力和价值观等因素相关的影响力。领导力的核心就是价值观。在新时代，社会主义核心价值观就是学生领导力的价值核心要素。

国外已经有很多中学在课堂教学、课外活动和专题项目中，注重学生领导力的培养，并且已经取得了较好的成效。国外有些学校有专门的学校领导力课程体系，通过多种途径、方式和课程体系，促进积极价值观的形成与各种能力素质的提升。

在我国从学校层面来讲，缺少针对学生领导力培养的课程体系。从教师认识层面来讲，缺乏培养学生领导力的意识；对学生领导力理解有偏差，往往把学生当作是学生干部来培养；组织策划零散而缺乏系统性；实施时教师的期望和学生自身意愿及特点的结合尚有一定矛盾；评价的标准、方式、意识和能力等存在一定问题。从学生层面来讲，缺乏对领导力的充分认识，认识有偏差，觉得做了班干部就是有了领导力了。

学生领导力是一种基于个人品德与能力的服务型领导力。[1]学生的领导力更多地体现在为其他学生服务的领导力，并不是真正具有权力的领导。所以，培养初中学生的领导力，就是培养学生对他人、对国家和对社会的责任感，以及影响他人的能力。学生在社团活动中，团结协作，协调沟通，跟社员一起达成任务，也是学生领导力的重要特征之一。

二、学校社团活动中初中生领导力培养的实践探索

华育中学的办学理念是"欲成才，先成人，全面发展，张扬个性"。学校在立德树人的引领下，形成了"数学教育见长、文理基础厚实、科技教育凸显、艺体素养奠基"的办学特色，从中考领先到全面的引领，更强调办学品质的全方位提升。对于这样一批精英学生，领导力的培养显得尤为重要。学生领导力的培养需要课程支撑、平台服务，社团课程的开设为学生领导力的培养提供了有力的保障。

我校学生社团从 2014 年开始组建，如今已经走过了五个年头。在学校的艺术节、露天音乐节、社团展示、义卖等活动中都可以见到我们社团精彩的表现。我校社团在市区各项比赛中也屡获殊荣，但是社团在一些学生眼中只是一个学生自愿参与、自己组织的一节课。在社团活动发展壮大的同时，我们也希望探索如何利用社团课程，进行适合我校学生发展需求的领导力培养。

(一) 对学生社团的基本认识

学生社团是指由在校学生按照所在学校学生社团管理章程的规定自愿成立的,为实现社员共同意愿,发展共同爱好特长,按照其章程开展活动的学生自治组织[2]。

作为学生自我服务、自我管理、自我教育为基本特点的组织形式,初中学生社团在中学校园文化中扮演着重要角色,社团活动的开展使得校园充满了活力和生机。丰富多彩的社团生活,为中学生表现自我、展现才华、张扬个性提供了平台,学校为社团创设宽松和谐的环境和氛围,社团活动扩大了中学生的交际圈,锻炼了他们的组织协调能力,有助于弥补课堂生活的不足,有助于形成良好宽松的人际关系和情感归宿,有助于中学生的身心发展和健康成长[3]。

(二) 华育中学学生社团的建立和发展过程

学校关心每一位学生的长远发展,坚持传承上海中学"储人才,备国家之用"的办学理念,学校看重学生在学习过程中是否敢于担当、有责任意识,学习好是为了更好地服务他人、服务社会、服务祖国的需要。学校从 2014 年 9 月开始特别拿出 50 分钟的课堂时间,用于学生社团活动。

学校首先由学生处、团委、少先队牵头制订了《华育中学学生社团活动管理条例》,用于华育中学学生社团的规范发展。

华育中学的社团组织,从社团申请、内容策划、社员招募,到活动开展、成果展示等,全部由社长和副社长负责落实,学校负责每一个环节的适时引导、风险管控、考核评比。学校将此作为学生自主发展的舞台,给予他们充分的自主权。"纸上得来终觉浅,绝知此事要躬行",社长们能在一两年的锻炼中迅速成长,成为全面发展的优秀人才。

(三) 学校社团活动的开展过程

1. 制定社团各项规程,规范社团活动的开展

(1) 以学生兴趣特长以及自愿组合为原则

学生处召开学生大会,鼓励学生成立社团,并要求有意愿建立社团的同学提交社团的申请表,由学生处老师审核通过后,制作海报,并在开学第三周的中午在操场张贴海报,进行招新。招新成功后的社团正式成立,对于没有招满社员的社团就自动淘汰。在这个过程中,对社长的领导力就有了初步的

要求和培养,社长需要设计有吸引力的海报,有良好的口才去招纳新的社员,等等。

2018学年,学校成立了42个社团,其中12个校级社团,如华育校园探索社、街舞社、万象摄影社、心理剧社、篮球社、丹青艺术创作社、水彩情怀社、金融社、Arduino电子科创社、朝歌文学社、I SOCCER 社,等等。

(2)确定民主公开的活动讨论形式

由社长提出社团活动主题,围绕主题,由社团成员集体讨论决定具体社团事务。在日常活动开展时,社长注意发挥社员的主观能动性。

(3)由教师或外请专家组建多层次的辅导团队

学校根据社团的不同情况,形成不同形式的辅导体系。如,音乐剧社团,由于专业要求比较高,学校聘请戏剧学院的音乐剧专业的教师进行社团辅导。另外如相声小品社、电声乐社,等等,也是外聘专业人士进行辅导。有些社团,我们会邀请本校的专业教师对社团活动进行辅导,如劳谦书画社、水彩情怀社、心理剧社。有些社团,我们会邀请有一技之长的学生家长担任辅导员,对社团活动实施指导,如人工智能社、心毅军事社。由于华育中学有特长的学生很多,有些社团,社长和副社长本人就是指导教师,如3D建模社、魔方社、Arduino电子科创社、印橡社、铁道研究社、快乐数独社,等等。

(4)构建合理的社团考核评价机制

日常考核,由少先队学校大队部社团部负责。大队部社团部同学进行日常巡查,每次活动后社长需填写社团活动记录表,大队部同学进行汇总。

学校社团节,是各社团展示的重要平台,学生处和大队部会根据展示情况,给予社团一定的评价。

开展多层次的优秀社团评选活动,激励社长更好地开展活动。如:社会综合评选——区级优秀、明星社团评选;校内综合评选——校级优秀社团评选、校级优秀社长评选。

2. 规划实施社团课程,帮助培养提升学生领导力

(1)社团初期创建动员及规范讲解

每年9月开学初进行社团动员讲座,解读《华育中学师生守则——学生社团活动管理条例》,让全体参与学生了解社团基本规范要求。其次通过自荐和学生处选择结合的方式初选社长名单,与有意向的学生进行沟通,强调

社长要求,明确社团招新流程。9月中旬,对成功建立社团的社长进行培训,强调《社长须知》内容,要求社长以学校社团管理条例为基础,制订符合本社团的规章,并做好本学期所有课程的详案。学校要求每个学期每个社团至少1篇(校级社团两篇)文章发布在学校社团微信公众号上。

(2)社团活动问题反馈及辅导帮助

10月初及10月末召开全体或者部分社长会议,了解社团进展,分析各社团出现的问题,并给予指导。在前期与社长的访谈中我们了解到,社长在开展活动时,往往会因为学业压力大,觉得准备时间不够,或者在社团活动中社员不能有效地开展活动,等等。我们通过各种会议,共性问题一起解决,个别问题分头解决。教师积极引导学生学会如何尽快调整自己的心态,使自己不会被巨大压力击垮。

(3)社团展示活动筹备及具体策划

11月召开社团展示筹备会议,并根据不同展示形式和内容召开分组会议,确定各社团最终展示情况。期间还会通过培训讲座、优秀社长经验介绍、学生微信群交流等,分步骤培养社团骨干学生。社团展示是培养社长领导力的极好机会,社长需要和社员协商展示内容和形式,在此过程中要不断地协调沟通,需要激励社员们一起为实现目标而努力。

3. 探究培养学生领导力的途径,关注每一个学生的生命成长

针对不同层次的学生基础和学生发展需求,我们对学生的领导力发展设立了不同目标、不同层次、不同梯度的系列研究项目,探索了以下三种培养途径:

一是讲座。通过讲座介绍领导力的现代含义,国内外中学生领导力培养模式,领导力课题分析,让学生理解领导力应当具备以下五点基本素质:远大的志向抱负、优秀的人格魅力、卓越的组织策划协调能力、强烈的服务意识和超强的耐力和毅力。

二是通过社团活动,让每个成员都有价值感和期望得到实现的满足感。社长通过策划社团活动,或者社团节的展示活动,锻炼了自己的领导力;社员通过展示,也能实现自己的价值。

三是积极探索社团活动过程中的创新鼓励机制。通过每次社团活动的反馈记录,肯定社长和成员做得好的部分,提出希望改进的地方;通过微信平

台的活动信息发布,让更多学生家长了解每个社团的活动情况;通过校级优秀社团的评选,激励社长创新社团活动方式和内容。

三、成效和思考

1. 社团活动,成为培养学生领导力的重要课程

社团活动是一种以学生的经验与生活为核心的实践性课程。社团活动以学校德育总目标为指导,通过情感体验和探究实践,培养了学生以创新精神与实践能力为重点的创造性能力。社团活动有助于培养学生发现问题、解决问题、克服困难的能力,有利于学生养成合作、分享、积极进取等良好的个性品质和交往能力。

社长在开展社团活动时,需要协调关系、整合资源、服务他人,培养自己的责任感、使命感和影响他人的能力,培养形成卓有成效的领导力。

2. 社团活动,让学生在自主管理中提升领导力

李英校长提出华育学生6+3核心素养的培养目标:良好的人文底蕴、高尚的科学精神、持续的学习能力、富有情趣的健康生活、强烈的责任担当、优秀的实践创新以及宽广的国际视野、高远的生涯规划能力和优秀的媒体应用能力。学校要为学生成长、成材提供优质的生长环境,社团活动提供了很好的平台。

按照《学生社团活动管理条例》规划社团活动课程框架、确定社团活动目标、拟定设计方案、实施具体活动,这个过程需要同学们多方参与,通力合作,策划管理,交往协调。在社团活动过程中,学生充分发挥他们的主体作用,大胆尝试,创新规划,几经摸索和实验,探索出多种富有创意的活动项目和课程设计。在课程实施过程中,他们勤学好问,敢于质疑,大胆创新,不怕艰难。

I soccer社社长洪同学谈到自己的心得体会时说道:"从创办这个社团开始,我的目标就是把I soccer社建设成为优秀社团。I soccer足球社,作为体育类社团,不仅要让社员有踢球的机会,更要让足球文化在校园内广泛传播,要积极创新活动形式与内容,因此社长必须要策划好社团活动,展现出社团风采并做好宣传!

"这里的一个主要心得就是:做事情首先必须明确目标、找准靶心,确保航向不偏。

"对于活动方案设计这一块，我的主要心得是：要打破常规思维模式，勇于创新，才可能迸发出新的创意。

"在正式比赛前一周，我仔细准备每个环节：联系学生处老师、联系参赛选手、联系校电视台等，几乎每节下课我都在为这些活动而到处奔波。

"这个阶段的一个主要心得就是：面对困难，要勇于挑战，坚持就是胜利。

"在老师、同学和社员们的支持下，经过一年的建设与努力，I soccer 社成功举办了师生友谊赛、华育路人王足球争霸赛、社团节足球舞等活动，并成为校优秀社团，我也荣幸地当选为了优秀社长。"

果断决策，创新思维，这正是学生领导力的基本表现形式。这些社团活动锻炼了学生确定目标的能力、组织协调能力和争取社会支持的影响能力。

3. 社团活动，让学生在担当中提升领导力

责任感是学生领导力核心要素之一。我校的一项传统迎新项目是新年义卖。学校连续多年进行新年义卖活动，筹得的善款曾经用于帮助西藏沙迦中学建立直饮水系统、帮助鲁冰花舍的西部先天性疾病患儿成功完成手术等。学校社团制作自己社团的文创产品参加新年义卖，如朝歌文学社制作期刊《朝歌》参与义卖，校园探索社会制作介绍华育的小册子发售，劳谦书画社出售书画作品，水彩情怀社出售画作，尔雅诗词社出售尔雅诗刊，模联社出售模联刊物等等，在 2019 年的新年义卖中，学校社团共筹得善款 12 000 多元。

不仅如此，学生社团还"家事国事天下事，事事关心"。正如模联社的社长潘同学说的那样："新学年的 9 月，20 名心系世界的同学聚到一起，组成了模拟联合国社。在活动中，我们扮演不同国家或其他政治实体的外交代表，参与围绕国际上的热点问题召开的会议。对于我们来说，这是一个不断发现、追逐、超越自我的平台。社团活动的重头戏是讨论议题，区区四个议题，包含了安理会、危机委员会、联大和联合国环境计划开发署这些不同委员会。我们为中东地区和平出谋划策，我们试图缓解津巴布韦紧张局势，我们想要改革安理会使其能发挥更大作用，我们为旅游业可持续发展而思考。一年下来，我们虽未离开学校半步，我们的心却已飞向世界。虽然说我们的想法是简单的，我们的文笔是稚嫩的，可能我们的决议永远不会被实施，但是，我们有最大的收获，那就是为这个世界献上一份自己的想法，我们有一颗关心世界的心。"

　　华育中学社团活动的开展,有效地培养了学生的社会责任感,团结协作能力,正确的价值观,创新思维,这些会内化为学生人格的一部分,最终为学生的成长奠定坚实的基础。

参考文献

［1］翁文艳.学生领导力培养的几个基本问题[J].领导科学,2012

［2］孙玉梅.普通高中学校学生社团工作的几点思考[J].中学英语之友,2016：(12)

提高初中班主任主题班会实施水平的实践研究

■上海市民办华育中学　李珉　刘娜娜

　　摘　要：初中班主任作为班级日常工作的管理者,除了要确保班级各项教学、文体活动有序开展之外,还要经常对学生的行为和思想进行正向的引导和教育。主题班会是一类有着明确教育主题目标的班会,是基于对已发问题的解决或对易发问题的预防,进而对学生进行思想教育和行为引导的一种教学方式。因此,开展主题班会成为班主任有效履责而经常采用的教学手段。通过对班主任开展主题班会课现状调查问卷的调查研究,从华育中学三年德育主题班会内容出发,深入了解当前有关德育内容的主题班会的开展情况。

　　本课题立足于学校实际,在推行德育教学实践活动中,提升学生在班会中的参与度,确立了实现主题班会有效性的原则,符合国家新课程改革所提倡的"立德树人"的总要求,对推动学校新德育课程改革的发展和培养学生良好的人格品质、遵从良好的道德要求以及保障身心全面健康发展具有重要意义。

　　关键词：中学主题班会　实施有效性　策略研究

　　初中班主任作为班级日常工作的管理者,除了要确保班级各项教学、文体活动有序开展之外,还要经常对学生的行为和思想进行正向的引导和教育。主题班会是一类有着明确教育主题目标的班会,是基于对已发问题的解决或对易发问题的预防,进而对学生进行思想教育和行为引导的一种教学方式。

一、研究背景

开展主题班会是班主任有效履行责任并且经常采用的教学手段。虽然主题班会在规范学生的行为、引导学生的思想等方面起着重要的作用,各级教育主管部门及学校也给予了充分的重视,但在实践中仍然存在着诸多问题,具体来说可归纳为以下五点:

1. 班会主题多样,重点不突出

班主任的日常工作较多,主题不突出就容易导致有的班主任在召开主题班会时,抓不住重点,这样一来必然会降低主题班会应有的教育效果。

2. 主题班会教育的针对性不强

主题班会的主题选择应符合学生当前的实际情况,如果所选主题不符合学生当前的情况,就会使班会缺乏针对性而降低教育效果。班会教育的针对性不强还体现在有些班主任对于初中不同阶段学生容易出现哪些问题,需侧重在哪些方面进行教育引导并不清楚,如此会因主题选择的偶然性与随意性而降低教育的针对性。

3. 主题班会缺乏前瞻性

主题班会的召开常发生在学生或班级有关问题出现后,尤其对初为人师的班主任而言更是如此。当班级学生的思想行为出现问题时,班主任认为需要通过主题班会课加强教育与引导。但如果主题班会课的召开经常在问题出现后,就容易造成班主任工作的被动,不利于问题的有效与及时解决。因此,班主任提高教育的前瞻性很有必要。

4. 主题班会缺乏系统性

对于在初中阶段应召开哪些主题的班会,每个主题又该从哪些角度开展教育的问题,许多初中班主任并不清楚,表现在:① 班会主题的确定存在随意性。有的班主任常常在班会前一天甚至前一节课才构思某次班会的主题与内容。因此,班会主题的确定、班会内容的组织都具有较大的随意性,如此就会影响班会的质量,从而影响教育的效果;② 班会主题的安排具有偶然性。有的班会主题虽然也是经过较充分考虑而选择的,但考虑的侧重点局限于学生及班级当前情况,而不能站在学生成长与发展的高度去考量教育的主题,从而导致主题班会缺乏系统性,不利于学生的全面可持续发展。

5. 教学形式比较单一或"一言堂"或表演成分过浓

有一些班主任会将班会课变成纪律课和说教课,往往是老师在台上照本宣科地讲,学生们大都毫无兴趣甚至私下做别的事;也有的班会课看上去热热闹闹、精彩纷呈,但课后学生除了对课堂景象还有点印象外,对蕴含其中的教育意义并无太多感悟和体会。

本次研究正是结合在华育中学的工作实践,对主题班会存在的问题进行了深度思考并提出了改进建议,旨在提高初中班主任主题班会的实施水平。

二、研究目标与采用的研究方法

(一) 研究目标

通过对班主任开展主题班会课现状调查问卷的调查研究,从华育中学三年德育主题班会内容出发,深入了解现阶段德育主题班会开展的情况。

本课题立足于学校实际,在推行德育教学实践活动中提升学生在班会中的参与度,确立了实现主题班会有效性的原则。符合国家新课程改革所提倡的"立德树人"的总要求,对推动学校新德育课程改革的发展和培养学生良好的人格品质、遵从良好的道德要求以及保障身心全面健康发展具有重要意义。

课题通过对我校初中各年级开设的主题班会课的研究,初步构成了各年级开设主题班会课的体系特征。现阶段的主要研究成果,发现针对学生的年龄特点,各年级会开设关于认识、能力、习惯、人生理想等方面的班会。

(二) 研究方法

(1) 文献研究法:通过调研各类相关文献,首先要梳理和分析初中各年级学生的心理发展共性以及特点,有针对性地确定不同年级需开展的主题活动,同时明确主题班会对于学生成长方面的促进作用。

(2) 调查法:通过调查研究本校内历次主题班会的相关资料,洞悉当前校内主题班会的开展情况以及存在的各类问题。

(3) 经验总结法:通过及时归纳和总结发现问题并进行经验总结。班主任可对历次班会课的开展情况进行细致总结,以获得有价值的成功经验。

(4) 个案研究法:此法有深入性和典型性的特点。课题组组织成员集体研究班主任提供的班会课案例,论证其中得失并提出整改意见和改进措施。

（5）行动研究法：在课题研究期间，通过开设一系列主题班会，总结研究出适用于不同年级的优选主题班会内容，并研究主题班会在各年级对学生的集体主义和爱国主义观念以及世界观的正确培养等方面的积极作用。

（6）文本分析法：通过对 2014—2017 年三年华育中学德育主题班会的教案进行文本分析。首先，对每节主题班会课的教案进行细读归并、列表分析，将其梳理为若干个具体内容，规避描述过程中可能出现的重复或遗漏。然后对内容进行梳理与归类，这既是对德育主题班会课内容的整体理解与解构，也是对构建华育中学德育主题班会内容参考的探索创新与重构。

此外，还辅之叙事研究法等并用。

三、研究基本内容与过程描述

（一）研究基本内容

1. 主题班会意义和作用研究

调研各类相关文献，梳理和分析初中各年级学生的心理发展共性以及特点，有针对性地确定不同年级需开展的主题活动，了解主题班会课对培养学生自我教育的重要意义，同时明确主题班会对于学生成长方面的促进作用。

2. 主题班会研究现状

通过向教师发放《班主任开展主题班会课现状调查问卷》，总结分析班主任在主题班会课实施过程中遇到的问题。

3. 初中各年级主题班会内容优选研究

利用个案分析法，研究华育中学三年德育主题班会内容，初步构成了各年级开设主题班会课的体系特征。课题组组织成员集体研究班主任提供的班会课案例，论证其中得失并提出整改意见和改进措施。

4. 主题班会设计与实施研究

在课题研究期间，通过开设一系列主题班会，总结研究出适用于不同年级的优选主题班会内容，并研究主题班会在各年级对学生的集体主义和爱国主义观念以及世界观的正确培养等方面的积极作用。

5. 主题班会发展性评价研究

通过研究主题班会内容、活动多样性、学生认可度等多方面，初步探索主题班会开展的有效性。

（二）课题研究的过程

自 2018 年 5 月确定本项课题以来，课题组成员加强理论学习，从分层制定研究方案等方面入手，扎实开展课题研究，促进了学校德育主题班会体系目标的建立，取得了阶段性的成效。

1. 组织课题成员制定研究策略

课题负责人组织成员认真学习相关文献资料，开展校内调研，明确课题研究的内容、目标和意义，并结合华育中学的学生发展情况，制定了适合我校班主任主题班会的研究策略：

（1）本课题研究以新课改精神为指导，以有关教育理论为依据，针对初中生的年龄特点并结合青少年心理，努力探索出一种适合初中生的德育主题班会形式及内容。

（2）分析研究这三年华育中学德育主题班会内容，结合学校德育目标，将这三年主题班会归类。

（3）通过《班主任开展主题班会课现状调查问卷》，总结分析班主任在开展主题班会课时遇到的问题。

（4）完善华育中学德育主题班会机制，制作《华育中学德育主题班会内容参考》，创新开展各类特色活动，不断丰富和完善德育内容，探索德育主题班会教育的新工作模式。

2. 具体实施过程

（1）通过设计《班主任开展主题班会课现状调查问卷》，发现教师多数都会选择具有针对性的主题来开设班会课。预初年级，学习环境及学习方式内容的改变很容易引起同学心理及行为上的变化，容易以自我为中心；另一方面，从小学到中学、从学优到学差的变化也是影响学生心理和行为的重要因素。为了帮助学生建立正确的是非观念，同时也进一步贴合我校校训"爱国尚礼"的目标，预初班主任通常会开设一些有助于学生形成正确价值观和世界观的主题教育班会，帮助学生在新集体中角色的快速转换。初一、初二阶段学生在集体中的问题在变小，在学习上的问题会越来越凸显出来。在这一阶段中，针对学生学习压力变大，有些同学明显表现出来对待学习和学校生活没有曾经的那份激情与信心。通过系列德育主题班会，让同学们正视现阶段的各种挫折,并了解挫折在人生道路上的不可避免性和重要性,培养他们各方面的综合能力,贴合校训中的"博学众采";初三是初中四年最重要的阶段,在这一阶段中学生会表现对于前方道路的迷茫、对自我的怀疑甚至是自我放弃等特点。在这样的背景之下,这一阶段的德育主题班会的主要任务就是在紧张的学业中让学生暂时将目光从外界的书本转回自己的内心,审视一下自己的过去、自己的目标,帮助他们丰富对自我的认知,从自己内心深处找到自信起来的力量,形成务实创新的态度,所以这一阶段会针对学生的这一特点开设一些励志、激励的班会,帮助学生树立自信,确定对于自我的正确认识与肯定,重新找到自己的人生目标。

(2)课题组通过对学校主题班会现状进行分析,查阅相关理论书籍,寻找应对策略,找准主题班会改革的突破点,借鉴以往的丰富经验,积极探索质朴、实用、科学、有效的主题班会,从而获取促进中学生德育工作的研究途径和方法。经过一个月的调查研究,课题组发现很多班会课在教育实际中变成了"自修课""消息告知课""批评课"等等,这样的班会课内容学生们的反映反而比较反感,显然这样的德育效果微乎其微。通过上述调查,课题组也意识到了主题班会课对加强学生德育工作的重要性:它是以学生作为主体,教师作为主导,围绕某一个主题,有针对性地开展道德教育。2018年6月课题组组织研读了《有效主题班会八讲》,并要求各成员自主学习研究,寻找相应的对策。经过一个月的集中学习和研究,在研究内容上达成共识:① 主题班会的意义;② 主题班会的实施;③ 主题班会的形式;④ 主题班会的案例研究。从以上四个方面进一步探索如何提高德育主题班会的有效性。

(3)根据华育中学三年德育主题班会内容课题,研究了教师根据学生在不同年龄阶段表现出来的不同特征开设的针对性主题班会课,现阶段的研究成果对后续关于构建初中各年级德育主题班会的体系目标有很大的帮助,在此基础上会继续对我校近几年各年级班会课进行细致研究,以达到预计的研究成果,构建初中德育班会课的体系,制作《华育中学德育主题班会内容参考》。

(4)课题组成员通过在预初年级开展"星辰耀我心"主题班会,初步探索有效解决班级具体问题的可行性,并在课后总结经验和不足。此次主题班会将"凝聚力"这一元素作为切入点,关注预初年级新生,他们刚进入一个新的集体,很多学生没有融入感,对班级事务也没有主人翁意识,缺少集体观念和凝聚力。在这种情况下,课题组开设了增进凝聚力的主题班会课,通过回顾军训活动视频,来分析学生们的凝聚力体现在哪些地方。从内容环节上看,整堂班会主要分为以下几个部分:① "凝聚力"游戏环节;② 回顾军训活动视频集锦;③ 讨论如何进一步提升班级的凝聚力;④ 欣赏同学们写的"感动我的小瞬间";⑤ 爱班级诗歌朗诵。从形式上看,此次班会运用游戏感悟让学生感受到"合作精神""心往一处使"的重要性;通过播放以往的活动视频在情感上引起同学很强的共鸣;运用小组讨论交流让学生找出身边的不太合适的做法,并拿出解决的对策。从学生参与情况上来看,基本上能够做到以学生为主体,让学生去体会,让学生去发现,进而解决问题。在班会课结束后的一段时间内继续进行效果跟踪,发现学生在很多事情上都能站在班级角度去考虑问题,有一个非常好的转变,这也是主题班会课能有效解决班级问题的具体体现。

四、研究成果与成效

1. 理论成果

通过分析和研究华育中学三年德育主题班会内容(主要涉及自我认知、能力、习惯、人生理想等方面),结合学生的年龄特点,形成了一套适用于不同年级主题班会的体系特征,并在此基础上完成《华育中学德育主题班会内容参考》。

2. 实践成果

(1) 提高了教师对于主题班会的进一步认识

德育主题班会是学校班级文化的重要组成部分。班集体是学生成长的主要地方,班会的目的就在于培养学生的集体观念以及形成正确的集体观念导向,树立良好的班风,逐步养成学生自我管理和内在教育的能力。

自开展课题研究以来,课题组各成员的教育理念有了相应的变化。研究实践使课题组意识到德育教育实际上就是把学校教育与家庭教育、社会教育共同结合起来。教师们学习教科研理论以提高认识,同时集思广益并积极尝试和大胆探索,以学校德育主题班会为主阵地,扬长避短,优势互补,有力地促进了学生德育工作的有效性。

（2）以校训为基石，构建了各年级班会课德育目标体系

针对学生年龄特点，制定符合初中不同年龄段孩子情况的德育班会课参考，促进学生身心的健康发展。从品德观念、品德能力、品德习惯三个层次，提出初中各年级学生德育目标的具体要求，逐步实施并逐步完成。

课题研究表明，德育主题班会既可以达到提高学生认识、发展学生个性、愉悦生活的目的，又可以培养学生的民主意识，锻炼自理自治能力，从而达到巩固班级体凝聚力和形成良好班风的目的。通过主题班会进一步践行学校校训，使同学能更好地感受校园文化，在校园内逐渐形成和谐向上的氛围。

五、研究反思（成功经验与存在问题）与后续思考

本课题运用文献研究、问卷调查、经验总结、个案研究、行动研究和文本研究等方法，对华育中学主题班会实施情况展开深入调查分析，同时发现主题班会的实施情况、效果评价以及主题班会的目标与内容等方面均存在问题。针对上述问题提出了以下解决方法：

（1）确立学生主体地位，使学生成为主题班会的主人；

（2）培养班主任科学理念，提高班主任德育工作的专业素质；

（3）关注初中生身心发展，确定有针对性的教育目标；

（4）了解学生兴趣特点，设计丰富多彩的班会内容与形式；

（5）结合学校德育目标，分析研究近三年的华育中学德育主题班会内容并进行归类；

（6）完善华育中学德育主题班会机制，制作《华育中学德育主题班会内容参考》，创新开展各项特色活动，不断丰富德育内容，探索德育主题班会教育的工作模式等策略来提高初中主题班会实施有效性。

尽管在本次研究过程中收获了一定的成效，但仍存在不足，如对作为课题研究基础的青少年心理学的基本理论和研究方法认识较为浅显等等。

今后，还需在以下几个方面加强：

（1）在今后的主题班会中，教师需充分明确因材施教的基本教育原则，坚决杜绝"一刀切"的教学模式，要尽可能地给学生多一些自由学习的空间和时间，允许他们根据自己的情况参加一些特殊活动，在实践活动中获得最大限度的提升。

（2）在教育形式上，需开展更多的学生作为主体，学生自己参与的活动。在教育中了解学生的心理需求，化被动为主动，调动学生自我教育的积极性。

（3）加强自我教育的日常性。自我教育意识绝不是开几次班会课就可以达到目的的，只有在日常生活小事中体现自我教育才能形成持久的自我教育意识，这就对教育工作者提出了更高的要求。

（4）让主题班会的形式更加多样化。主题班会课堂的呈现方式是："学生主体，教师主导，师生合作。"改变传统的老师讲学生听，浮于表面的形式化班会，尊重学生的情感体验，注重学生的主体参与。

另外，还应鼓励参研教师在教学经验的基础上撰写研究论文、案例和成功课堂实录。

在后续的研究中，课题组仍将继续在学习中研究、实践，再研究、再实践，并通过比赛、公开课等形式交流探讨，更快更有效地研究课题，并将其继续推广发展。

参考文献

［1］成冯霞.小学主题班会设计现状调查及对策研究[J].江苏教育,2017：(63)

［2］朱克菊.高职辅导员主题班会微观设计[J/OL].当代教育实践与教学研究,1-5

［3］李玉明.中等职业学校主题班会课程化设计与研究[J].青岛职业技术学院学报,2016：29(3)

［4］牛建强.高校主题班会的优化设计及其教育效果——以石家庄学院资源与环境科学学院为例[J].大学教育,2016：(6)

［5］游爱娇,赖文军.基于综合实践活动理念的主题班会设计与实施[J].福建基础教育研究,2015：(8)

［6］迟希新.有效主题班会八讲[M].华东师范大学出版社,2013

［7］徐建平.释放你的教育智慧[M].江西人民出版社,2013

［8］高继生.中小学主题班会异化现象透视[J].教学与管理,2015：(7)

［9］秦爽.提高中小学德育实效性的途径研究[J].现代妇女(下旬),2015：(1)

［10］李玉明,梁秀香.我国中小学班会课研究述评[J].上海教育科研,2015：(1)

责任与担当：激发社会责任感的德育活动课程实践

——以华育中学鲁冰花舍志愿服务为例

■上海市民办华育中学　荆小净

摘　要： 青少年责任担当意识的培养关系到祖国发展的未来。为了培养青少年责任与担当意识，华育中学开展了鲁冰花舍志愿服务德育活动，通过系统化、实践性、全员性德育活动的开展，培养学生责任与担当意识。

关键词： 责任与担当　志愿服务　德育活动

2016 年，由北京师范大学牵头研究的《中国学生发展核心素养》发布，对"责任担当"核心素养提出要求。责任担当是什么？是钟扬教授用生命前往西藏收集 4 000 万颗种子的举动，是乡村教师张玉滚的留守，是刘传健临危不惧的冷静。青少年学生是未来的希望，青少年有责任担当素养，中华民族伟大复兴的中国梦才有希望。

但是，责任担当意识不是与生俱来的，需要通过学校、社会、家庭三方合力对学生进行培养教育。华育中学的办学目标是优秀人才的早期培养，培养未来中国社会的菁英人才与栋梁之材。这样的人才必须对祖国、对社会、对人民、对中国传统文化有着强烈的责任感，对中华民族的伟大复兴有强烈的担当精神，因此华育中学始终坚持"立德树人"的德育理念，将责任担当意识作为德育培养的重要目标，积极探索行之有效的德育途径与方法，不断创新德育理念。为了避免简单说教，华育中学设计了面向鲁冰花舍的"赠人玫瑰"志愿服务德育活动课程，通过志愿服务活动让学生将服务社会的思想变为自觉行动，树立责任担当的意识。

一、活动课程的设计

(一)活动课程的背景

志愿服务的精神是"奉献、友爱、互助、进步",是在没有物质报酬的前提下,自愿贡献时间和精力,为社会进步和社会福利事业而提供的服务。经过实践,发现志愿者服务对责任与担当的培养是比较有作用的,通过志愿者服务学生可以学会理解,学会同情,也可以意识到自己的服务给对方带来的帮助。因此,华育中学一直高度重视志愿者服务,全校 32 个班级均与相关机构或组织签署长期志愿者服务协议,一年累计服务人次达到 3 000 余次。志愿者服务的开展,目的是为了培养华育学生关爱他人、关爱社会的意识,让学生获得接触社会、了解社会的机会,从认知、情感、能力侧面引导学生自觉承担社会责任。在众多志愿者服务中,鲁冰花舍"赠人玫瑰"志愿者服务活动课程成为华育中学"责任担当"意识培养的品牌项目。

鲁冰花舍是六位爱心人士共同发起的非营利、具有完全公益性的民间组织(NGO),是中华少年儿童救助基金会西部儿童救助基金下的一个正式立项项目。鲁冰花舍以短期医疗救助孤残弃婴为目标,主要救助对象为西部、中部和贫困地区病情比较急迫、术后康复较好的儿童。疾病的救助范围主要以先天畸形,包括轻度脑积水、脊膜膨出、唇腭裂、面裂、肛门闭锁、肠道闭锁、马蹄足、先天性心脏病等预后较好的疾病优先考虑。2015 年开始,华育中学便与鲁冰花舍进行合作,以点及面,从部分学生代表参与进而拓展成全校的校外服务,不仅为花舍的孩子提供获得健康的机会,也逐步建立起一个志愿服务活动课程。

(二)活动课程的框架

"赠人玫瑰"鲁冰花舍活动课程以"责任与担当"育人理念为导向,以"激发学生服务社会、关心社会的自觉性"为目标,以实践锻炼、潜移默化地影响为方式,华育中学构建了活动课程框架,具体情况见表1。

表 1 "赠人玫瑰"鲁冰花舍活动课程框架

活动课程宗旨	责任担当
活动课程目标	激发学生服务社会、关心社会的自觉性,培养担当社会责任的意识

续　表

课程内容	志愿服务	签署协议,服务启动
	主题宣传	介绍情况,情感陶冶
	募捐用品	力所能及,参与服务
	捐赠物品	奉献爱心,给予关怀
	迎新义卖	扩展活动,加大影响
	捐赠款项	赠人玫瑰,手有余香
	志愿服务	服务实践,熏陶教育
	定期宣传	了解进展,收获成就
课程评价	自我评价	反思和自评
	他人评价	互评,教师评价,家长评价

(三) 活动课程的介绍

活动课程的开展由少先队大队部学生代表牵头动员,全校师生全员参与,注重在宣传中激发意识,在实践中收获成就。活动初期参与人员为大队部学生代表,代表们前往鲁冰花舍签署长期服务协议,对花舍的基本情况进行初步了解并开展力所能及的服务,比如打扫卫生、陪伴孩子玩耍。回到校园后,华育中学大队部牵头开展动员讲座,华育中学 32 个班级的学生自愿报名参与。讲座分为两个部分:第一部分邀请花舍负责人介绍鲁冰花舍基本情况,第二部分则是大队部学生代表畅谈自身体会,让与会同学深刻感受到参与活动的意义和价值。讲座参与人员是有限的,为了动员更广泛的师生参与,华育中学分别发起了"物品募捐"和"迎新义卖"两个项目,实现了全员参与。捐赠的物品和款项被及时送至鲁冰花舍,在每一个环节中大队部都会进行跟踪报道,让华育师生了解到自己的爱心去向。同时华育中学也开放鲁冰花舍募集志愿服务的平台,让有意向的同学和班级前往鲁冰花舍参与服务。自我评价、学生互评、教师评价的开展则记录了整个过程中学生思想状态的变化。

(四) 课程设计理念

1. 宣传引导增加责任参与

通过对鲁冰花舍志愿服务的宣传,可以引导和促进华育学生们理解志愿服务的价值和意义,进而鼓励学生积极投身志愿服务。华育中学在开展课程的过程中,采用的宣传手段包括微信文稿宣传、电视台的视频、广播台的动员、宣传栏的照片宣传,也包括募集闲置物品、讲座等活动宣传。在邀请鲁冰花舍负责人进行花舍宣传后,有一位同学在自评中写道:"鲁冰花舍的工作人员热情地向大家介绍了花舍接收的每一个孩子,分享他们与孩子们生活中的点点滴滴。听完介绍,我们深深地感受到他们工作的艰辛,更为他们的无私奉献所打动。"通过讲座活动,激发起学生奉献爱心的热情。载体宣传和活动宣传互为补充,让"赠人玫瑰"鲁冰花舍活动深入人心。宣传之后开展的活动参与率均达到100%。

2. 课程递进增强责任自觉

志愿者服务初期,当大队部学生代表前往鲁冰花舍服务时表现出的是一种同情心,没有内化为自身的责任。比如一位同学在自评中写道:"我们将两个小不点放在推车上,还有两个则由我们牵着手慢慢走。我们边走边逗他们玩,男生们也将推车推得稳稳当当,终于有机会外出的宝宝们都非常开心。到了有花花草草的地方,我们停下脚步,给宝宝们介绍花草,逗弄他们。发现有蚊子,男同学会主动地赶蚊子,看宝宝的腿露在外面,他们还不时地把宝宝的裤管往下拉;遇到有台阶,男同学抢着抬起推车,没想到平时大大咧咧的男生也有细心的时候。"从这段话中可以看出此时的参与者仍处于一种"我今天做了一件好事"的情绪中,没有"承担了一次责任"的心理。

随着课程化的活动开展,随着参与次数的增加,参与者逐渐将其内化为"自己的责任",定期地前往鲁冰花舍已经成为常态,在与花舍孩子有一定感情基础后,学生们开始自己探索帮助花舍孩子的方式。"募捐闲置婴幼儿物品"便是学生们在参与过程中发现花舍孩子玩具不足提出的解决方式。学会用心观察花舍孩子的需要,学会思考并提供力所能及的帮助,便是学生责任心建立的一种表现。所以责任担当意识的培养,需要通过"行为训练—行为无意识—行为自觉"来完成,需要通过课程化、体系化的活动进行积累,不是一蹴而就的事情。

3. 跟踪报道增强责任信念

责任感包括爱心,也包括成就感、满足感。为了让学生感受到成就感和满足感,引导学生树立正确的社会责任观念,华育中学会定期跟踪报道鲁冰花舍的活动:当大队部学生代表前往鲁冰花舍服务时,微信公众号会进行宣传;当将学校募集的义卖资金和闲置婴幼儿物品交至花舍时,电视台会跟踪拍摄视频并在校园里宣传报道;当学校了解到花舍孩子的病况好转时,会通过校园广播传达好消息……跟踪报道,让每一个参与"赠人玫瑰"鲁冰花舍活动的华育学生都明确知晓自己的行为对鲁冰花舍产生的价值,进而意识到"责任与担当"所承载的意义。在一次义卖后,当新闻报道了义卖款项的捐赠后,华育中学的学生表示,"虽然我们没有能力去开办这么一个组织,但是通过义卖的捐赠,我们也为爱助了一把力。所以我们应当多多关注这一类组织,将大爱传播到更多角落。"通过跟踪宣传,鲁冰花舍活动成为华育学生喜爱的重要活动。

4. 搭建平台增强责任服务意识

在"赠人玫瑰"鲁冰花舍活动设计中,学生既可以间接参与志愿者服务活动,比如捐赠闲置物品,也可以直接参与志愿者服务活动。实践发现,亲眼所见、亲身接触的效果更加显著。有一位学生曾经对笔者表示,"在参与此次活动前尽管知道世界上有孤儿、有先天性疾病,但是参加活动后才发现自己所思所想过于简单。这些小天使不是哭泣的、悲伤的神情,他们是对世界充满好奇的、跟普通小孩子一样的小天使,但是因为身体的原因,他们可能没有办法正常体育锻炼、参加学校教育,但是他们仍然应该受到重视,他们是上天的礼物"。为了给更多学生提供机会,我校构建鲁冰花舍志愿服务的平台,全校学生可以自愿报名前往志愿服务。同时为了增强服务的效果,服务前大队部会对报名学生进行培训,增强学生的责任服务意识。

华育中学预初 8 班学生便时常去鲁冰花舍探望孩子。学生说,"这里的事务不仅繁多,而且需要极大的耐心和爱心,我们帮忙打扫一下,也是尽自己的一份力,为孤残儿童做一些自己能做的事情,帮助他们成长。"

二、成效与反思

"赠人玫瑰"鲁冰花舍活动课程的开展,有力地激发了我校学生责任与担当意识,取得了显著的德育成效,表现在参与者对责任的承担更加具有自主意识。比如参与活动课程的一位同学在课程总结的时候写道:"大队部鲁冰花舍迎新义卖,为鲁冰花舍闲置物品捐赠等公益活动让我获益良多。义卖的时候,尽管在寒风中兜售,但是想到是用于帮助西北地区患大病被遗弃的孩子,想到可以为社会增添一份温暖,我们便充满了力量。此外,当我多次前往鲁冰花舍进行慰问活动,与那里的孩子互动嬉戏,我们感触颇丰,明白了社会上有许多需要我们帮助的群体。这些活动让我们心存善意走上社会,回报社会。"这种责任意识也将落实到其责任担当中对自身责任的承担、对国家责任的担当上。鲁冰花舍志愿服务项目已成为华育中学的特色品牌,每一年的迎新义卖都受到全校师生的广泛关注,其社会意义被全校师生所认可。

此外,在社会实践中也发现,志愿服务应该设置一定的激励机制。尽管志愿服务不应以物质为目的,但是表彰优秀典型可以发挥榜样的作用,宣传典型事迹可以优化志愿服务。因此在"赠人玫瑰"鲁冰花舍活动课程中我们也试图探索一条检测和激励参与者的长效机制,让这个课程可以惠及参与者,回馈社会。同时,鲁冰花舍志愿服务仅是社会的一个侧面,因此应该增加讲座,让学生们可以将这项活动的意义与时代发展相结合,与中国特色社会主义发展相结合,与中国梦相结合,增添其时代性,增添对国家、对社会的责任属性。

三、结语

德育活动是有效德育的载体,在"责任与担当"宗旨下的"赠人玫瑰"鲁冰花舍德育活动是针对初中学生的群体特征而构建的德育活动课程。但这也只是我校责任与担当德育目标的其中一项目标,针对的是责任与担当中的社会参与性,即"热心公益和志愿服务,敬业奉献,具有团队意识和互助精神;能主动作为,履职尽责,对自我和他人负责"。华育中学责任与担当的德育目标包括"社会参与、家国情怀、国际视野"三个侧面。

1. 社会参与

热心公益和志愿服务,敬业奉献,具有团队意识和互助精神;能主动作为,履职尽责,对自我和他人负责;能明辨是非,具有规则与法治意识,积极履行公民义务;热爱并尊重自然,具有绿色生活方式和可持续发展理念及行动等等。

2. 家国情怀

具有国家意识,认同国民身份,能自觉捍卫国家主权、尊严和利益;了解中国共产党的历史和光荣传统,具有热爱党、拥护党的意识和行动;具有中国特色社会主义共同理想,有为实现中华民族伟大复兴中国梦而不懈奋斗的信念和行动。

3. 国际视野

能尊重世界多元文化的多样性和差异性,关注人类面临的全球性挑战等。

因此需要设计更丰富的、实践性、系统化的课程,真正实现"立德树人"的德育目标。

参考文献

[1] 刘伟.志愿服务视角下大学生社会主义核心价值体系教育路径探析[J].内蒙古师范大学学报(哲学社会科学版),2013:(6)

[2] 刘世保,田宏杰.基于责任事件的责任教育概念分析及价值[J].教育理论与实践,2011:(15)

[3] 陈兰萍.论大学社会实践对提升大学生社会责任感的作用[J].渭南师范学院学报,2008

[4] 林红明.动力特训:激发成长潜能的德育实践[J].职业技术,2018:17

[5] 于兴艳.志愿服务视角下大学生社会责任感养成机制研究[J].机械职业教育,2018:(6)

[6] 姜凡.志愿服务对大学生社会责任担当的影响研究——以Z大学为例[D].浙江师范大学,2017

优质民办初中的青春期学生个案工作介入研究

■上海市民办华育中学　曹威　牛佳颖　鞠扬　李婷

摘　要：青春期是一个人生命中的关键时期和必经阶段。进入初中阶段，无论是课程数量的增加、学科难度的提升、人际关系的变化，还是父母对子女抱有的越来越高的期望，都在不同程度上促使青少年产生了众多的学习适应问题。对于优质民办初中的学生，通常被简单地归类于"学霸"的范畴，而忽视了对这个群体中青春叛逆期学生的关注和研究。笔者通过对个案学生进行介入与干预，得出通过加强家校联系和改善班级氛围等方法来介入青春期叛逆问题，有一定的可行性和有效性，为此，在未来的学生工作中可采纳方法并付诸现实，使青少年在学习生活中更加积极健康地成长。

关键词：优质民办学校　个案工作　叛逆期学生

一、研究背景、原因及现状

随着科学技术的日新月异，社会生活每天都发生着翻天覆地的变化。特别是伴随着经济的飞速发展，人们的生活节奏越来越快，竞争也越来越激烈。在这种日趋激烈的竞争卜，家长对子女抱有越来越高的期望和要求。

与就近入学的公办初中相比，优质民办学校的学生来源更为广泛，学生的自我定位与预期较高，家长对学校的期待更高。各个不同的区县、小学和家庭各自有其教育理念与方式，这些学生能在各自的小学中成为佼佼者，对于学生来说，这些帮助他们建构起了对于即将开始的初中生活的预期；对于家长来说，则印证了家庭教育方式在小学阶段是行之有效的。

但是，此类民办学校的特点是，把一群出色的孩子聚集到一起，在这个

"群星闪耀"的环境中,学生通常会发现自己曾经感到自豪的领先优势变得不那么明显,自己不再是新集体中最突出的那一个。加上初中阶段,又正好是学生逐渐步入青春期的发展阶段,在环境适应、生理发育和心理调整上,都是剧烈变动的震荡时期,在行为上,曾经的"乖宝贝"突然爆发出各种问题,表现出各种叛逆行为。

二、个案呈现

青春期叛逆是一个长期存在的问题。笔者以本校历届学生为样本,选取其中比较有代表性的案例,进行个案分析。主要运用了案例分析法、观察法和访谈法,通过对这些案例的归纳与分析,找出优质民办学校中青春期学生行为一些独特的成因和表现,并通过各种实践方式的追踪观察,总结归纳一些行之有效的方法。

(一)情绪控制问题

青春期是生理心理都发生巨大变化的时期,随着激素水平的变化,加上一些外界因素的刺激,学生容易失去对自己情绪的控制,采取一些过激的方式来处理一些原本很普通的意见分歧,或是以过激手段来发泄自己的情绪。例如,A同学在家庭中,主要由母亲负责对孩子的日常管教。该生思维敏捷,学科成绩优秀,对感兴趣的事物极其专注,但自理能力、情绪控制能力、人际交往能力发展不足,在对如何与人相处、感兴趣的话题等方面,与同龄人的共识较少。父亲对待孩子的方法有简单粗暴之嫌。在一个大部分人都比较外向张扬、自我主张较强的集体,他在这些方面的不足,让他较难与同学建立友谊,显得比较孤独。对自己看法的一意执着,又导致一旦与人发生意见分歧就容易激化,难以达成妥协。此外,随着青春期的到来,该生在情绪控制方面的劣势,带来了生生关系、师生关系、亲子关系等方面的一系列摩擦。

(二)家庭变化问题

随着政策变化,近几年间,许多家庭增加了新的成员。"二孩"政策对于这一代学生的影响,主要在于其突然性。学生在初中之前已经习惯自己作为家中唯一的焦点,进入初中以后,家庭突然增添了新的成员,家长的关注也相应有所转移,主要集中到年幼的弟弟妹妹身上。初中学生处于思维和情感变动剧烈的时期,渴求关注与交流,与弟弟妹妹的年龄差较大,又经历着从小学到初中的环境变化。因此,一旦家庭中也发生变化,学生就仿佛失去了稳定的支点,容易在心理与行为上以"叛逆"的表现来无意识地吸引关注。B同学,曾获得上海市青少年十项系列赛桥牌比赛小学组团体赛和双人赛一等奖,特长桥牌;父亲为某公司总经理,妈妈全职在家,主要负责孩子教育,入校时是独生子女,在该生初一第一学期时,妈妈生了双胞胎妹妹,该生在家脾气越来越大,情绪也变得很急躁。

(三) 集体融入问题

能够进入优质民办学校的学生,在小学阶段通常是集体中的"明星",受到来自同学与老师的广泛关注,同时也可能因为在某方面具有突出才能,而在集体中得到一定程度的特殊待遇,社会化程度的不足容易被智力发展的突出优势所掩盖。进入初中以后,随着身边同伴的变化,在集体中,个人才能的相对突出程度变得不那么明显,受到的关注也很可能相应减少,在这样的情况下,社会化程度不足的劣势就体现了出来,不擅长主动融入集体,甚至以"众人皆醉我独醒"的心态来合理化自己的行为,拒绝承认自己有融入集体的需要,对于需要同伴的中学生来说,很容易引发更多问题。C学生小学期间任学习委员,连续四年获得学习小标兵称号。父亲是公司高管,母亲全职太太,负责料理孩子日常生活,共同管教儿子学习。初中以来,从小成绩优秀的他由于学习难度和广度增加,学习成绩存在上下波动。因为先前所受学习上的责难较少,对自己已有的方法和观念有执念,曾因订正、作业多等事宜与任课老师出现沟通摩擦,被激怒后固执、倔强,难以认识自己的错误,同时拒绝寻求帮助,一意孤行。同学交往中,个性很强,对于已接受的道理规则没有变通能力,曾因同学言语上的玩笑大打出手。自预初以来,较为严重的案件发生过三起,最严重的一次用椅子砸坏了学校的消防设施,危害较大。

(四) 压力应对问题

优质民办学校的学生面临的压力往往大于普通学校的学生。压力一方面来自客观学业要求,另一方面来自身边优秀的同学,同时,家长的期望与自己的预期也在主观上给孩子带来压力。某种程度上,这是取得成长与进步必要的动力,但是如果学生不能很好地排解应对压力,这也会使他们停滞不前,甚至造成习得性无助。而家长如果延续小学时期的习惯,对孩子抱有过高的期望,使得这种压力在家庭中发酵,更容易造成恶性循环。D学生小学时任大队长,曾被评为校优,在奥数、科技和艺术等方面均获得过奖项,特长艺术体操。父母双职工,均为企业高管,分别有博士和硕士学历,平时工作较忙,入学时对孩子较为自信,但关心较少,小学时曾住校,预初起住校。初一下在大型考试中被同学举报作弊,因证据不足和父母维护,不了了之。之后称身体各种不适,逃避来校上课。

三、应对策略

青春期的青少年之所以会产生各种叛逆的行为有着多方面的因素影响——有来自自身的发展与变化、来自家庭环境的影响,也有来自成长中同辈群体的影响以及社会环境的影响等。对于优质民办初中的学生,这样的影响与一般学校有共性,也有其特点。基于以上几个方面,我们主要从自身主观方面、家校联系以及班级环境三个角度入手,进行了一定的介入摸索,获得了初步的成果。具体如下:

(一)转变学生认识

身心的成长发展是青春期最普遍的特点。身体上,生理发展逐步成熟,第二性征开始出现,开始表现出兴奋和冲动;心理上渴望独立,自我分析能力明显提升,往往表现为不能辩证看待问题,分析时容易出现偏颇。例如 A 同学发现自己的观点不再得到同学的赞同和老师的赏识;学业上受到了空前的挫折,情绪一落千丈;自己也主观武断,不仅自我评价上存在偏差,而且思维方式容易偏激片面。他的自尊心得不到满足,抗挫能力薄弱,随即产生孤僻、消极甚至具有攻击性的极端行为。一次由于同学和小 A 意见不一致,A 同学撕毁了同学的表格。下面是老师和他进行的一次对话:

师:你为什么要撕毁同学的表格?

生:因为他没有听从我的意见。

师:所以你感到很生气对吗?

生:嗯,所以我撕了他的表格。

师:其他同学认为不经过他人允许就撕别人的表格这个行为是不对的。你认为是这样吗?

生:或许是吧,但是我也很不开心。

师：你不开心是因为你的意见没有被采纳，感觉大家不在乎你，不倾听你的想法，（得到该生正面反应后）这个感受我可以理解，也是合理的。但是你采取的行为是不能被接受的。换位思考一下，如果你是那个同学，你的感受是什么？

生：可能也很生气。

师：是呀，现在表格没有了，之前写的内容也都白费了，就需要花更多的时间弥补，而且你自己和同学都没有好心情，这是不是一件得不偿失的事情？（得到肯定回答后）那你现在能做什么补救吗？

生：向同学道歉，看看我能不能帮忙一起补表格。

师：很好。其实你只是想让同学在意你的意见。生气是一个正常的感受，但是我们要和自己的行为区分开，不可以不顾后果，冲动行事。假如之后还遇到这样的情况，你有什么办法提醒自己不要冲动吗？

生：我可以告诉他们我的想法，如果他们不同意，我可以再想几个，尽量不冲动。

在帮助该生调节情绪过程中，老师多次找他谈话，了解孩子的情感心理需求，帮助其不断调适。告诉同学学会全面地看待自我和世界，自己不是完美无缺，也不是一无是处，同样的道理适用于他人和一切事物。一段时间下来，学生初步适应了初中生活，抗挫能力有所提升，"辩证"的意识渐渐树立起来。

（二）统一家校意见

不同的家庭教育方式会影响青少年不同的性格产生。优质民办初中的学生家长往往比较有主见，小学成功的经验使得他们对自己的教育理念有着十足的信心。根据我们的家访和日常沟通了解，优质民办初中的学生家长在教育方面往往存在两种典型的极端，较多的一类是对孩子的投入远远高于社会平均水平：他们对孩子的日程安排有着周密的规划，对各大课外补习班有着深入的研究，甚至还会对孩子的学习进行全科的辅导……这样的家庭教育有其优点，但反过来也会造成青春期孩子性格发展的偏差。举两个典型案例：B同学在班级中很活跃，在校行为规范上比较松散，学习上比较浮躁，容易散漫。虽然在初一时家里添了两个妹妹，但父母并未放松对他的教育和管理,经常和老师沟通,在家督促。为了给孩子提供一个更好的学习环境,每天放学接孩子到图书馆写作业,自己在旁督促。一次该生逃了自己的社团课,跟着同学去参加更感兴趣的篮球社团,事后被老师发现。在放学后留下写反思的过程中,父母了解了事情经过后,认识到了事情的严重性,严肃批评孩子,并向老师表示,为了让孩子认识到错误,愿意第二天一起到校带孩子向相关老师认错。在学习上,在老师反馈该生有任何散漫和不认真的情况出现时,家长都很配合,并加强督促,在初二下的期末考试中,该生成绩有明显进步,家长也表示后续在他的弱势学科上仍然会继续配合好学校,帮助其进步。

若家校意见难以统一,青春期的孩子也会出现难以控制的局面。D同学在小学期间自理能力突出,父母工作繁忙,认为孩子是非常优秀的,很放心。在成绩下滑初期,家长没有引起重视,而在同学举报其作弊行为后,家长非常相信孩子,认为学校冤枉了孩子,即使最终可能发现事情真相后也并没有和学校意见统一,不了了之。之后在长达一年的时间内,孩子以各种身体借口长期不来学校上课,并为了逃避订正,经常谎称自己掉卷子。起初,家长毫不怀疑,站在孩子一边,认为班上有同学和她孩子过不去;但是时间长了,家长也慢慢意识到了问题,但为时已晚。在家校沟通时,学校建议家长在家监管好作业,一定要先保证孩子每天上学,不能无故缺席。但是家长没有办法做好监管工作,始终认为是手机害了孩子,沉迷于网络,并带孩子间断性地去看心理医生,认为孩子是不是心理上出现了问题,希望寻求慰藉。然而家长并没有和班主任确认过是否有心理疾病,学生仍然经常以发烧为由不来上课,无法来校时就直接发一张输液证明,让学校和老师无从下手。

家校意见统一、家校合作是有效干预青春期叛逆学生行为的必要条件。在此案例中,家长完全不能配合学校的意见,未起到在家监管好孩子的作用,单方面靠学校,也是难以有所作为的。因此,在发现学生有严重的叛逆心理和行为伊始,我们就着手致力于打造适合个案的家校合作模式。对此,我们坚持从学生角度出发,强调学生本位,同时保持与家长面谈、微信、电话、书面文字等不同形式的沟通途径。

(三)改善班级氛围

在青少年的成长中,同辈群体对其影响巨大,甚至超越学校与家庭。青少年渴望从群体中得到认同、尊重、关心和安慰,又极度关心自我,而忽视对他人的关注与包容。民办初中的班级往往有着更大的同辈压力,同时,由于普遍的自负心理,学生缺乏对他人的宽容和接纳,出现了"对别人缺乏尊重,自己也得不到自尊感"的现象。与此同时,高度自负的青少年们又极为渴望融入集体,寻找与群体的共性,却没有对事物辩证全面的判断能力。所以,教师一方面要考虑班级群体对叛逆学生个体的影响,另一方面,也要考虑叛逆学生个体对班级中他人的消极影响。在 C 同学班级内,为了更好的帮助学生融入班级,老师利用每天的家联册创建了"每日一省"的部分,更好地走进孩子的同时也改善了班级氛围。"每日一省"栏目交流分为以下三种情况:

1. 困惑类

例:

"老师,你说人生的意义到底是什么呢?"

"如果一个朋友老是说一些伤人的话,要不要和他继续做好朋友呢? 我该怎么办?"

"昨天得知朋友小 A 把我和他讲的秘密告诉了好几个人,还把我的秘密作为交换的筹码。真的,好失望啊,对友谊失去信心了,太伤人了。唉~"

"昨天看到一本书,在讲宇宙有多大,人类真是沧海一粟,瞬间觉得好悲观。我这个个体这么渺小,算什么呢,有什么重要的呢?"

"为什么感觉自己已经很努力了,但成绩还是没有起色呢? 好累啊,老师,我要不要放弃补习班?"

"班里老是有男生讲一些无聊的八卦,严重影响了一些女生的课间生活,而且还有小 B 经常会欺负小 C,上英语课的时候看到他总是踢小 C 的书包,还抢他的东西,很过分,不知道怎么才能帮助小 C。"

2. 发泄类

例:

"老妈总不让我搞社团活动的事情,觉得是浪费时间,心烦!"

"受不了老爸的唠叨! 一堆大道理,唉……"

"矛盾升级! 放假三天,天天在吵架,什么事都干不了!"

"啊,作业好多啊,感觉最近作业越来越多了。"

"超! 多! 事! 好想放假啊!"

"接下去亟须完成的一件事：补觉……"

3. 分享类

例：

"今天英语考完感觉还不错，期待能再拿一个 90 以上呢！"

"老师，今天体育课我们班的长绳比赛简直开挂，实现了零失误，棒不棒?"

"美术课回来开门的时候钥匙断在门锁里了，后来是王同学想办法取了出来。"

"今天天气好棒啊！虽然作业有点多，但是心情还很不错呢！"

"最近状态感觉还是没有回来啊，特别是数学订正每次都要花很多时间，得赶紧想个办法……"

"比你优秀的人比你还努力，你有什么理由不努力呢? 加油！"

由于有效的行为干预必须建立在良好的师生关系上，教师需要花更多时间和精力与所有青春期学生建立良好的师生关系，使自己可以成为他们一个可信赖的伙伴，真正深入了解学生的心理状态与思维方式，才能创造有效条件，使得所有学生融入班集体中，感受到归属感与爱。"每日一省"成了老师了解班级、学生以及其家庭情况的有效窗口。在每条留言后面，老师都会给予回复，简单的有一个"棒！""好！"，还有一个微笑、一个爱心、一个太阳。也有解答类型的，给予全面完整的评价与回答，或是书面难以表达，直接约着聊一聊……窗口之外，也提供了教师与学生互动、沟通，是关心班级、开导学生的有利抓手。从最初设定"每日一省"问题列表，照表回答，到之后学生主动反映问题，教师的积极回馈，慢慢打开了学生心灵，给予他们更多表达的空间和自由。在良好的师生关系基础上，教会学生学会接纳不完美的自己和他人，同时学会明辨是非。通过对叛逆学生个体和全班的教育，班级氛围有了改善，学生渐渐懂得理解他人，包容他人，也懂得什么是对，什么是错，而不是盲目效仿。

四、总结

(一) 介入成效

本文通过四个典型个案的研究，从学生个体、家庭与班级三个角度，分别总结了一些行之有效的介入思路和方向。

介入工作以来，几位学生在各个方面有了较为乐观的变化，表现在：生活中,与其他学生、教师的矛盾有所减少,逐渐向礼貌、平和的方向转变。在学校的活动分组,如春秋游活动、社会调查等活动中有了固定小组;主动报名参与了社团;参加了班级国庆、学校科技节、艺术节等活动。学习上,四位同学的作业完成情况良好,拖欠、潦草、空白等现象明显较少,并愿意积极配合任课老师每天完成订正作业;在课堂上,愿意回答老师的提问,特别是 A 和 B 同学,经常主动举手,学会理性地表达自己的观点,同时对他人的回答也给予认可与肯定;四位同学的学习成绩平稳地有所提升,C 同学更是拿到了美国知名高中的录取,即将出国进一步完成学业。总而言之,在期末的成长手册评价中,四位同学在"自我评价""小队评价"与"教师评价"中都获得了较多的"优"与"良",相较于入学之初有了显著的提高。

(二)研究展望

本文只选取了四个比较有代表性的案例进行个案分析,笔者认为,以下几方面在后续的研究中应加以重视。

1. 介入研究要从入学开始

在我们选取的案例中,A 同学其实从预初进校的第一次考试,由于没考及格,导致自己对自己产生怀疑。父母也没有作好思想上的准备,对孩子横加指责,认为是孩子没认真对待,由此埋下了小 A 厌学拒学的祸根。所以建议任课老师对于第一次的考试难度进行适当控制,对于第一次没考好的学生要及时关心,与家长要及时取得沟通。

2. 与家长真正达成一致意见,在思想上对学生进行引领比抓学业成绩更重要

我校的学生家长由于在孩子的学业上倾注了绝大部分精力,导致对于孩子的思想方面比较忽视。而初中学生已经不同于小学生,开始有自己的想法,家长应当先倾听,当孩子的想法与自己不一致时,如果孩子的想法是合理的,即使偶尔牺牲一点学习时间,也应该采纳,不应该只要与学习无关就一味地打压,只要考试不行,就把孩子说得一无是处。

3. 选取案例应该更加多样化一点,可以跨年级选取学生案例

这次的案例群体选择上都是同一个年级的学生,比较局限。另外,青春期早恋导致的叛逆,从不反抗的乖宝宝一下子开始叛逆,数学班科技班等特色班的学生叛逆等均未涉及。

几个案例，只是冰山一角。优质民办学校的学生的叛逆行为背后的成因及正确的应对方法都各有不同，希望我们更多的同事都能参与进来，群策群力，从而能及时有效地帮助到处于叛逆期的学生及他们的家人，也使奋战在第一线的老师们的教育工作更为有效。

参考文献

［1］李建.青少年心理需求的社会工作介入研究[J].资治文摘,2015：(1)

［2］吴舒蔓,吴发科."叛逆期现象"剖析及其教育对策[J].现代教育论丛,2009：(10)

［3］引师琴.行为修正理论与教育惩罚[J].湖北教育学院学报,2009：(9)

［4］张俊妍.个案工作介入青少年叛逆心理的研究[J].山西青年,2017：(17)

预初学生良好学习习惯的养成研究

■上海市民办华育中学 季燕丽 邢素素

摘 要: 良好的学习习惯对于一个人的学习和今后的发展有着较大的影响,因此,刚进入初中的预初学生要特别注重其良好的学习习惯的培养,只有形成良好的学习习惯,才能提高其学习效率。本文旨在结合实际教学中的现实状况,探究预初学生学习习惯中存在的问题,并通过对养成策略的研究,培养学生良好的学习习惯,促进学生的长期发展。

关键词: 预初学生 学习习惯 培养策略

一、引言

良好的学习习惯可以让人受益匪浅,尤其是刚刚迈入初中的预初年级的学生,正处于由小学生向初中生的过渡期。养成良好的学习习惯能够为初中学习乃至以后的后续学习和发展奠定基础,对于一些不良的学习习惯,应该及时改正,否则一旦养成,会影响学生日后的学习效率和学习效果。所以,预初年级是学生学习和发展阶段的一个巨大转折,是养成良好学习习惯极其重要的时期,更是良好学习习惯养成的最佳时期。

目前对于小学生和初中生学习习惯的研究较多,但对于预初新生入学阶段学习习惯培养的研究不足,在学校的教育教学及家庭教育中对于预初阶段学生好的学习习惯的培养还不是十分重视。本文针对预初年级学生的良好学习习惯的养成进行研究,从预初年级学生的心理特点入手,将学生在学习过程中极易出现的学习问题为参考依据,对影响学生良好学习习惯养成的成因分析,并提出良好学习习惯养成的相应策略,以期能够进一步提高学校和家庭教育对于学生学习习惯培养的重视，为教师和家长提供切实可行的参考措施，并能对初中教学理论和实践有所启迪。

二、预初学生学习习惯现状分析

笔者通过问卷调查、课堂教学观察、师生座谈会等多种形式在教学实践中对华育中学预初年级的学生的学习习惯养成现状进行了调查。通过调查，对预初学生学习习惯的现状有了进一步的了解，并进行梳理总结，同时分析了学生存在的问题和影响他们良好学习习惯形成的因素。基于本研究目的和研究实际的需要，根据现有的文献的收集和整理，结合预初年级学生学习的特点，本研究将学习习惯分为课前准备、课堂学习、课后学习、作业练习、应对考试、自主与合作学习、学习时间管理等几类进行分析。

（一）课前学习习惯

这部分包括了三个问题，其中87％的同学选择"每次"都会"在学习新课时做预习"，13％的同学选择"较多时"会"课前对将要学习的新课做预习"。也就是说同学们会选择对新课进行预习，但这一结果可能存在部分学生由于顾虑而选择"较多时候提前预习"这一选项。预备铃响了，大部分同学较多时候能"马上停止与同学嬉闹"，并"准备好课本和学习用品"，但也存在部分同学在预备铃响时不能立即安静下来，进入上课准备状态。

（二）课堂学习习惯

这部分包括四个问题。对于预初年级学生来说，上课一段时间后，并不是每次都"能保持专心听讲，不会走神开小差"，大约36％的学生有时会走神开小差。98％的同学上课时能够认真做笔记或勾画老师讲的内容，"上课时常常主动思考、提问、回答问题"和"上课时遇到疑问会主动提出，主动问老师"这两个问题中只有少部分同学会选择"每次都是"。值得注意的是女生整体选择"每次都是"的人数相对较多，男生更多的是选择"较多时是"，说明女生课堂学习上比男生更认真些，这与心理学对中小学生注意力方面研究的结果一致，与我在课堂教学上的观察一致。

（三）课外学习习惯

对于"会自己复习巩固已经学过的知识并进行学习总结"这个问题，预初年级的学生大部分选择的"较多时是"和"有时是"，没有从来都不复习巩固的,但是选择"每次都是"的人数也相对较少,还出现老师和家长有明确要求时或是考试前才会进行复习巩固的现象。对于"自己学习方面的不足",有些同学并没有清楚地认识或是知道自己学习方面的不足,没有改进的想法和行动。这说明学生主动复习的能力较差,学习较为被动,还没有形成自主学习的习惯。

(四)作业练习方面

关于作业方面,89%的学生能够"独立完成家庭作业,不需要家长帮助",还有9%的学生选择较中立的答案,说明有部分学生在独立完成作业方面还有困难。对待作业认真完成情况大部分学生选择了"对待作业,我会认真完成"这一选项,说明大部分学生能够正确认识作业的重要性,能够按照教师的要求认真完成作业。在"做作业时遇到困难,我会找同学求助"的选择上,52%的同学选择"有时是",大部分学生还是习惯自己做作业,没有形成合作作业的习惯,而29%的学生在"做作业遇到困难,会使用工具书或者网络"。

(五)应对考试方面

从应对考试方面的描述,98%偏向赞同"考试前我会刻苦学习",学生整体在考试前的状态都很好,成就动机较高。在"考试时,我总是做完试卷后,检查一遍再交卷"的问题中,有高达94%的比例偏向于赞同,其中更是有63%的学生选择"每次都是",大部分学生能够掌握考试中的基本技巧。在"考试试卷下发后,我不仅改错,而且分析错的原因"的问题中,91%的学生回答"每次都是"或"较多时是",但是也有7%的学生是"有时是",虽然这题选择率较高,但在日常教学中,我发现还有相当一部分学生仍然不会正确分析错因。

(六)自主学习和时间管理方面

从学生自主合作学习的方面来看,学生的整体情况处于中等偏上水平。在"我经常阅读课外书籍"的问题中,36%的学生选择"每次都是"和"较多时是",结合实际情况来看,学生平时学业压力较大,能够经常阅读课外书籍的学生并不多。大部分学生在父母不提醒的情况下能够主动学习,但也有少部分学生没有学习的主动性。在"我感觉学习过程中一直很有精力和兴趣"的问题中,部分同学学习精力旺盛,能够有学习的精力和兴趣,在教学过程中与学生沟通交流,了解到部分孩子存在考试、成绩的压力。在"父母经常陪同学习"和"父母经常和我谈论学习有关的问题"中,学生普遍选择"较多时是"和"有时是",说明我们学校预初学生家长还是参与孩子的学习过程,但只是对孩子的学习起到监督、督促作用。在"需要别人督促和提醒的情况下学习"问题中,有 20％的学生需要提醒和督促下进行学习,这与我平常的观察是一致的,有些学生自主性不高。45％的学生会有"学期计划",但缺少周计划和每天计划,有 77％的学生认为"看到同学的成绩好,学习努力,我也想像他们那样",说明大部分学生在学习竞争意识方面还是比较强。

三、预初学生不良学习习惯的原因分析

(一) 学生自身原因

1. 自制力不强

相对于高年级的学生,预初年级学生明显的是自我约束能力不强,有的同学意识到自己身上的一些不良习惯,但是他们往往不能自觉地改正,常常顺其自然。例如在课堂上,学生自己也知道应该集中精力听老师讲课,但是一旦有人和他们讲话或是有意外发生,他们会在不知不觉中分散注意力,被他人所吸引。再比如,在做作业方面,每个人都知道作业要独立完成,按时上交,但是在实际中还会有学生抄袭答案或他人作业,甚至不按时完成。

2. 激发不起内在驱动力

有的学生从小学习习惯没养成,进入初中后,随着学业压力和难度增加,原本学习态度比较端正、积极上进的学生,一旦学习成绩一直没有起色,在一次次品尝苦果后,他们会自暴自弃,会认为自己积重难返,内心慢慢缺少驱动力。没有这种内在内驱力,任何激励都不能够延续。

3. 学习兴趣缺失

预初阶段的学生,其自觉意识、独立意识明显增强,学生已表现出各自的喜好、各自的做事方式及评判标准。他们对老师的授课方式方法,各个学科的老师都有一个评价标准,对本身感兴趣的内容就会自发研究探索,而对一些死板的说教和陈腐的练习方式不感兴趣。兴趣缺失往往会导致学生形成一些不良的学习行为,并对今后的学习和发展产生不利的影响。学生感兴趣的学习科目能够保持好的学习习惯。如果学生离开了学习兴趣,对某个科目不感兴趣,那么良好的学习习惯也就很难养成。

（二）家庭教育

1. 家长不重视习惯的养成

预初年级的很多家长只关注孩子的学习成绩，只要成绩还可以，就不会重视孩子在平时的学习中存在的学习习惯的问题，一旦成绩不理想，甚至会出现呵斥、打骂的现象。预初年级的学生他们的认知水平不高，有些在学校犯了错误，为了逃避家长的责骂，往往会向家长隐瞒自己在学校的真实表现，家长不能了解到孩子的真实情况，等到发现时孩子的不良习惯已经养成，并且很难再改变。

2. 家长教育方式不得当

有些家长在家过分宠爱和迁就孩子，在学习上对孩子没有要求，导致孩子自我要求较低。有些家长对孩子管教特别严格，但是教育的方法不恰当，只是一味地批评打骂孩子，这种教育方式往往适得其反。还有的孩子在校表现良好，一到了家就自我"解放"，坏习惯也逐渐显现出来，比如边玩手机、平板电脑边做作业，作业字迹潦草，容易犯一些低级的错误，甚至有些学生最基本的作业都完不成，等等。有些学生在家是被外公外婆或爷爷奶奶照顾，老人对孩子会更加溺爱，孩子逐渐形成的一些不良的学习习惯往往不能及时发现或纠正，例如不努力学习、偷懒、不按时完成作业等，这些习惯一旦养成，不容易改变。

四、预初学生良好学习习惯养成策略

学习习惯是长期逐渐养成的并在短时间内难以改变，一个人形成的学习习惯将对其学习成绩产生或好或坏的影响。影响学习习惯形成的相关因素有很多，我们分析了预初年级学生存在的不良学习习惯，并有针对性地提出培养良好学习习惯的对策。

（一）结合学生实际

预初学生认知能力很有限，自制力不强，再加上学习兴趣缺失等某些学生心理上的主观原因，会形成一些不良的学习习惯，只有改变思想，才能改变行为。

1. 激发学生的学习兴趣

预初年级的学生求知欲已有较大的发展，正如李东梅的研究"学生有了自己的独立意识，我们不能再采取机械、呆板的教学方法，应该把激发学生的学习兴趣作为教学重点"。这对教师的课堂教学提出较强的要求,既要充实有效,还要能够吸引学生的注意力,激发学生的学习兴趣。有效的课堂教学方式有很多,比如:创造良好的课堂氛围、采用多样性的教法、优化课堂结构,等等。除此之外,教师可以采用多样的教学方式引起学生学习的兴趣,比如小组合作竞争、讲故事或情景表演,等等,让学生孜孜不倦投入到学习中。还可以设置一些灵活的课堂活动,根据每个学生的特长,让他们都有机会展示自己,从而激发学习的积极性。

2. 培养学生良好的自控能力

在教学过程中发现学习习惯不好的学生普遍存在自控能力差的问题。预初年级的学生在学习上出现问题绝大多数并非不懂章法或明知故犯,而是缺少对自我言行的控制力。自控能力的培养需要坚持教育经常性。预初年级学生生活经验较少,辨别是非能力相对较差,在培养过程中应该坚持正面的劝导,在课内外经常性地进行规范方面的教育,逐渐规范他们的言行,让学生知道做什么事是正确的,做什么事是错误的,在言行上有章可循,有法可依。教师要注意教育的明确性,特别是在学生学习习惯形成的初级阶段,建议采取"点破"的教育方法,有明确的标准,能够明确指出学生在什么情况下应该做什么,不该做什么,应当怎样做和不应当怎样做。

3. 对不良学习习惯的矫正

学生学习习惯的养成受多种内在和外在因素的影响,不论是在形成或是矫正阶段,我们都应该关注预初年级学生的心理特征。首先,作为教师应该时刻关注每个学生的心理健康,尤其关注那些有心理障碍的孩子。比如对厌学、自我放弃的学生,要积极寻找导致他们出现心理障碍的根本原因,要及时与学生沟通谈话,打开他们的心结,还要把真实的情况反映给学生的家长,寻求他们的帮助,共同解决问题。其次,由于学习习惯具有反复性和阶段性,所以要经常性训练并且要多次重复,坚持和巩固已经形成的好的学习习惯。再次,榜样激励作用。预初年级学生还处在要学习的阶段,可以多树立一些现实学习中的榜样,在班级里多表扬一些上课认真听讲、笔记记得认真、学习态度端正的学生,还可以多给他们讲一些因有较好的习惯从而取得重大成就的名人名家的故事,让学生明白习惯对个人学习和发展具有巨大影响。另外,教师应该关注到每个学生的进步,要及时给予肯定和表扬,能够让他们坚定学习的信心,促使他们坚持纠正不良习惯逐步养成良好的学习习惯。

(二)重视家庭教育

1. 家长要从思想上真正重视培养学生的良好学习习惯

实际生活中,很多家长对学习习惯的重要性认识不够,他们往往把目光盯在学习成绩上,错误的采用灌输式学习、陪同式学习、逼迫式学习,付出了很多辛苦,结果孩子的学习效果还是不好。即便有少数家长注意到学习习惯的重要性,但是认识不够,只懂得一些较为粗浅的、常规性的学习习惯,而对一些较为隐性的学习习惯则知之甚少,而这些隐性的学习习惯往往是对孩子的学习优劣、人格发展、个性形成等影响最大。预初年级是养成良好的学习习惯的重要时期,家长首先要从思想上改变自己以往的看法,要掌握培养孩子学习习惯的科学方法,不要错过孩子形成良好的学习习惯的关键时期。

2. 家长与老师之间对接

教师与家长的互动教育是形成良好学习习惯的重要途径。家长应该经常和老师沟通交流,双方都要对学生的学习情况与学习习惯有全面的认识。预初的学生在家向家长反映自己在校表现时,往往"报喜不报忧",只把认为对自己有利的方面告知家长,缩小或隐瞒对自己不利的内容,在学校里学生不会向老师主动提及家里的学习情况。只有家长与教师做到及时有效地沟通,才能相互了解孩子在家和在校的真实表现,共同采取教育孩子的方式,这样对培养学生良好的学习习惯才会有帮助。同时,老师和家长要及时发现并能教育、制止孩子不良学习习惯形成的苗头,争取抓住教育的良机。

3. 讲究家庭教育方式方法

预初学生的很多家长往往对孩子存在的某些不良的习惯没有认真对待。一些不良的学习习惯一旦出现就应该立即施以惩罚并加以矫正,若是不良的行为没有得到惩罚,那么下次他还会这么做,长此以往就形成不良的学习习惯,此后再改就非常困难。

家长应该教给孩子正确的行为标准。大多数家长认为只要责罚过孩子就完事了。事实并非如此。孩子的行为都有自己的目的,是为了满足自己的某种欲望,责罚之后应该教给孩子满足自己欲望的方法。作为家长也要注意正面指导孩子,孩子在日常生活中会下意识地模仿父母的言行举止,所以父母应该以身作则,做好孩子的榜样。

培养孩子良好的学习习惯的形成过程应该循序渐进，不能急于求成。对于有些学生已经形成了一些不良的学习习惯，想要一下改变他们是不现实的，所以家长应该做好打"持久战"的准备，不能想着一蹴而就，更不能因为孩子学习成绩不好而指责打骂，这样做不仅达不到教育的效果，反而会导致孩子出现消极应付、厌学情绪、自暴自弃等不良的现象。

（三）学校积极配合

1. 教师对学习习惯培养严格要求

教师在教学中应该让学生明白学习和活动的规范标准，教师的要求越明确，学生就越能够知道什么事情该怎样做，这样对学生良好习惯的形成越有利。同时，有了要求还要时时用要求来对照检查，预初学生的自我控制力及自我约束力较差，需要老师及时提醒并加以纠正。教师绝不可对学生中的不良学习习惯视而不见，在教学工作中教师的基本要求就是言必信，行必果，说到做到。教师布置的作业和任务，要求什么时候检查、怎样检查，就要什么时候检查，要求达到什么标准，就不能降低标准，不让学生产生错觉，认为学习可以凑合，形成一种完成学习任务可以打折扣的观念。

2. 学校确定具体可操作的学习习惯培养目标

学校要制定具体的具有可操作性的学习习惯培养目标体系，形成一定的学校规章制度和规则条例，同时可以制定一系列奖惩措施，使学生的习惯培养有章可循，在学生学习上犯错误接受罚惩时有据可依。可结合学校、学生的实际情况，根据预初学生心理、年龄发展的不同特点，提出不同的要求；可制定这个年龄段的整体目标，同时也要细化为不同时期的小目标，使学生习惯的培养可根据不同情况不断发展，不断提高。同时各科教师也要经常交流，遇到问题要及时和班主任、学生家长沟通，相互配合。

3. 学校与家庭定期交流

学校既要能承担对学生的教育、培养工作，又要能承担对家庭教育的指导、合作，定期的交流是很有必要的。学校要及时听取家长的意见反馈，尽早发现问题，及时解决问题，让学生的不良学习习惯扼杀在萌芽之中。学校可以通过定期召开家长会、召开家长联谊会，也可以组织家长座谈会，还可以利用学校的网络交流平台等方式与家长进行沟通，让家长更好地了解自己孩子在校的情况，同时能够提高家长的认识水平和教育能力，使家庭教育与学校保持一致性。

五、小结

经过几个月的深入系统研究,我们基本完成了既定的研究任务,也取得了一定的研究成果。但学生良好的学习习惯的养成是一个长期而艰巨的过程,正如王志扬、李红玫所说,任何习惯都不是与生俱来的,它都是在后天经过慢慢训练强化而形成的,尤其是良好的学习习惯,它所经历的过程必定十分漫长,训练的难度也更大。对于学生良好学习习惯的培养,我们需要不断地总结经验,在此基础上进一步加强练习,让拥有好习惯变成学生的一种本能,增强学生自主学习和不断学习的能力,促其掌握学习的主动权,不断提高自身发展。作为教师,我们也要不断探索,坚持用科学有效的方式方法培养学生,坚持家校合作,逐步让学生养成良好的学习习惯,受益终身。

参考文献

[1] 陈卫东.父母是培养儿童良好习惯的导师——马卡连柯论习惯[J].少年儿童研究,2002:(12)

[2] 付忠莲.浅析学生良好学习习惯的培养[J].成功(教育),2008:(1)

[3] 郭颖.论学生良好学习习惯的培养[J].陕西教育,2007:(11)

[4] 胡先红.初中预备年级学生学习习惯现状调查与对策研究[D].华东师范大学硕士论文,2009

[5] 何双双.城区小学生课堂学习行为的调查研究——以长沙市三所小学高年级学生为例[D].湖南师范大学硕士论文,2013

[6] 李冬梅.盘锦市小学高年级学生学习习惯调查研究[D].辽宁师范大学硕士论文,2011

[7] 木紫.6—12岁捕捉孩子学习习惯养成的关键期[M].中国妇女出版社,2012

[8] 孙云晓.教育就是培养好习惯[M].江苏教育出版社,2007

[9] 王兴,王娟琴.纠正学生不良的学习习惯[J].小学时代(教育研究),2010:(12)

[10] 王志扬,李红玫.培养学生良好的学习习惯[J].黑河教育,2010:(8)

[11] 邹玉范.培养良好习惯是青少年思想道德建设的重要内容[J].教育探索,2007:(11)

[12] 张大均主编.教育心理学[M].人民教育出版社,2004

[13] 张玉平.小学生不良行为习惯的现状分析及调适策略[D].内蒙古师范大学硕士论文,2013

教学篇

新课程改革要求教师必须更新教育观念,转变教育教学行为,做"学者型""研究型""创新型"教师。华育中学作为一所立足高端教育、精英教育的民办初中,历来注重教学与研究双管齐下,讲究教学的针对性、长效性和系统性。

我校教师在校领导的引导支持下,积极开展教育教学研究,聚焦学科建设、核心素养、教学改进、作业设计以及校本课程开发等方面,在实践中提出问题、研究问题、总结经验。每一篇论文都从一个主题揭示符合教育、教学和育人规律的内核:比如庞栩老师、朱依婷老师、金国旗老师、靳桂英老师等分别针对初中的英语阅读教学、古诗文诵读教学、初一年级美文拓展阅读教学、微生物特色教学中遇到的问题,从课堂到学习活动诸多方面进行探究思考;周颖老师聚焦于社会的热点话题——整本书阅读,从纵向及横向对整本书阅读教学进行研究,理论结合实际,提出了我校整本书阅读的实施建议;唐轶老师从一线教学的实践出发,充分考虑师生对作业的需求,依据课程标准的要求,探讨作业改进的多元可能与发展;许洁、史卫进等老师基于3D打印新技术课程建设与实践研究,提出了创新人才的培养方案;吴芸老师针对华育中学OM特色活动,对OM - SOLO教学法进行了实践和反思……在开展教学课题研究的过程中,我校教师还充分利用实证研究法、比较研究法、跟踪研究法、行动研究法、差异研究法以及案例研究法等方法,呈现华育中学教育的经验和模式,以期带动和促进传统课堂教学的转变、校本课程建设的渐变、教师传统理念的蜕变、学生学习方式的突变以及创新人才培养的裂变。

随着新课程实施和教师专业化发展的不断深入,教育只有坚持科研、不断创新,才能与时俱进,肩负起"科教兴国,教育先行"的历史重任。相信华育中学的全体教师将继续以研促教,教研相长,不断提升自己的理论水平和实践能力,成长为研究型、专家型、创新型的新时代教师,绽放智慧之花,再铸华育辉煌!

初一英语阅读问题分析和教学对策研究

■上海市民办华育中学　王珊　张琳　牛佳颖　鞠扬

摘　要： 本文主要以适用于初一年级学生的阅读材料为语料，在平时的阅读练习中，注意训练学生对语篇的把握，分析文章逻辑关系，体会文章情感表达，进而从更高层次提升语言能力，而不止步于让学生掌握基本词义。选择适合的文章之后，采集了近400份数据样本，根据学生的样本反馈，对学生的错误进行分类，发现学生的错误主要集中在词义、语篇和文化背景类。根据对不同类型错误的详细分析，文章给出有针对性的、可执行的策略，并通过具体例子进行说明。

关键词： 英语阅读　词义　语篇　文化背景　解决策略

一、挖掘学生阅读问题

提升学生的语言能力，是当今英语教育的主要目标和重要导向，也是当今社会发展对教育提出的基本要求。英语能力的原始积累在于原语语料的"输入"，所以阅读能力是语言能力的重中之重，保证学生一定数量的阅读输入和培养学生科学系统的阅读技巧，不仅仅有利于提升学生阅读能力，而且在根本上保证了学生的语言积累，从而也有利于学生英语能力全面发展，侧面为写作、口语等"输出"项夯实基础。初一年级的学生处于中小学衔接阶段，有了小学短对话的基础，也需要为高年级长文章阅读做好铺垫，所以阅读的教学和训练十分重要。

然而，在初一年级的阅读教学过程中，以往的教学研究常常专注于字词的释义，对于词义、句义讨论较多，而忽略文章的整体架构和篇章语义，以及培养学生对文章整体思想把握的研究不够。这样的结果容易造成学生"只见树木不见森林",过于专注某一单词的意思忽视整体思想,此做法对于真正提高学生的语言能力效果有限。另外,国内英语阅读教学对于课文研究较多,对拓展材料或泛读材料研究较少,文本材料单一,题材不够新颖,不足以满足学生的阅读需求和激发学生的阅读兴趣。再者,已有的语篇阅读教学研究中,涉及"主题句"的讨论较多,但对文章中的逻辑关系和情感表达挖掘不够,导致学生理解深度不够,难以取得更多思想养分。

本研究主要以适用于初一年级学生的阅读材料为语料,在平时的阅读练习中,注意训练学生对语篇的把握,分析文章逻辑关系,体会文章情感表达,进而从更高层次提升语言能力,而不止步于让学生掌握基本词义。通过训练学生的段落理解能力和语篇逻辑关系推理,从根本上提升学生的阅读能力,并为高年级长篇幅阅读做好铺垫,促进学生的独立学习能力,因此,本研究具有重要的应用价值和实际意义。

二、根据抽样结果对错误类型进行分类

经过长时间的调查、实践、抽样和分析,包含笔者在内的四位课题组成员更进一步了解了初中学生英语阅读文本的特征以及学生常犯的几种错误类型,尤其通过对学生错误类型的具体分析和纠错,总结出造成这样几种错误的主要原因。弄清楚学生错误的原因之后,就可以在教学过程中做到有的放矢,有针对性地根据不同类型的错误对学生进行纠正和指导。这样的分类总结内容,可以让教师教学思路清晰,明确学生需求,弥补学生思维漏洞,对业务技能的提升大有裨益。对于学生来说,经过教师对错误类型分门别类地指导,能够更加清楚地明确自己错误的原因,以及正确的阅读思维方式。

根据抽样调查,学生易犯的错误可大致归纳为以下三种类别:① 词义掌握类;② 语篇理解类;③ 文化背景类。以下就每一类进行举例分析。

(一) 词义掌握类

词义掌握类又可细分为几个子类别:拼写、词语变形、词语释义理解、中文近义词与英语词汇用法区别等。例如 She wasn't sure that her son could r_____ a good education in Ghana. 一句中,大部分出错的学生中能够想到 receive 一词,然而将其误拼为 recieve。在词语变形一类中,同一篇文章中的

一句 His mother recognized her son's talent and e_____ it by providing soccer balls ... 中,学生的错误答案多为 encourage,遗漏了过去式变化。在词语释义理解方面,单项选择题可以更好地说明问题。She also said that drinking water helps improve _____ and that can also make it easier to remember things. 此题的四个选项分别为 ambition、attention、attraction 与 addition,四个单词意思差异很大,此处也不涉及介词搭配,纯粹考察词义的理解。

值得讨论的是最后一类。有些单词在翻译成汉语时往往会译为同一个词或是近义词,而英语中的情感色彩与用法则不尽相同,不能简单地作为近义词使用。汉语作为学生的母语,必定影响到学生对于英语的理解。大多数学生在初中阶段记忆单词的时候,更多地利用汉语翻译作为辅助理解词义的方式,而不是采用英英解释,因此更容易在这类词的语义整合方面出现问题。语义整合,指的是把当前阅读中新出现的词语与之前的语境进行语义联结以形成连贯表征的过程。在该过程中,不仅要关注单个单词的含义,还要在与之前的语境进行整合时选择或建构合适的含义。例如此题:Soccer fans have been _____ about him since 2003, when he became the youngest athlete ever to play in an all-star game. 对于正确答案 crazy,学生的理解多集中于贬义的"疯狂",对于表达情绪激动、欣喜若狂等义项不甚了解。关于语义整合,是要把词汇水平的元素结合起来整合到更大的结构块,其中一个例子就是将单词的含义整合到之前的语境所形成的语篇表征中。一个英文单词可能有多种含义,读者阅读时结合之前的语境选择一个合适的含义,从而达成连贯理解。在此题中,就是根据语境,选择 crazy 一词的一个义项,达成对连贯语篇的理解。在这一类问题中,学生对于英语词汇的学习掌握方式、对于一词多义现象的了解与把握等,都遇到了一定的挑战。要解决此类问题,需要调整学生构建英语词汇库的方式,对于提高学生综合语言能力大有裨益。

(二) 语篇理解类

单个词语或句子的意思必须在语篇中才有意义。在阅读过程中,学生必须将单句放入整个语篇进行综合理解,才能弄懂作者的意思,达成交际目的。然而,上下文的综合理解和呼应往往是语言学习者容易忽略的。例如,有一篇阅读中需要学生选择一个单词来补完这样的一句话:It turned out that they _____ forgetting simple things. 四个选项分别为 kept, stopped, began 与 tried。此题出错的学生多半会选择 began,然而,语篇前半已经讲述过这对老夫妇多次忘记简单的小事,此句位于语篇中段,并非第一次开始忘事。如果学生只研究单句,只考虑语法上的搭配,这几个选项都是可能的,但是在行文逻辑与线索上,就会出现问题。因此,在接下来的教学研究中,本课题组也将着重渗透语篇的整体理解与行文逻辑。

(三) 文化背景类

语言与文化不可能完全割裂,使用不同语言的国家,多半也有着不同的制度、习俗与文化背景。词与句需要在语篇中才有意义,而语篇需要在文化背景中才能得到解释。学生对于异国文化背景的陌生,也容易导致阅读的时候,认识每一个词、每一句话,却不理解作者的意图。例如这一题首字母填空:Dawn a_____ to four North Carolina universities and her dream one, Harvard. 在中国的教育系统中,学生习惯的文化背景是统一招生考试,不同学校根据学生的考分予以录取。因此,学生想到的单词是表示"接收入学"的 admitted。然而,美国教育系统中,学生主动择校申请这一点,与学生熟悉的现行教育体系区别较大。对于熟悉这个特定文化背景的学生,就能反应出 applied 一词。从词到句,由句到篇,再从语篇上升到整体文化背景,一点点扩大了解的世界,这正是语言教学中阅读教学的作用与重点所在。

三、总结错误原因,提出解决策略

(一) 词义掌握类及其解决策略

词汇是阅读文章中最基础的单元结构。中国学生在学习英语的过程中花了较大精力在词汇的掌握上,但是单独的字词放到语篇之后,初一学生还是会出现不同程度的错误。在课题组分发和抽取的样本中,发现学生在词义掌握方面,还存在几个问题。

1. 拼写问题

除了上文中的例子"receive"容易错拼"recieve"之外,初一年级的学生因为词汇和阅读能力有限,容易出现一些很典型的拼写错误,比如"necessary"错写成"necesary"或"neccessary","information"容易错写成"imformation"等等,这些问题需要在平时教授词汇时即予以强调,并且需要反复跟学生巩固,反复训练,以加深学生的印象。

2. 时态问题

上述拼写问题是应对阅读文章题目时最基础的内容,但比这要求更高的、与阅读语篇有着密不可分关系的,就是时态问题。在课题组发出的阅读实体样本中,有"首字母填空"这类题型,需要学生通过对篇章的理解,以及给出的该词第一个字母的线索,填出全部单词,以符合上下文文意,使文章通顺连贯。这就要求学生不仅要关注某一单词的意思和拼写,同时要注意该词在一整句话,甚至是一段或一篇文章中的语境。其中,时态就是一个特别需要学生关注的关键问题。

举例来说,课题组下发给学生中的抽样阅读试卷中,有一篇文章包含这样一句话要求学生们填空:Betty is not a traditional American beauty. She is unfashionable, has thick red glasses, untidy hair and large metal braces(牙套)on her teeth. But this hasn't s_____ her from becoming one of America's favorite TV characters.

这个句子中,根据语篇语境和语法规则,看到"hasn't"这个要点,就可以判断出这里使用的是现在完成时态,表示发生的事情与现在的情况有联系,同时根据语境文意,说明形象上的不足,并没有"阻止"(stop from doing)她成为美国最受欢迎的电视人物,所以我们可以推断出这里应该填 stopped。但遗憾的是,很多学生在这个空格上,因为对时态的意义和单词的词义以及拼写方面掌握不够扎实,没有填出 stop 的过去分词,或者错写成 stoped,却忽略了重读闭音节结尾辅音字母要双写再加-ed 的情况。所以这个问题是一个典型的时态错误。

还有一类时态错误也与文章语篇紧密关联,比如下文例子:

Thomas Edison died at the age of 84. He left a great many inventions that greatly i_____ the quality of life all over the world.

在这个句子中,语篇语境主要强调爱迪生留下的大量发明,给人类造成的积极影响,所以这里我们可以推断出他的发明大大"提高了"人们的生活质量,所以很多同学在这里选择填写动词 improve。但除了选择合适的词汇之外,还应该注意到语篇时间背景对答案的影响。这句话中无论是"died at the age of 84",还是"left a great many inventions"都告诉读者,这是在回顾发生过的事情,尤其是后者"left",因为这是以 inventions 做先行词而引导的定语从句,所以从句必须和主句保持时态上的一致。综合上文分析的几个原因,这里的动词"提高"应该做过去时态上的处理,变成"improved"。

这一类别错误的形成原因主要是,在阅读时忽略了整个句子或段落之间的呼应关系,把需要填写的空格作为孤立的词语来看待。另外,由于汉语并没有与英语同样的时态区别与单词本身的曲折变化,对于中国学生来说,时态本身也是一个难点。但是,经过了多年的英语学习与熏陶,学生对于时态还是有一定的理解能力,能意识到英语需要有时态的变化,因此,这类错误在进行学生反馈时,学生总是能最快地意识到自己的错误所在。根据以上前提,本课题组对于此类问题采取的解决措施是建议加强圈划,尤其是空格所在句与段中时态的圈划。根据对比控制实验,采取圈划策略的控制组比对照组在此类问题的正确率上高了 14.6%,可见圈划策略在应对此类问题上的有效性。

3. 汉语语义影响英语语义的问题

英语作为学生的第二语言,其学习必定受到母语的影响,这从时态成为英语学习的一个难点就可见一斑。在英语学习中,如果学生不注意英英释义与单词运用的语境,则很容易混淆汉语释义相同或相近的单词。

例如,在课题组提供的一份抽样调查实验卷中有这样一句话:Yesterday my friend Jim went to school without his homework. He told the teacher that his dog ate it. It was just an excuse he made to cover the f_____ that he didn't do his homework. 在这一句中,学生很容易根据中文词义,联想到不做作业是一个"过错",因而填写"过错"对应的英语单词 fault。但是,在英语语境中,同位语从句往往用 fact 引导。可见,一味机械地记忆单词的中文释义对于阅读理解是不够的,还必须注重在例句中理解单词使用的语境与常见搭配。

其次,英语单词有很多近义词,这些近义词不但中文释义非常相似甚至相同,在英语中的释义也是类似的,但是在指代内容与使用方式上有细微的区别。例如 A surfer lying on a surfboard looks like a seal when seen from b_____. 此句中,学生根据上下文语境,可以联想到句意应解释为"从下方看,躺在冲浪板上的冲浪者看起来很像是一只海豹"。因此,部分学生会填写

bottom 一词。而 bottom 一词，释义为 the lowest part of something；the ground below the water in a lake，river，swimming pool，etc. 但是这个"底部"，其实指的是绝对位置，而在句子里，视线的出发点并不是绝对意义上的"海底"，而是表示与冲浪者的相对位置。相对位置的"下方"，应该是 below，解释为 at or to a lower level or position than something。在这种情况下，对句子的理解停留在简单的大意上是不够的，不求其解将导致理解上的盲区，必须注意到内容与意义上的细微差异，并根据这些细微差异选择合适的词语。

另外，在解释单词使用的语境时，也会牵涉到一定的文化背景。例如，Leonardo da Vinci was born on April 15，1452 in Italy. He is best known as an artist today. One of his famous p_____ is called Mona Lisa. 根据中文词义"画作"，学生常见的错误就是填写"pictures"。然而，达·芬奇的《蒙娜丽莎》是一幅著名的油画。picture 一词通常指的是铅笔画、钢笔画或颜料画，相对使用语境不那么正式；而 painting 一词专指颜料画，用来描述正式的画作。因此，根据文化背景与语境，此处选用 painting 更为妥帖，这一点是只关注中文释义所难以覆盖的。

由这一类错误原因可见，在词汇教学中，只关注词汇的中文释义，知道某个单词在汉语中大约是什么意思，运用到阅读中就会发现是远远不够的。这就对词汇教学提出了一个重要的思路：在语境中进行词汇教学。首先，在新授词汇时，就要在例句中进行理解，给出大量的例句之后，学生对于词汇的理解就不只是停留在汉语释义上，也会对词汇的使用语境产生一定的感性认识。此外，在教学中，提供英语释义也能有效帮助学生区分近义词之间细微的区别。同时，本课题组教师活用阅读材料，在对阅读材料的分析与背景知识介绍中，兼顾词汇，一方面帮助学生梳理文章主旨与脉络，一方面对词汇进行细分，帮助搭建了由词到句、由句到篇的理解阶梯。

上面三种典型错误，都是学生在"词义掌握"方面很容易出现的问题，主要原因是没有足够关注文章语境，没有联系语篇，只注意到一个或两个字词，陷入"只见树木不见森林"的误区。针对这三种典型错误，课题组提供的解决策略分别是：注重单词教授过程中的拼写、英英释义与词义区别；在教学中提供大量例句，使学生了解单词的使用情境；并鼓励学生对所读文本进行圈划，以完整的句子与段落作为解题背景，培养学生对英语时态的关注与理解。

（二）不注意上下文呼应导致的判断失误及其解决策略

以下文为例，这是上海接近中考难度的完形选择题，原文如下：

Mary and Peter were having a picnic with some friends near a river when Mary shouted, "Look! That's a spaceship up there and it's going to land here."

Frightened by the strange spaceship, 1 of the young people got into their cars and drove away as quickly as possible. Peter loved Mary and always stayed close to her. They, more 2 than frightened, watched the spaceship land and saw a door open. When nobody came out, they went to look into it. In the center of the floor, there was a pile of food. Peter followed Mary into the spaceship and did not hear the door close behind him. The temperature fell rapidly and the two young people lost their 3 .

When they came to life, they were 4 to see that they were back by the river again. The spaceship had gone. Their car was nearby.

"What happened?" asked Mary.

Peter scratched his head, saying slowly, "Don't ask me. Perhaps we had a 5 . Come on. It's time to go home."

After driving about fifty meters, they found their way blocked by a thick wall made of something like 6 . On the other side of the wall, a few strange beings stopped to look through it and read a notice which, translated into English, said: "New arrivals at the Zoo: a pair of Earth inhabitants in their natural surroundings with their house on wheels."

1. A. both   B. all   C. several   D. most

2. A. tired   B. curious   C. confused   D. astonished

3. A. way   B. weight   C. speech   D. consciousness

4. A. pleased   B. disturbed   C. surprised   D. disappointed

5. A. game   B. dream   C. mistake   D. problem

6. A glass   B. stone   C. wood   D. steel

共 89 个学生用 6 分钟完成该练习，其中全对的有 30 人。错误集中在第 1、第 3 和第 6 题。

第 1 题正确答案应为 D. most，出现的错误答案是 A. both 9 人；B. all 20 人。学生明显是没有注意到文章前后文的呼应才导致选择了错误的选项。年轻人被奇怪的飞船吓到，跑进自己的车里开走了。后文中的 Peter 和 Mary 显然不属于这一类，因为后文有 They, more ___2___ than frightened, watched the spaceship land and saw a door open. When nobody came out, they went to look into it. 他们并没有被吓到，反而观察飞船降落的过程，并在门打开也没人出来的情况下向飞船内查看。A 选项 both 指的是 Peter 和 Mary 两人，选择这个选项的学生看文章速度非常快，只看到后面两人的名字就直接选了 A；B 选项 all 指的是当时看到飞船的所有人包括 Tom 和 Mary，选择这个选项的学生比选 A 的学生花了更少的时间，只看完第一句话，就凭近期学习的关于外星人的文章 Nobody Wins 的经验选择了 B 选项。

第 3 题的正确选项是 D. consciousness，表示在气温骤降之后，两人失去了知觉。要选对这道题，需要掌握 consciousness 这个单词和词组搭配 lose one's consciousness 表示"昏迷"的意思。出现的错误答案是 A. way 9 人、B. weight 10 人。出现错误的主要原因仍然是学生没有注意到文章前后文的呼应。后文有 When they came to life，意思是当他们苏醒时。学生选择 A. way 和 B. weight 都是根据学过词组搭配，lose one's way 表示迷路，lose one's weight 表示减肥，单独看词组都是成立的，但是放到文章里跟后文的苏醒成为前后文时，就产生了前后文不连贯的问题。

第 6 题的正确答案是 A. glass，表示的是他们醒来后，发现自己被关在一个地方，但是墙是可以看到另一边的，所以从人类的角度推测制造墙的材料是玻璃的。错误的答案是 B. stone 4 人、D. steel 18 人。出现错误的主要原因仍然是学生没有注意到文章前后文的呼应。学生光看到墙就根据经验主观推测，因为人类现在的建筑墙的主要材料是砖石，所以就选了 stone；选 steel 的学生，很有可能是受到近期学习的关于外星人的文章 Nobody Wins 里面新学的 steel 这个表示材料的词，但是他们明显都没有花足够的时间看完文章，后面写的是他们两个人被关在类似于人类动物园一样的地方供外星人参观。如果要参观，一定要能够看见又不能让他们逃走，所以玻璃是最好的选择。

　　分析这套练习中主要错误的三题后,我们发现要做好这套练习,注意前后文的呼应是非常重要的。在完成完形填空题之前一定要先通读全文,对作者想要表达的是什么有一个大概的了解;然后在做选择前,注意前后文的意思连贯通顺,切不可只看一句话甚至是根据一个词组搭配或者看到自己熟悉的词就主观臆测,草率选择答案。

　　对此,课题组采取的解决策略是鼓励学生对文章进行圈划。在由时态错误导致的词汇错误中,课题组已经发现了圈划策略的优势。在应对时态错误时,圈划的主要范围是同一个句子或同一个段落。而在忽视了上下文呼应关系导致的错误类型中,圈划的范围大幅度扩大。在时态错误中的由词到句,在这里转变为了由句到篇,进一步放大了学生的关注范围。课题组采取的第一步指导策略是带领学生通读全文并圈划关键词,例如呼应第一题的 with some friends,呼应第六题的 On the other side of the wall 与介词 through。同时,在之后的阅读教学中,有意识地通过提问,让学生养成自主寻找上下文呼应关键词的习惯,培养学生由句到篇的理解能力。

　　在此后的一节课上,根据以上的情况分析,为学生逐题讲解了这篇练习,并进行了一段时间的圈划策略训练之后,我们又做了另一篇接近中考难度的完形选择题,原文如下:

　　For millions of Americans, the most wonderful day of the year is Christmas Day. For one thing, it marks the ___1___ of the busiest time of the year. Many people need a rest after weeks of buying gifts, going to parties and getting their homes ready for the holiday.

　　With all this, it is said that Christmas has lost its meaning ___2___ the birthday of Jesus Christ. Some churches have stopped Christmas Day services, so people can spend the day with their families. This was even true last year when Christmas came on a Sunday, the traditional day of worship. Some churches still offer Christmas Eve services, though. They consider it an important part of spending the holiday.

　　Another important part of the Christmas season is music. Among traditional carols, one of the most popular is Silent Night. ___3___ carols is a Christmas tradition that goes back hundreds of years. Sometimes carolers walk along a street and the group stops at each house to sing a song. Other times they gather in __4__ places like shopping centers, hospitals and nursing homes.

Many people travel a long way to be home with their families at Christmas. But __5__ everyone is able to be with their love ones. For some people, Christmas can be a lonely time. So now more and more people spend Christmas in special ways. For example, they volunteer to serve meals for the homeless or visit old people in nursing homes. To them, this is __6__ the true spirit of Christmas.

1. A. end   B. start   C. habit   D. day
2. A. with   B. for   C. on   D. as
3. A. Making   B. Writing   C. Singing   D. Hearing
4. A. beautiful   B. open   C. dark   D. public
5. A. hardly   B. not   C. no   D. almost
6. A. giving   B. spending   C. using   D. honouring

因为之前一次练习时间较短,在一定程度上也影响到学生的判断,这次练习的时间是 8 分钟。共 89 个学生用 8 分钟完成该练习,其中全对的有 48 人。错误集中在第 1、第 2 和第 6 题。

第 1 题应该选 A. end,出现的错误答案 B. start 8 人。学生的错误原因仍然是没有注意到文章前后文的呼应。因为前句是 For millions of Americans, the most wonderful day of the year is Christmas Day. 后面的一句是 Many people need a rest after weeks of buying gifts, going to parties and getting their homes ready for the holiday. rest 代表的圣诞节前夕的忙碌在圣诞节当天结束了,人们需要好好的休息一番。选择 start 圣诞节当作是忙碌的开始的学生,除了没有注意前后文呼应的问题,还有可能是对圣诞节的传统不了解。

第 2 题应该选 D. as,表示庆祝圣诞节的最初意义在于那一天是耶稣的生日,as 是"作为"的意思。错误的选项是 A. with 3 人、B. for 9 人、C. on

2 人。主要错误原因仍然是没有注意到前后文的呼应，因为上一节讲到圣诞节前大家都在忙碌，而这些忙碌并不是为了庆祝耶稣的诞生。次要原因是部分学生对圣诞节的基本含义不明，甚至不认识 Jesus Christ。

第 6 题应该选 D. honouring，表示"向……致敬"的意思。前文讲有些人用不同的方式过圣诞节，然后举例说明，比如有些人志愿给无家可归者提供食物或者拜访老人院的老人。这些行为就是西方人所推崇的圣诞精神，他们是以这些行为向圣诞精神致敬。这一题除了前后文的呼应是选择的关键外，对选项词汇和后文中 the true spirit of Christmas 的含义的理解也是一个难点。错误答案 A. giving 39 人、B. spending 13 人、C. using 3 人。如果理解后义的含义，这三个选项放入文章里意思是明显不通的。

第二次练习，同等难度的题目第 1、第 2 题的错误人数已经有所减少，所以对于前一次练习的讲解起到一定的作用。但是对于生词较多或者文化差异较明显的内容，还需要对文化背景进行进一步的讲解和练习。

（三）国内外文化背景知识与阅读理解的关系及其解决策略

1. 文化背景知识的重要性

随着时代的发展，世界各地之间的联系越来越紧密，英语作为国际通用语言，对于世界之间的交流与联系担当着关键的角色，可见英语的学习越来越重要，同时也突出了英语教学的重要性。初中作为英语学习中相对重要的阶段，提升英语阅读教学的质量水平对初中英语学习成绩的提升有很大帮助。一个人的文化背景知识对于一个人的发展十分关键，同时对于英语阅读而言，文化背景知识对于英语阅读学习也是十分关键的。

许国璋在他的作品中指出，英语教学中除了要求学生掌握字词本身含义，还应注意它本身所覆盖的文化背景知识。胡文仲是在外语教学中注重文化背景知识教授的领头人。他曾指出，头脑中没有文化知识内容，想学好英语是不可能的，越系统深刻了解所学语言的历史文化知识，就越快掌握这门语言。束定芳曾提到外语学习中应该重视学生文化意识的培养，从文化知识导入必要性、文化知识教育内容、文化导入原则、文化导入重要方法四个方面证实，语言与文化不可能完全割裂，使用不同语言的国家，多半也有着不同的制度、习俗与文化背景。词与句需要在语篇中才有意义，而语篇需要在文化背景中才能得到解释。

2. 文化背景知识与阅读理解的关系

在阅读教学中一般认为有三种阅读模式，即自下而上的模式、自上而下的模式和相互作用模式。"自下而上"理论看来，阅读仅仅被看作是对语言符号做出反应的过程。阅读的目的也仅仅限于对这些语言符号的识别与确认，从字母、单词的辨认到对句子、段落的识别，直至最终文章的意义会自然而然地获得。忽视了读者在阅读过程中的主动积极的作用，同时把阅读过程仅仅看作了是对语言符号的识别，而忽视了其承载的文化背景意义。"自上而下"理论认为阅读过程就是一个预测、选择、检验、证实等一系列认知活动，有效的阅读并不依赖于对所有语言成分的精确辨认，而在于能否用输入信息中尽可能少的线索做出准确判断。在阅读过程中，读者从自己大脑中已有的知识出发，对文章内容进行预测、假设、验证以求获得意义，即是一种猜测—证实过程。读者根据并利用自己原有的语言信息和文化背景知识有选择地挑选有用的信息，并在阅读过程中一边推测、预测，一边验证、修正，以达到正确的理解。读者头脑中的语言结构知识、心理因素和背景知识是阅读的基础，也成为影响阅读的重要因素。"相互作用"模式认为阅读是语言处理的过程，另一方面阅读又是读者对已有背景知识的运用和处理的过程，是"自下而上"和"自上而下"两种模式交互作用的结果。三种阅读模式可以说对我们的英语阅读教学都有很大的启示与实践作用。

比如 British people believe it is _____ to see one magpie. A. lucky B. unlucky C. possible D. impossible。在我们文化中，喜鹊报喜乌鸦报丧，认为见到喜鹊是运气是缘分，人会一直保持好心情，更容易有好事发生；而在英国文化中见到一只喜鹊却是不祥的预兆，如果学生了解这一文化差异则能选出 unlucky。

掌握丰富的背景知识对于程度较低的语言学习者可以在一定程度上弥补语言知识的不足，帮助学生顺利读懂文章。譬如，大部分初中学生都能知道下面这句话的字面意思：A woman without a man is like a fish without a bicycle.（女人没有男人就与鱼没有自行车一样），但却不了解这句话真正含义，因为他们可能缺乏女权运动及相关文化知识，该句女权运动倡导者常使用的话，意思是：Women do not need men.

例如，一篇关于巴黎圣母院被大火毁灭的首字母填空中，a fire

d＿＿＿＿＿ the spire of the 850-year-old cathedral，and two-thirds of the roof，该空需要学生填出 destroyed 这个词，很多学生基本了解了前后文，体会到了"损毁"之意，但是忽略了前文 forever changed 这个信息词汇。如果学生了解到最近巴黎圣母院被大火吞噬难以修复这个背景，就可以很快填出 destroyed 而不是 damaged。

又如，一篇阅读中涉及美国政府授权一些间谍机构监听私人电话或搜集私人信息的相关问题，其中一问题是美国白宫发言人说"As the president said in his Jan. 17 speech，to the extent data is collected by the NSA，through whatever means，we are not interested in the communications of people who are not valid foreign intelligence targets and we are not after the information of ordinary Americans."这段话的含义是：

A．NSA didn't gather any worthy information from Americans.

B．NSA would stop its foreign intelligence mission in the future.

C．NSA and White House shared different attitude towards the affair.

D．NSA collected information with the permission of White House

文章中提到了斯诺登的秘密文件，然而没有明确指出是通过了美国政府的允许，因此很多同学缺乏相关的背景知识而答错。如果学生知道白宫发言人在很大程度上代表了美国总统的意见和态度，那么再结合全篇间谍监听的背景就可以得出正确选项。

综上所述，文化背景在教学中的渗透是阅读教学实践的难点，也是语言学习的最高层次。阅读教学通过提供题材广泛的阅读材料，引出众多话题，并对材料进行分析，从而熟悉英语世界的文化背景，开拓学生的视野。本课题组采取的解决策略是，以阅读材料作为出发点，介绍文化背景，并展开原版书报阅读、课前自由演讲等活动，根据学生个人兴趣选择阅读与分享的材料，一方面激发学生主动接触英语材料的积极性，耳濡目染，熟悉英语世界文化背景；另一方面也培养学生语言组织与表达能力，相互分享自己感兴趣的话题，从同伴身上相互学习，拓展知识面。实践证明，学生对此积极性较高，能热情参与，积极分享。

四、总结与后续思考

经过这次初一年级英语阅读教学模式的研究，备课组成员通过具体的题型和数据,对学生平时阅读训练中遇到的问题进行彻底摸排和分析。根据学生反馈的错误类型,我们把具体错误分成三大类别,分别是:① 词义掌握类;② 语篇理解类;③ 文化背景类。分类之后,我们又根据这些题型和学生错误的特点,总结出三种主要的错误原因,即:① 词义掌握类,其中包括拼写时态等基础类型,也包括不同感情色彩的近义词,或中文翻译相同而英语用法不同的词造成的错误;② 语篇理解类,因为不注意上下文呼应导致的判断失误;③ 文化背景类,背景文化知识的缺失导致学生答题失误。

针对这三种类型的错误,本课题组尝试了一些解决策略,例如词汇教学中的语境教学、英语释义讲解;使用圈划关键词加强由词到句、由句到篇的通读意识;通过日常实践渗透文化背景知识。通过这些解决策略的使用与对这几种错误类型的分类处理,学生后续练习中的错误率大大降低。有了这样的实践经验之后,备课组可以考虑在其他年级、其他阅读文本类型上进行类似的总结和分析,主要是整理出学生错误的基本共同特征,对不同错误进行分类,再根据不同类型的错误提出有针对性的策略。

针对初一学生基于语篇理解的阅读教学模式进行深入分析讨论,课题组教师针对未来阅读教学的思路更明确,更有解决对策。而且该模式可以尝试在不同年级、不同文章类型进行推广。这样在实践中总结出来的研究成果会更有生命力和持续性。

参考文献

[1] John Langan. 美国大学英语写作,第九版[M]. 外语教学与研究出版社,2014

[2] 胡壮麟. 语篇的衔接与连贯[M]. 上海外语教育出版社,1994

[3] 刘弢,吕春昕. 初中英语星级训练——完形填空＋首字母填空(七年级)[M]. 上海交通大学出版社,2016

[4] 金利,范芙蓉,杨云云. 每天聊点英国文化[M]. 化学工业出版社,2015

[5] 张秀平等. 语篇理解中语义整合的神经机制及其影响因素[J]. 心理科学进展,2015:(23).

[6] 刘弢,吕春昕. 初中英语星级训练—完形填空＋首字母填空(八年级)[M]. 上海交通大学出版社,2016

初中古诗文诵读教学的实践研究

■上海市民办华育中学 朱依婷

摘 要：随着教育部编义务教育教科书在全国的推行，初中古诗文教学面临新的要求与挑战。诵读是自古以来古诗文学习中必不可少的组成部分，结合当前学生的需求和教师的教学模式，针对以往教学中教师讲座式授课，本研究试图探寻将诵读融入语文教学的"四步走"诵读教学范式，从而更好地激发学生学习热情，传承中华民族传统文化。

关键词：初中语文 古诗文 诵读

一、研究背景

2017年秋季学期起，全国中小学生都将陆续开始使用教育部编义务教育教科书。其中初中语文教科书的一个变化非常明显，就是传统文化篇目的增加。初中古诗文选篇124篇，超所有选篇数目的半数。在古诗文阅读要求不断提升的大背景下，初中古诗文教学目前仍没有一套形成规范且行之有效的教学范式。

当前的初中古诗文教学主要包含以下几个主要板块：字词解释、句子翻译、内容理解等。然而在形式化的疏通内容大意后用教现代文阅读理解的方式教古诗文似乎背离了引导学生体会古诗文独有魅力的初衷。此外，目前语文课堂上的诵读大多也只是停留在单一的朗诵，往往缺乏教师对诵读方法的指导和对学生诵读过程的评价。古诗文教学上对诵读的忽视，不仅会让学生用死记硬背的方式学习古诗文，也会导致学生缺乏对文言文语言的感知，无法做到真正的积累和掌握，更不必说去热爱与传承了。

当前针对古诗文诵读展开的研究不算多,其实诵读教学不仅能够培养学生对文言的感知,提高古诗文的阅读理解能力,还有助于激发学生学习古诗文的兴趣,更好传承民族优秀文化。从教师的角度来看,丰富诵读环节的教学设计,完善指导的方法途径从而更好落实教学目标。由于受时间、精力和专业基础等方面的限制,一线教师对古诗文诵读教学往往缺乏理论指导,在教学实践中形成的经验教训也无法得到及时的总结反思。通过研究古诗文诵读教学课例,能够将优秀课例中的做法提升到教学理论的高度进行归纳总结,丰富古诗文诵读教学的规律性认识,促进教师创新诵读教学的理念、过程和方式,从而在日常的授课中提高教师的古诗文诵读教学与指导的能力。

本研究目标在于通过收集、整理并提炼文献的方式介入对诵读教学的研究,更好把握当前围绕古诗文诵读教学问题的研究热点、研究进展,以更好地确定研究的方向及手段,形成一套行之有效的古诗文诵读教学范式,为初中古诗文课程建设与发展提供参考,使诵读这一优良传统进一步得到重视,对于在新课程改革中弘扬优良民族文化传统具有积极的意义。

二、"诵读"的研究与发展

要研究"诵读教学",首先要厘清什么是"诵读"。

在一些语文学习的工具书中,学界知名的专家们提出了一些看法。周大璞主编的《古代汉语教学辞典》中提道:"诵读可以增强语感。诵读的同时还要提倡精思。"叶圣陶先生在《中学国文学习法》总结"熟读""成诵"。李德成主编的《阅读辞典》中认为"诵读"应是朗诵、吟诵、背诵、默诵等四种诵读方式的合称。许嘉璐任总主编的《高中语文学习词典》中解释:诵读,心、眼、口、耳并用的出声阅读。采用诵读方式,可以边读边想象语言文字所描绘的情景,然后再用语言把想象中的画面描述出来。2001 年颁布的《义务教育语文课程标准(实验稿)》有关诵读教学的规定,张心科曾对其内涵进行了界定:诵读是一种用标准的普通话,注意声音与意义的有机结合,用略带夸张的语调读文言诗文,用说话的语调读白话诗文的读的方式。

在此基础上研究者们又进行了一番总结。邓美娟在《论中学文言文诵读教学》中提出:"诵"是指一种声情并茂带有节奏的吟咏,"读"则不仅包括"诵",它还尤其注重内容的理解和含义的推敲。孙兆春在《新课程背景下中学文言文诵读教学研究》中说：诵读就是对文本的眼观口诵心惟耳听，熟读精思成诵，达到对文本全面深入理解的一种解读方法。郭冉在《新课程背景下的初中语文诵读教学研究》中提出：诵读就是一种目视其文、口发其音、耳闻其声、心通其情、意会其理的一种综合性阅读活动。诵读的过程，既是用声音准确表达读物意义的过程，也是反复体验、准确表达读物感情的过程，更是与作者进行心灵沟通、对话的过程。郑梅在《初中语文课堂朗读指导及评价策略研究》中认为：朗读、诵读和朗诵都是主体通过调动自己的主观能动性将无声的文字语言变为有声语言的一个过程。区别在于诵读相对于朗读而言，强调的是"诵"，"诵"在词典中有"用有高低抑扬的腔调念"和"背诵"的含义，诵读强调的是在积累的基础上达到熟读至背诵的程度。结合以上专家学者对"诵读"概念的界定，笔者认为，诵读是一种由几个环节构成的，学习古诗文必不可少的方式。以学习从浅到深、由易到难的规律，分为无声的默诵、读出声音的朗诵、富有情感的吟诵和化为内在积累的背诵。

回顾中国"诵读"教学的发展，大致经历了先秦至清末启蒙教学中注重朗诵和背诵，近代以来老师讲解逐渐增加，学生"诵读"逐渐减少的变化。随着21世纪钟声的敲响，情况又有所改观。新世纪，随着综合国力的增强，国民的民族自信心和自豪感也得以恢复，人们希望从传统文化中找到自己的根基，国人对传统文化也日益重视起来。2001年颁布的《义务教育语文课程标准（实验稿）》中多次出现诸如"诵读儿歌、儿童诗和浅近的古诗""诵读优秀诗文""诵读古代诗词，阅读浅易文言文"之类的规定。近些年来"经典诵读""传统文化教育"等成为热门话题。由此看来"诵读教学"规范化推广与普及也势在必行。

三、现状调查

对前人的研究有了一定了解基础后，笔者团队针对七年级学生进行关于诵读教学的问卷调查，了解目前我校师生对于古诗文诵读的重视程度、指导情况、评价措施等。通过调查问卷、数据分析等方式对初中语文课堂教学中诵读指导和评价现状进行分析，在此基础之上研究优化的策略。

本次调查共发送问卷381张，调查对象为华育中学七年级学生。回收有效问卷380张，数据分析如下：

问　　题	选　项	百分比
你认为"诵读"包含哪些形式	朗诵	95.5%
	背诵	80%
	吟诵	90.4%
	默诵	91%
你现在平均每天用于进行诵读的时间	小于 10 分钟	18%
	10—20 分钟	56%
	大于 20 分钟	26%
你认为初中生是否有必要每天诵读古诗文	有必要	78.9%
	没有必要	8.6%
	不清楚	12.5%
你现在进行诵读的场合有	学校早读课	92.9%
	学校语文课	89.8%
	校外兴趣班	29.7%
	家中	74.2%
你是否希望在语文课上增加诵读时间	是	56.3%
	否	21%
	不清楚	22.7%
你认为诵读古诗文的意义有哪些	提升自我修养	87.5%
	弘扬传统文化	89%
	提高语文成绩	68.75%
	增强理解感知	80.5%
	提升学习兴趣	67.2%

　　通过几组关键数据，笔者发现，对于诵读的形式，朗诵是本校七年级学生最为认可的一个环节，背诵则相对而言认可度较低。大多数学生每天用于诵读的时间在 10—20 分钟，其中时间和场合集中在学校的早读和语文课上，较少一部分学生会在家中进行诵读。绝大多数学生认同进行诵读的必要性，也希望增加语文课上的诵读时间。对于诵读的意义，大多数学生认为弘扬传统

文化和提升自我修养最为重要。然而就诵读对学习兴趣的提升认可度较低。

透过数据初步可以得出以下分析和判断：学校是诵读教学当仁不让的主阵地，营造良好的诵读学习氛围不容忽视。然而学生对于"诵读"的认识和理解尚不够全面，也从侧面反映出四个环节在日常教学中偏重"朗诵"，轻视"背诵"。而诵读没能有效促进学生的学习兴趣则与现有的诵读教学模式呆板、时间紧张有关。因此教师必须在语文课堂上动脑筋下功夫增加诵读时间，传授指导学生多样的诵读环节，丰富和深化对诵读意义的理解，从而更好地激发学生对诵读的兴趣和热情。

四、课例研究

【课例一】

网上某教师教学《赤壁赋》的课堂实录

师：请一个同学来诵读这部分："方其破荆州，下江陵，顺流而东也，舳舻千里，旌旗蔽空，酾酒临江，横槊赋诗，固一世之雄也，而今安在哉？"联系课下注解，思考从"方其破荆州……横槊赋诗"这几句话中我们感受到了怎样的一个曹操？

生：雄姿英发，踌躇满志，一代枭雄。

师：既然是这样，那大家觉得读的时候声音要怎样？

（师生讨论明确：声音要洪亮，读出气势。"方其破荆州……横槊赋诗"这句语速要逐渐加快。"固一世之雄也"要重读，要有一定的停顿。这样的一代枭雄，想当年在历史的舞台上纵横驰骋、叱咤风云，但是今天呢？却"安在哉"！这句与前面一句形成强烈的对比，所以"安在哉"三个字要放慢速度，一字一腔，顿挫有力，表现出一种无限的惋惜与怅惘。）

师：请这位同学再来尝试读一下。

（生读）

师：非常好，看来这位同学已经深刻把握了其中的感情，当年在历史舞台上纵横驰骋的曹操，今天却已经找不到了，所以这是风流总被雨打风吹去之悲，是大江东去浪淘尽千古风流人物之悲，是英雄安在之悲。

分析：在这个片段中老师的讲解与学生的诵读有机结合。边读边讲边体会，引导学生读出情感，读出美感。借鉴到日常教学，可以在教师讲解或者学生回答对某一句、某一段的理解之后，让学生再读一遍来表达自己的感受。老师再评价与之前读的一遍相比有何进步。这位老师在内容讲解与学生诵读的过程中自然而然完成了对曹操的人物分析和诵读中"朗诵"和"吟诵"方法的落实。

【课例二】

李清照《如梦令》教案

预习：课前抄写全词，查找李清照生平资料。

（一）初读，疏通全词大意，把握情感基调

请全班学生齐读《如梦令》全词，明确词作内容，体会作者情感。

提问：全词讲述了一件什么事？

预设：李清照问侍女海棠花的情况（问花）。

提问：那从词中可以看出来：李清照对海棠花是怎样的情感呢？

预设：关心、怜惜（惜花）。

（二）再读，分析细节，读出情感

（1）小组互读：要求读出能表现词人的"惜花"之情的字词。

（2）请小组派代表单独朗诵，读完后请其他同学点评。

预设：

"雨疏风骤"——雨点稀疏、晚风急猛，交代昨夜天气，为下文次日问花做铺垫，是事件的起因。朗诵时重音落在"雨"和"风"上。

"残酒"——第二天醒来仍然酒意未消。醒来不言他事，只问海棠。这是一种潜意识的体现，是爱花之情的凸显，表现了词人对海棠的关心。朗诵时重音落在"残"上。

"试问"——词人不看花而是问侍女的原因是她不忍心亲眼看见花朵的凋零。"试"字又显"试探"之意，表现作者踌躇不前、犹犹豫豫的心理状态，是词人关心花事却又害怕听到花落消息的矛盾心理的折射。朗诵时重音落在"试"上，且适当放轻音量。

"却"——表示转折。粗心的侍女对窗外发生的变化无动于衷,回答与女主人的心思并不相衬。朗诵时重音落在"却"上。

"海棠依旧"——并不言它茂盛与否,只言与前日无异,可见侍女向来对海棠关心粗浅。朗诵时重音落在"依旧"上。

"知否,知否?"——(反复、设问的修辞)似反驳,亦似自言自语。表达出词人对无人理解自己情思的无可奈何。朗诵时第一遍"知否"稍轻,第二遍"知否"稍重。

"绿肥红瘦"——(拟人、借代的修辞)雨后叶子因为水分充足而饱满肥大,花朵却不堪侵袭而凋败稀疏。夏天的悄然来临意味着春季的无奈谢幕。体现了作者对春天易逝的伤感,与对美好时光一去不复返的慨叹。朗诵时放慢语速,字字顿挫。

(三)小结

老师总结:全词的诵读不宜过快,应稍稍将语速放缓,方能体现婉约词的清丽、婉转、动人,将字词中透露的点滴情思处理得更细腻。"试问卷帘人"应读出小心翼翼、犹犹豫豫之感。"却道海棠依旧"的"却"字表示转折,应重读。"知否"二句应将无可奈何之感体现出来。"绿肥红瘦"之间应稍停顿,酝酿感情,显现花朵凋零的凄婉。

(老师示范背诵)

(1)请全班在古典配乐中试着吟诵全词,能背的同学带着情感背诵。

(2)学生示范配乐单独吟诵、背诵。

(3)全班同学配乐吟诵、背诵。

(四)课后作业

(1)背诵、默写全词。

(2)本单元结束班内将进行宋词大会,可以个人参赛也可以组队。请选一首词,找到合适的伴奏,配乐背诵。

分析:这是笔者团队在宋词集萃单元的教学尝试。课前通过预习,学生完成了作品的默诵。在课堂上通过小组互诵和班内朗诵、背诵的形式,引导学生逐字逐句体会词人在用词中的情感,最终在朗诵和背诵中融入理解。一堂课下来,学生最后的吟诵显然比最开始的朗诵富有更充沛的情感,从平平淡淡到有轻重缓急的起伏波动。课后开展相应的诵读活动,进一步巩固课上所学,同时激发学生对诗词的学习兴趣。

五、"四步走"诵读教学范式

诵读的具体方法指导主要包括纠正字音、调整音调的高低、语速的快慢和字词间的停顿等。学生掌握了诵读的基本方法,对文本的理解和情感的体悟也能达到一定高度。通过文献研究和课堂实践,我们总结出"四步走"的诵读教学范式。第一步,默诵。可以通过课前的抄写作业落实。第二步,朗诵。可以先让学生在座位上小声读,再请学生单独朗诵。此时,学生往往达不到要求。读完之后,让学生点评,师生结合诗人创作风格讨论怎样读才能把这首诗的味道读出来,初步体会情感。第三步,吟诵。教师或者请班里朗诵较好的学生来示范。最好能找到合适的配乐渲染氛围、烘托情感。第四步,背诵。指示学生把情感投入背诵之中,将诗变成自己的语言。可以用评比的形式请几位同学分别背诵,比一比谁背得更好。

在进行诵读教学时要注意以下几个方面:首先,要注意老师讲解与学生诵读的有机结合。边读边讲边体会,才能读出情感,读出美感。老师可以在教师讲解或者学生回答对某一句、某一段的理解之后,让学生再读一遍来表达自己的感受。

其次,要注意文体的区分。文言是完全脱离口语的书面语言,所以读古诗文要用抑扬顿挫的语调才能读出韵味。其中根据作品风格的不同适当调整音高和语速。如读《天时不如地利》的排比句时应该音调渐高,语速渐快,而读《声声慢》时则应声音低,语速慢。

诵读教学中,教师应当从教学目标出发,将文本的诵读细分为几个阶段,每个阶段设定具体的小目标,从而让学生的诵读循序渐进,明确每个阶段要完成到什么程度,有具体改进的方向,不只是为了读而读。本研究的方法适用于日常古诗文教学,帮助教师丰富诵读教学的形式,从而达到更好的教学效果。

六、研究意义与后续思考

汉语的表达有很强的韵律感和节奏感,唐诗宋词,议论文赋,只有在诵读中、在流畅的声音里才能更好地感觉出那种抑扬顿挫的节奏,才能更好地感觉作者表达的准确、生动、贴切入心。因此诵读对于学生而言不仅仅是课堂上形式化的步骤,更是打开古诗文之美的一把钥匙。

笔者团队将课内学习和课后创作与朗诵展示结合在一起。在古诗创作的过程中,学生进一步熟悉了古诗的结构策略,从构思、造境、布局中深化对古诗的理解与欣赏能力,并在创作中实践与传承。在朗诵展示的环节,学生根据所选诗歌的内容与时代背景,精心准备音乐和服装,某种程度上也是对于作品的一种再创造。通过学生富有表现力的演绎,将诵读的魅力渗透到每个人的心中。

在研究过程中我们发现有以下一些不足之处:

(1)诵读的内容比较狭隘。目前进行诵读的篇目仅仅局限在语文书中的诗歌和古文。针对这一问题,应当尝试扩充内容,从而将教育渗透进生活,而不只是停留在课堂。

(2)理论与实践联系不够紧密。在实际教学过程中往往受制于时间,或者是课堂中的不可预测性,使得诵读教学的落实较为仓促、生硬。如何根据实际情况灵活运用是今后需要进一步思考完善的。

(3)配套的辅助方式有待完善。比如适当的音乐和道具可以极大提升诵读的表现力,激发学生兴趣,然而在实际教学中音乐的搜集、道具的设计等缺少方法和借鉴。如果后续能够建立相应的资料库,可以为诵读环节增色不少。

(4)后续在进行了一段时间的教育尝试后应当再进行一次问卷调查,与第一次进行数据比对,能够更为直观地体现教学落实的成效。

因此本研究将继续随着日常教学进行下去,将研究的范围覆盖整个初中语文学习学段,多积累课例,完善配套辅助素材库,不断探索与时俱进的教学新模式。在提升教师诵读教学技能的同时,帮助学生走近古诗文,拥抱古诗文,牢牢掌握民族根基,在全球化的时代浪潮中彰显中华民族的深厚底蕴与丰富内涵。

参考文献

[1] 孙兆春. 新课程背景下中学文言文诵读教学研究[D]. 上海师范大学,2017

［2］郑梅.初中语文课堂朗读指导及评价策略研究［D］.南京师范大学,2015

［3］童志斌.文言文课程目标与内容研究［D］.上海师范大学,2014

［4］周蕾.中学文言文诵读教学课例研究［D］.河北师范大学,2012

［5］郭冉.新课程背景下的初中语文诵读教学研究［D］.东北师范大学,2009

［6］邓美娟.论中学文言文诵读教学［D］.江西师范大学,2005

［7］杨静.初中文言文诵读教学的课例研究［D］.新疆师范大学,2016

［8］张心科.论诵读的内涵、意义及要求［J］.教育学报,2009：(5)

初中科技特色微生物实验课程初探

■上海市民办华育中学　靳桂英　曹惠洁

摘　要： 微生物这门学科具有较强的理论性和实践性,在初中学段并不开设该学科的背景下(只在初二第五章略作介绍),结合本校学生学有余力、兴趣浓厚的实际情况,以学校组建的微生物实验室为平台,本组从基本的理论知识、基础的实验技术和简单的课题探究三个方面,进行了初中科技特色微生物实验课程的初步探索。旨在提高学生探究能力,为初中微生物特色教学提供一种思路。

关键词： 微生物　科技特色　课题探究

科学探究是科学学科核心素养四要素之一,它是一个过程,是一种学习方式和科学研究的方式,是一种学习科学观念、发展科学思维、形成科学态度的手段和途径,同时也是一种综合的、解决实际问题的能力,是科学学科核心素养中核心的一环。教师应利用实验开展探究性教学,提高科学教学的探索性,体现科学探究的本质,促进学生对科学本质的理解[1]。在这方面,学校给学生和教师提供了优秀的平台,2014 年 9 月本校组建校级的 STEM 科技教育团队,开始校本 STEM 课程开发。截至目前,建成了包括微生物在内的8 个实验室,结合所学专业,本组进行了初中科技特色微生物实验课程的初步探索。

(一) 校本 STEM 课程微生物实验室简介

2014 年 9 月本校组建校级的 STEM 科技教育团队,开始校本 STEM 课程开发。截至目前,建成了微生物、植物生理、环境监测、无人机、计算机等多个实验室,实验条件逐步完善,实验室趋于标准化。形成了电子工程、3D 打印、微生物研究、植物生理学等 8 类不同类别的研究型课程。

在学校 STEM 课程的微生物方向,由于刚接触这块内容的预初年级学生年纪较小,基本没有进入标准实验室进行系统学习的经历,微生物方向的理论储备及实验技术都很陌生,开展课题研究之前,需要接受系统的培训。

为保证学生的学习效率和被辅导的概率,确定实验室容纳人数为 12 人,以学生自主选择为基础,后面可根据学生的兴趣及研究进展再做调整,确定人员。12 人中,根据自由组合,可独立或者分组展开课题研究。

整个培养流程分为三部分。第一部分为基本的理论知识介绍:包括微生物的定义,微生物的分类,常见微生物的培养、应用及危害。第二部分为基本实验技术的学习及练习:包括培养基的配制、灭菌;培养基的分装技术(倒平板、倒斜面和划线法)。第三部分为课题的展开:包括确定课题题目,教授常用的查阅文献方法,讨论课题的可行性,设计实验,开展实验,获取实验数据,撰写论文。

(二) 无菌理念和无菌技术——基本理念的确立

微生物学实验的实验对象一般是活的细菌、真菌,而且大多数是致病菌、病原菌或条件致病菌,如金黄色葡萄球菌、黑曲霉是标准的致病菌。因此为了自身的安全,一定要树立无菌观念,进行无菌操作,以免实验室感染及污染[2]。为保证学生的安全,我们实验室初期教学使用的均为大肠杆菌。另外,为了排除环境中杂菌对实验结果的干扰,培养基的分装、菌种接种、分离、抑菌等环节也都要在无菌条件下进行。

无菌指的是没有活的微生物存在的状态。为了达到无菌状态而采用的防止微生物进入无菌范围造成污染的操作技术称为无菌操作技术。无菌操作技术强调几个方面:① 无菌环境。无菌环境是相对的,一般情况可以在酒精灯周围局限的无菌环境下进行操作。另外实验室有专门的超净工作台,可用于进行对环境要求更高的实验。② 无菌设备。包括实验设备、操作台等都要求达到无菌状态。无菌工作台要进行标准的消毒管理。利用高压蒸汽灭菌、酒精消毒等方法对玻璃器皿、培养基和缓冲液进行灭菌消毒。[3]无菌操作是保障实验室安全运转的行为规范,必须严格遵守执行,避免实验室感染或污染事故的发生[4]。

（三）理论知识和实验技术——基础能力的培养

以无菌理念下的培养基分装技术——倒平板这节课为例。

课程开始，先明确本次实验课每位同学的任务，通过上次课讲到的配制培养基的过程，进行高压蒸汽灭菌，第一次把无菌理念引入课堂；接下来通过问题设置，层层深入，启发学生依次提到了无菌的器具、无菌的操作，然后进行总结，这些都是为了达到无菌状态的无菌技术。接着，为了讲清楚操作过程中应该注意的细节，招募志愿者进行模拟操作，其他学生观察，寻找问题，总结错误操作，视频演示初学者易出问题，学生依次总结操作注意事项，再次强化。最后，学生进行练习，掌握操作基本要领后，进行倒平板操作。期间，教师巡视，进行点评指导。操作结束后，学生分享刚才操作中出现的问题，再次强调无菌理念。

整堂课的教学设计理念，秉承以学生为主，强调学生积极主动地参与课堂，充分经历知识的生成、发展与应用的过程，在这个过程中掌握知识，形成技能。在整个教学活动中，让学生真正成为学习的主人，教师作为学习的组织者与引导者出现。

（四）开展课题研究——运用知识发现、解决问题能力的培养

掌握了基础知识和基本概念，接下来是学生运用知识、解决问题能力的培养。通过学生自己发现问题，尝试探究、解决问题，最终完成一个完整的课题。这对于初中生来说是一种挑战，也是一种难能可贵的经历。可以培养学生严谨的科学思维，培养学生统筹安排的能力。

如何进行选题？

爱因斯坦曾经说过，"发现问题比解决问题更重要"。有了一个有趣的问题，一个课题就成功了一半。作为初中生，受实验室设备的先进程度及学生知识丰富程度所限，课业压力又较大，可以用来做探究的时间非常有限，所以课题新颖性和潜在的实用性是我们主要考虑的突破点。

选题主要依靠学生平时保持一颗好奇心、敏锐的观察力，结合生活实际，自己生活中遇到的困扰和学校生活中的方方面面进行挖掘。比如有学生想到奶奶家住在江南一带的山区，空气湿度大，放在衣柜里的衣服到了梅雨季节经常会出现霉斑，奶奶会在衣柜中放置樟脑丸。但是查阅文献发现，市面上售卖的樟脑丸对身体有害，于是做了樟脑丸的无毒替代物的研究；有的学

生因为自己饮食习惯不好,患了龋齿,长期为牙痛所累,他想要一探究竟,于是做了薄荷醇对变形链球菌抑制效果研究;有的学生因为小学同学患有鼻炎,想到研究引起鼻炎的原因,查阅资料,结合实验室现有条件,决定研究真菌性鼻窦炎主要的致病菌黑曲霉;小尤去乡下外婆家时,看到腐败的枯树枝上长出了蘑菇,想到了城市落叶是不是也可以用来养蘑菇呢?于是他做了基于植物废弃物生长的食用菌对其效能提升作用的探究。诸如此类,不再一一列举。

如何开展课题?

找到要解决的问题,接下来就要提高学生解决问题的能力。这时,老师的角色更多的是提供技术支持:比如确定了要探究的问题,需要查阅资料,我们会开设专门的课程,讲解文献的查阅、下载和使用的方法。辅导学生进行实验结果的分析、实验数据的处理以及论文的撰写。学生根据自己的情况,设计实验方案,安排实验进度。比如之前提到的小金同学做的 3 种药材对黑曲霉的抑制作用的研究,得到如下结果:

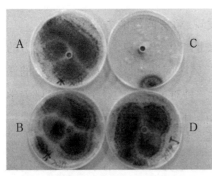

图 1 三种药材对黑曲霉的抑制作用
对照组:A. 无菌水
实验组:B. 黄芩 C. 黄连 D. 丁香

结果:黄芩、丁香、对照组均未出现明显的抑菌圈,黄连培养皿黑曲霉的生长受到了抑制(图 1)。黄连明显抑制了黑曲霉的生长。但是黄连的培养皿中出现了大量杂菌。小金同学得出了实验结论:黄芩和丁香对黑曲霉的生长基本没有抑制作用,黄连对黑曲霉的生长有明显的抑制作用。

如果学生的探究就此结束,这可以说是一个相对完整的小课题了。难能可贵的是,小金同学并没有就此满足,而是进行了更加深入的思考。结合老师讲过的无菌理念,联想自己制取黄连提取液时并没有进行无菌操作,包括研磨用的研钵、离心管并没有进行灭菌。

所以他提出了问题:到底是黄连还是混入的杂菌对黑曲霉的生长产生了抑制作用?带着这个问题,小金同学设计了实验:

取 5 mL 黄连提取液,进行微管针筒过滤(孔径 25 微米),去除杂菌,再取两个牛津杯高温灭菌,在接种黑曲霉的培养基上置于中央,并使用移液枪分别取 100 微升无菌黄连和无菌水置于牛津杯中,在 37 摄氏度下培养 4 天(如图 2、图 3)。

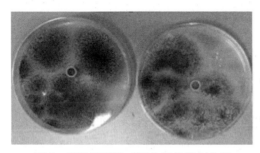

图 2　黄连(除菌)对黑曲霉的抑制作用
对照组:A. 无菌水
实验组:B. 黄连(除菌)

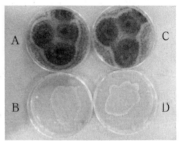

图 3　图 1 C 中的两种杂菌对
黑曲霉的抑制作用
对照组:A. 无菌水　C. 无菌水
实验组:B. 杂菌 1　D. 杂菌 2

结论:是混入的杂菌对黑曲霉有明显的抑制作用。

得到这样的实验结果,小金同学既兴奋又好奇,询问老师是否有办法知道这两种菌到底是什么菌呢? 老师提示,可以借助专业的测试机构进行测序,来确定两种菌的类型。关于测序的理论知识和原理,小金同学也很感兴趣,所以与老师一起找来相关资料,进行学习,以便能够看懂公司出具的检测报告。

杂菌的鉴定有了结果。经反复试验和鉴定,杂菌中的一株与拉乌尔菌有一定的相似度,另外一株与沙雷氏菌有很大的相似度。经实验证实,这两种杂菌对黑曲霉菌的抑制作用优于黄连。

目前小金同学又就这两种菌抑制黑曲霉的机制进行了研究,结果在收集中。

这时候老师的作用就变成了引导,更多的是把学习方法教给学生,学生真正成为了学习的主人。学生在发现问题、相互讨论、初步设计、进行实验、处理数据活动中建构概念,经历了从现象到图像、再到抽象的过程,提高了学生的自主探究能力,逐步培养学生乐于探究、严谨求实的学习态度[5]。另外,收集与处理信息的能力得到提升;能够更快更好地筛选到自己需要的信息;

能够分析问题,并设计实验合理解决问题;能够与他人交流自己的科学研究。

(五) 反思与展望

微生物课题研究过程漫长而烦琐,困难重重。选题方面,有的学生迟迟想不出好的研究方向,或者天马行空的想法根本没有可行性。针对这一状况,我们设置专门的选题课程,启发学生。有的学生好不容易开展了实验,课题开展走上了正轨,经过一两个月的实验,最后却得到了阴性的实验结果,他们面临的是重新开始新的课题而时间来不及的尴尬。这时及时的情绪疏解与细心关怀就变得非常必要。可以使得孩子不至于心理压力过大,学会正确地面对挫折。

此外我们课题辅导通常采用的是 10 人左右的活动小组,采用走班式的小班化课程教学模式,这是对传统课堂教学模式的改革,更加有助于打造高效课堂,有助于学生的个性发挥,展现教师的人文关怀,让其成为提升师生自信和成就的天地。这种教学模式也对常规教学如何能够提高课堂有效性、提升学生探究能力有所启发。

参考文献

[1] 阳红,胡韬,郭成. 贵州省高校教师幸福感与组织气氛工作倦怠的关系[J]. 中国学校卫生,2008:(6)

[2] 陈登宇,徐志本,郑庆委等. 注重细节讲解提高临床微生物学实验教学水平[J]. 齐齐哈尔医学院学报,2016:(15)

[3] 牙伟民. 无菌操作技术在食品微生物检验中的应用分析[J]. 医学检验,2018:18(56)

[4] 褚一凡,陈登宇,刘从森,郑庆委,管俊昌. 做好微生物学实验教学物品准备的几点体会[J]. 卫生职业教育,2018:(36)

[5] 周建秋. 促进学生核心素养发展的初中科学教学[J]. 现代中小学教育,2016:32(9)

初中亲情类散文以读促写模式的探究

■上海市民办华育中学　陈玉燕

　　摘　要：《初中语文新课标》的理念认为：语文教学实质上是一个学生不断读写听说的实践过程。学生在这些不断实践的过程中被熏陶与感染，进而不断锤炼、进步。教师在教学中不仅要引导学生对文本语言进行感知、理解、欣赏，更应引领学生读写结合。阅读教学作为语文教学的重要组成部分，其中亲情类的散文更是初中学生必读的重要类型。在学生们有限的阅历和生活中，亲情毋庸置疑是他们成长的根基，这份情感与生俱来，血脉相连，不以贫富贵贱而改变，不以个人喜好厌恶而取舍。在语文阅读中学会感知、理解亲情是十分重要的，而学会用语言文字记录亲情，表达对亲人的依恋和感激，同样是语文之路上必不可少的环节。因此，我们从亲情类散文入手进行以读促写的研究，来探索行之有效的课堂教学方法。

　　关键词：以读促写　亲情类散文　初中

一、研究的现状分析

　　从该课题研究现状来分析，国内外读写结合研究的成果与理论甚多。丁有宽老师在著述《丁有宽与读写导练》中最先提出了读写结合理论，认为"读写结合"深入认识与实践创立了新的"读写同步"教学体系。该体系主要以记叙文作为其写作主体，将语言训练作为写作训练核心，将培养自学自得作为其写作目标。此外，该教学体系的独有特征是单元分组教学。该理论不仅为后续读写研究奠定了扎实的基础，更是为后续相关研究提供了理论支持与借鉴。关于"以读促写"的观点文章还有很多，杜长明在《阅读是写作的孵化器》

一文中认为：写作基于阅读基础之上，阅读质量好坏可对写作深度与广度起着决定作用与影响，并将阅读与写作的内在关系进行了深入的剖析与揭示，这两者有如自行车的前后轮，写作在前，阅读居后，唯有后轮驱动，前轮方可不断突破。研究者马新民在《阅读是写作备考的起点》一文中对"读书破万卷，下笔如有神"这一言论进行了深入研究与剖析，对于如何读、怎么读、何时读等问题进行了研究。但这些论述与研究仅为理论研究，并未进行具体教学实践。

对于"以读促写"进行实践操作的研究也有不少，以下研究者对该课题实操方法、实施策略以及原则等方面都进行了探讨与研究。沙美莲在《挖掘文本习作资源，以读促写激发作文兴趣》（2009 年《教育科研论坛》第 11 期）一文中认为："以读促写"可通过仿写范文来进行提升，其仿写可从字词、句的方式来展开，也可从情感表达以及文章结尾等方式来进行，让学生更具表达兴趣与自信心。胡凌在《引导学生以读促写》（2010 年《语文教学与研究》第 20 期）一文中认为：学生在仿写过程中，老师可引导其从认知、体验、感悟等角度来展开仿写，并在进行仿写过程过程中要科学、合理地运用相关技巧与借法。此外，还要注意在仿写借鉴过程中要重视自主性、选择性以及探究性等原则。还有各种硕士论文对中学语文学习现状进行分析并提出相应的教学建议与对策。周梅在《高中生"以读促写"有效性的探索》（2008 年东北师范大学硕士论文）一文中认为：阅读之于写作，不仅有着基础的积累作用，还可有效培养学生鉴赏阅读能力与水平，通过积累的深厚文化底蕴结合其写作技巧，可有效实现"以读促写"教学目标。《新课改过程中读写一体化作文教学研究》（2009 年辽宁师范大学硕士论文）、《读写结合在初中语文教学中的实践和研究》（2009 年天津师范大学硕士论文）等文也对阅读和写作进行了有效结合，并在对其进行分析研究过程中提出了很多值得借鉴的写作技巧，找出了这两者间众多结合点，让"以读促写"理论框架得以更好地形成与完善。

二、研究的价值与目标

通过对初中语文亲情类散文以读促写的研究，探索有效的课堂教与学的方法，并形成相对成熟完善的亲情类散文教学体系，将读与写真正统一起来。

（一）拓宽学生们对亲情类散文的阅读量

通过选取课本外的优秀亲情类散文，如丰子恺《做父亲》、王安忆《话说父亲》等，指导学生有效阅读，对语言进行细致感受、揣摩、推敲，通过语言理解作品的思想、观点和感情，在此基础上做到眼到心到、入情入理，以情感体验来获得对文章的感悟。有人说：学以为耕，文以为获，读是基础，是先导，没有读的"耕耘"，就没有写的"收获"，所谓"读书破万卷，下笔如有神"。

（二）通过阅读引发共鸣，激发写作欲望

欣赏细腻生动的语言，体悟动人真挚的情感，在此基础上进一步引导学生调动自己的生活经历和情感体验，产生表达和记录的愿望。每个人的生活都是独一无二的诗篇，少年时代的记忆应该是格外鲜活而美好的，用温暖的文章记录下自己的亲情故事，不但是考试作文的需求，更是文学对心灵、对生活的安放。

（三）积累借鉴，灵活运用

在教师的引导和大量阅读的积累下，学生根据自己所要表达的思想内容，灵活地选用从阅读中学到的作者观察事物、分析事物、遣词造句、布局谋篇的恰当的表达方法。通过理解和表达两方面的引导，一个是吸收，一个是倾吐，二者是相互影响，相互促进的。学生通过阅读可增长不少知识，也就从中获得了表达的素材，这是表达内容的一个重要的间接来源。这样以读促写，以写带读，能收到相得益彰的教学效果。

三、研究的内容与策略

对于初中亲情类散文以读促写模式的探究，我们主要从以下这些方面逐步展开：

（一）用好教材美文

在语文教学中，教材无疑是最佳模板。通过对教材的有效活用，可让语文教学效率与效果事半功倍。在课堂上，由老师带领的对教材的精读，比如《背影》《爸爸的花儿落了》《小巷深处》等课文，重点圈划好词好句好段落，通过讲读引领学生去理解文章所写的故事情节，结合自身的实际体验去感悟文字背后的情感张力，从而建立起何谓具有真情实感的优秀亲情类文章的概念，同时也提升自己的感知能力。

（二）拓宽平时积累

无论是出口成章，还是下笔成文，都非一朝一夕之功，而是历经多年博览群书，不断积累扩展方可达到这一境界。为此，可结合所教课文的实际情况，汇编同类文章形成一个专题，作为学生的课外阅读训练，激发他们运用课内所学的读书方法和体会，去做更多的阅读赏析。作为辅助，还可以通过确定剪报、美文集萃等自主性作业的主题，让学生去自行寻找本专题下的同类优秀文章加以阅读和赏析，提高他们自主阅读的兴趣，培养精读的能力。

（三）加强仿写训练

1. 仿写句子训练

课文都是由一个个长句短句所组成。句子能够有效助力阅读教学活动的开展。通过仿写那些用词准确、生动形象的句子，可以让学生积累更多好词好句，进而有效提升其语言锤炼能力与水平。

2. 仿写段落训练

课文中有很多生动精彩的段落。这些段落不仅表现在课文的开头或是结尾，还有的是课文中对人物的肖像描写、动作描写、语言描写和心理描写，也可以是课文中的环境描写等。通过段落仿写训练，不仅可以让学生积累更多人物肖像、心理活动以及动作与对话和自然景物的词句描述，让学生的语言功底更加牢固丰厚；还可以让学生更好地掌握各种作文开头方法，不论是开门见山，还是直奔主题，都能信手拈来；不论是制造悬念、引人入胜，还是写景状物、渲染气氛，都能运用自如。此外，各种提出问题、引人深思的结尾方式或是戛然而止、引人回味等结题技巧也能在此过程中被不断锤炼、提升。

3. 仿写课文训练

从这一方面来分析，在模仿过程中，其实多是模仿课文立意、构思以及布局谋篇，同时，也会对文中的各种表现手法进行模仿，进而进行整文模仿创作。如学完《小巷深处》，即可进行题为《我应该谢谢他/她》的作文练习。

（四）注重扩写、续写训练

在进行扩写与续写训练过程中，一定要先将原文读懂、读透，或者在原文的结构框架中再进行故事情节转变进行续接，或者是将原文的结局当成续文的起点来展开新的情节发展与转变。另外，无论是扩写还是续写，无一不要发挥丰富的想象力，既要保持其真实生动性，又要保持其合乎情理性。扩写与续写在一致性方面还要重视其主要人物思想行为及其性格特点与语言特点的一致性,要确保与其原文风格一致。因此,扩写和续写能有效地将读与写统一起来,达到对学生的强化训练。同时,又因其趣味性和创造力,能激发起学生参与的热情,调动他们的主观性。

(五)加强读后感写作

学生在熟读课文的过程中,要对其内容和表达特点进行分析了解。老师在此基础上再对学生进行引导,让学生能够自主研讨、探究,进而对课文进行议论与评价,并就已理解透彻的课文撰写"读后感"或是"读书笔记"以此来抒发自己的所思所得,让学生能够养成评阅习惯,提升思维表达能力与思想认知能力。

(六)参与竞赛、比赛活动

通过各种朗诵比赛、作文竞赛以及征文比赛等活动,让学生能够进行自我展示,由此提升作文成就感与喜悦感,进而提升其写作兴趣与积极性。

阅读是吸收,作文是表达。写是一个经历严密逻辑思维的语言表达过程,在此过程中,教师要进行科学引导,让学生能够在课文中深入分析其读写内容,了解文中读写相互结合的内涵与信息。以"读"教"写",让学生从阅读中领悟写作基础功底,进而在写作中充分应运。通过这一方式来指导学生的写作,大面积提高作文教学成果与效率。

四、研究成效与成果

(一)学生学习能力得到培养

1. 提升学生写作兴趣与积极性,乐于习作

通过"初中亲情类散文以读促写模式的探究"这一课题的研究,可将读写进行紧密结合,以"读"教"写"、以"读"促"写",让写作不再绞尽脑汁,而是下笔有神。教师在进行写作训练过程中,必然要先对课文进行熟读,再基于写作视角对课文进行深刻解剖与挖掘,让学生从学习课文中掌握写作要领与基本功。因为前有课文借鉴,后有学习、阅读感悟思想,学生在写作过程中也就能够谈有技巧、思想,写有深度、神助。如此,学生写作能力、兴趣与自信心都会逐渐提升。

2. 拓展学生写作思路,善于组材

本文所研究的课题主要以课文为凭,从某一写作点出发,引导学生进行

写作模仿训练,再在"举一反三"深入拓展过程中培养学生创新发散性思维,有效拓展学生作文写作思路,提升其写作能力与水平。遇到任何作文题目,学生都能尽快地思考:作文该写什么内容?写作思路如何?如何进行人物塑造或设计什么样的故事情节?文中要体现何种思想感情?以何实例为证?等等。如此精推细酌,整个作文框架与脉络已然成型,并清晰在目。

3. 夯实学生写作功底,精于表达

本文所研究的课题主要从教材与阅读的角度来进行深挖细掘,让学生在亲情类课文中深刻了解感悟写作技巧与情感,让学生精推细酌,更好地揣摩赏析文字的丰富情感。通过研读课文,学生可感悟人生情感丰腴,之后再进行仿写、续写与扩写训练,不仅可以有效提升学生表达能力与思维能力,还可提升学生写作功底,让学生能够实现"侃侃而谈、下笔如神"之境界。

在本课题开展的一年多时间中,我校学生作为教学成果取得了可喜的成绩,学生作文水平得到了不断提升。比如说,在最近的上海市初中作文竞赛区赛中,我校有 15 位同学获得了一等奖,18 位同学获得了二等奖,12 位同学获得了三等奖。我校 2018 届学生在中考以及一模二模中,作文成绩也是遥遥领先。同时,我们收集优秀学生习作,即将编辑出版《青青园中葵》学生佳作选。

(二)教师整体素质得到提升

1. 苦乐皆有,丰富教师精神内涵

在"初中亲情类散文以读促写模式的探究"这一课题的研究过程中,课题组所有老师都付出了辛勤的汗水与精力。在一次次资料查找的埋头苦思下,在一个个研讨备课深夜中,课题组老师深入解读各组教材,设计总结读写教案与课程。看着学生们一次次有所提升的作文,老师们的批阅越来越喜悦,那些构思巧妙与字字珠玑的作文让老师们备感欣慰与喜悦。老师们在忙碌中感受充实,在研究中感受进步,在课题突破中感受成功的喜悦。本次课题研究不仅是老师们的思想锤炼与意志坚持,更是老师们精神升华的阶梯。

2. 读写兼具,提升教师教材使用水平与能力

本课题研究主要对语文教材相关的隐性功能进行深挖细掘,让学生在阅读中掌握写作技巧,实现读写兼具、互助互补。让过往读写分离问题被逐渐解决,实现"读中悟写、读中导写、以读促写和以写促读"这一全新教学目标。

不仅要做到"寓写于读",更要做到"一课两用",实现教材资源的最大限度运用。通过本次课题研究,所有组员老师的教材独立分析能力与处理、研究水平都有了很大的提升,在教材运用过程中更为娴熟自如。

3. 教研结合,提升教师校本教研意识

本课题属于实践类课题,其运用的是行动研究法。通过这一行动研究,可有效解决教师在实际教学过程中遇到的相关问题,研究与工作两不误。教师们在此次课题研究过程中,不仅找到了最好的读写迁移训练结合点与方法,更是能够更好地促进读写结合,有效提升其读写能力与水平。但是,本文也提出了读写过程中存在的一些问题,比如"优差生发展不均衡""理论积淀不够深厚""没有走出前人研究的窠臼"等。由此可见,教师们在进行教学过程中,校本意识与科研能力都在不断提升。

五、结论

在对初中语文亲情类散文以读促写的研究中,我们通过用好教材美文、拓宽平时积累、加强仿写训练,注重扩写、续写训练,加强读后感写作、开展征文活动等一系列策略,使学生的阅读写作能力得到了提高,教师的整体素质有了质的飞跃,教学目标得到了较好的实现。

虽然研究成果可喜,但研究中也存在一定的问题,在今后的教学实践与研究过程中,我们要不断反思、改进,努力打破前人传统研究的桎梏,提升研究创新思维与能力。我们不仅要强化理论知识,不断学习创新,研究课题还要延伸到人物、景物以及状物等方面的写作,进而让"以读教写、以读促写"得到更好的体现。

参考文献

[1] 丁有宽. 丁有宽与读写导练[M]. 北京师范大学出版社,2006

[2] 蒋蔚芳. 读写链研探[M]. 上海社会科学院出版社,2009

[3] 尹玲. 新课程初中作文"以读促写"的新思考[J]. 南通大学学报,2010:26(1)

[4] 马新民. 阅读是写作备考的起点[J]. 语文教学与研究,2006:(3)

[5] 杜长明. 阅读是写作的孵化器[J]. 语文教学与研究,2005:(6)

[6] 谢薇娜. 谈阅读与写作的交融性[J]. 西安外国语学院学报,1994:(4)

初中音乐课激发学生兴趣，提高课堂有效性的探讨

■上海市民办华育中学　颜海涛

摘　要： 音乐课程作为初中阶段的一门常规性课程，是培养学生音乐素养的主要阵地。在初中音乐课堂中，需要通过合理的手段激发学生兴趣，提高课堂有效性。对此，本文首先分析了当前初中音乐课教学存在的普遍性问题，然后分析了激发学生兴趣的教学价值，最后提出了激发学生兴趣的可行手段，希望可以和广大初中音乐教师一起探讨。

关键词： 初中音乐　学习兴趣　价值　可行手段

随着素质教育的不断深入，音乐课程的重要性也不断提高，但是从目前的教学实际来讲，学生兴趣不高还是比较明显的，而且是一个普遍性的问题。对于音乐教学而言，需要认清这背后的根本原因，找到合理可行的方法，对音乐教学进行创新优化，将学生的学习兴趣充分激发起来。

（一）当前初中音乐教学存在的普遍性问题

从目前的教学实情来看，在初中音乐教学中存在一些普遍性的问题，让学生对音乐课缺少兴趣，阻碍了课堂学习有效性。具体而言这些问题表现在以下几个方面。

1. 教学方法单一缺少趣味性

教学方法就是开展音乐教学的具体路径，不少教师在音乐课堂教学时都只有一两种方法，导致音乐课堂长时间处在同一模式之中。久而久之，学生对于这种教学模式就会产生枯燥感，学习的兴趣也会不断降低，这就使得音乐教学的效率逐渐降低，对学生的音乐素养培养作用逐步下滑。

2. 教学活动不够立体化

在教育事业不断发展的背景下，立体化的教学课堂已经成为一大趋势。教师应借助信息技术和新媒体，打造立体化的教学模式，让学生沉浸到课堂中，实现可视化的教学。然而目前的音乐教学还不够立体化，学生对于相关音乐知识的认知、技能的学习、情感的体验存在一定的难度，这样就会使得学生的学习兴趣下滑。

3. 教学互动有所不足

互动是教学活动中不可忽视的重要元素，良好的互动不仅可以加强学生对相关知识的理解，还可以优化教学氛围，营造一种积极向上的学习气氛，从而让学生在这种氛围中表现出强烈的学习兴趣。但是，目前音乐课堂中的教学互动还有所不足，需要进一步加强。

4. 教学评价流于传统

音乐教学也需要展开教学评价。评价能帮助学生了解自己的学习结果，对之后的学习做出相应的调整。但是目前的评价方式流于传统，对所有学生都是进行同样的考核，忽视了学生差异和原有能力上的提高，这就导致部分学生的学习兴趣不高。

(二) 激发学生兴趣的重要意义

之所以要在教学中激发学生的兴趣，是因为这具有很高的教学价值，一定要对此形成清楚的认识。

1. 激发学生兴趣，提高学生的课堂参与度

课堂参与度就是指学生在课堂上参与教学的程度，有的学生从头到尾都专心致志，跟随教师的节奏认真听讲，这样的参与度就很高。而有的学生兴趣缺失不时开小差，这样的参与度就比较低，对于相关知识的掌握自然就会存在问题。激发学生的学习兴趣，可以让学生把精力都集中到课堂上来，跟随教师的步伐展开学习，在课堂上有效参与。

2. 激发学生兴趣，活跃课堂氛围，营造良好教学环境

对于未知的知识，学生的兴趣越高，那么就越想了解，在课堂上就会非常积极。如此一来，便可以让课堂呈现出一种积极活跃的氛围。比如在教学某些乐器的时候，教师通过引入学生喜爱的电视剧或是卡通动画等进行讲解，这样便可以大大激发学生的兴趣，勾起学生求知的欲望。

3. 激发学生兴趣,提高学习主动性,使教学活动更加顺畅

从目前的教学活动来讲,在音乐课堂上,学生的学习主动性并不强,主要是依靠教师对相关知识和技能进行讲解,教学活动不轻松,而且效果也不好。将学生的兴趣激发起来,可以促使学生进行主动性的学习,学生的主观能动性一旦调动起来,不光可以改善课堂氛围,更利于学生创造性的激发,可以有更多空间进行教学活动的创新优化,从而不断提高音乐教学的效果。

(三)初中音乐激发学生兴趣的可行策略

激发学生兴趣具有多方面的积极作用。对于初中音乐教学而言,要认清当前存在的教学问题,找到合理的方法激发学生兴趣,让初中音乐教学呈现出全新的面貌。

1. 借鉴和运用三大音乐教学法提升音乐教学趣味

对于教学方法单一的问题,可以在初中音乐课堂中根据课堂内容,结合奥尔夫教学法中的律动、声势等,设计趣味游戏进行教学,通过游戏激发学生的学习兴趣。初中阶段的学生,本身也具有很高的游戏兴趣,借助趣味游戏构建音乐课堂,不仅符合学生的心理特点,也让教学活动更加开放化。比如,在"非洲旷野的回响"单元,《古道驼铃》的固定节奏可以通过声势游戏来展现。在"银屏飞出的旋律"单元,可以设置"听一听,猜一猜"等游戏,教师课前准备好一些耳熟能详的影视剧歌曲或者主题曲的部分旋律在课堂上进行播放,让学生聆听旋律,猜一猜是哪首歌曲,对于猜对最多的学生,可以给予一定的小奖励。再比如"五光十色的音乐画笔"单元,在欣赏印象派作品时,学生可以在课堂上根据自己的理解画出对应的画面。在课后环节,也可以开设一些音乐游戏,实现课堂的拓展和丰富,让学生的兴趣得到保持。借助趣味游戏,从课前导入到课后拓展,构建起一个全程化的趣味游戏教学模式,如此可以大大提高学生的学习兴趣。

2. 构建多元化课堂体验、多角度艺术视野,激发学生兴趣

音乐教育常以情感体验和想象联想作为审美的主要途径,以技能技巧的传授作为审美的工具,音乐教育使人在愉悦中学习,提高艺术审美能力。中学音乐教学的领域很广,包含有"感受与鉴赏",主要包括对音乐表现要素、音乐情绪与情感、音乐体裁与形式、音乐风格与流派的感受与鉴赏;"表现",主要包括演唱、演奏、综合性艺术表演、识读乐谱;"音乐创造",包括探索音响与

音乐、即兴创造、创作实践；"音乐与相关文化"，包括对音乐与社会生活、音乐与姊妹艺术、音乐与艺术之外的其他学科等相关文化的学习。因此，音乐课堂的教育教学必须具备人文性、审美性、实践性、多元性、工具性。比如，笔者在公开课《兄弟民族的歌舞音乐》中，以《竹竿舞》为例，尝试多维度多角度地激发学生对于少数民族的乐与舞的学习兴趣，收获了较好的效果：用歌唱的方式听唱竹竿舞的旋律，用身势拍击敲竹杠的节奏，在学习并实践竹竿舞的舞步中体验黎族音乐热闹欢腾载歌载舞的音乐风格，用小组合作的方式探究和创编《竹竿舞》中竹竿的排列还有哪些不同的造型可以尝试、舞步还可以有哪些变化，等等。从黎族竹竿舞的演变，对比不同的少数民族竹竿舞的呈现方式，了解少数民族的音乐舞蹈如何来展现他们的民俗风情，从而把握音乐的文化语境。学生在初中的音乐课堂中不仅仅是知识的学习和积累，更有技能的掌握、情感的体验、审美能力的提升。构建多元化课堂体验，多角度开拓学生艺术视野，能够激发学生兴趣，提升课堂的有效性，让学生的课堂学习进入一个良性循环。

3. 构建立体化课堂激发学生兴趣

现如今教育技术和媒体技术的不断发展，给立体化课堂的构建创造了良好的条件。要在初中音乐教学中对学生的兴趣进行激发，那么就可以借助新媒体构建立体化的课堂，给学生创造立体化的学习环境。例如，可以借助多媒体演示，对歌唱技法、乐器的演奏激发等进行呈现，让学生通过多媒体了解相关的知识要点。又如，现如今网络直播、小视频等新媒体形式发展非常火热，初中生在日常生活中也对这些新媒体形式有所了解，所以可以借助新媒体导入多媒体素材。在初中音乐教学中适当引入这方面的素材，给学生创造不一样的学习感受。另外，还可以借助微课构建翻转课堂，让学生转变为教学活动的主体，体现出学习本位，让学生的主观能动性彻底发挥出来。

4. 加强课堂教学中的互动交流

要想初中音乐教学激发学生的兴趣，那么就还需要做好互动交流，让学生在课堂中积极展现自己，并且获得肯定与鼓励，从而实现自身学习兴趣的提高。因此，对于教师而言，就需要在课堂中创设互动交流的有效环节。比如，可以在课堂中开辟一个"对歌"的环节，让学生分成不同的小组，教师设定一些条件，让每个小组轮流演唱，看哪个小组能够坚持到最后。这样的"对歌"环节,不同小组之间就实现了交互。再比如,上课时进行小组成员互换,也就是每次教学不同小组之间随机交换成员,这样也就可以加强学生之间的互动,让学生每堂课都有不同的搭档,激发学生的兴趣。除了学生之间的互动,还需要关注教师和学生的互动,在各种音乐游戏中,教师也要参与其中,和学生一起游戏,这样才能实现师生有效互动。

5. 个性化评价激发学生兴趣

除了在教学的层面激发学生的兴趣之外,还需要从评价的角度激发学生兴趣。需要结合学生之间的个体差异,构建个性化的评价模式,激发学生的学习兴趣,并且推动学生的个性化发展。比如,评价可以从乐曲、演唱等不同方面切入,具体的评价内容,可以先由学生自己提供评价思路,然后教师做出适当的调整即可。构建个性化的评价体系,可以大大提升学生的学习兴趣。

(四)结语

在初中音乐教学中,教师需要认清当前教学活动中存在的不足,理解激发学生学习兴趣的重要价值,然后从趣味游戏、立体化课堂、互动交流以及个性化评价等方面出发,构建多元化课堂体验,多角度开拓学生艺术视野,切实激发学生兴趣,提高课堂有效性。

参考文献

[1] 李泠萱.寻找兴趣点进入音乐学习之门——初中音乐兴趣教学初探[J].中国文艺家,2018:(1)

[2] 潘桂梅.农村初中音乐教学中如何有效激发学生的学习兴趣[J].考试周刊,2018:(8)

[3] 马红梅.提升中学生音乐学习兴趣的方法和措施[J].青春岁月,2018:(5)

[4] 陈蓉.音乐教学法教程[M].上海音乐学院出版社,2013

[5] 罗炜.新版课程标准解析与教学指导艺术[M].北京师范大学出版社,2013

初中英语课堂教学中情感目标的设定与提炼

■上海市民办华育中学　俞伟红　蔡媛婷　邓蓓静　栾敏　刘艳

　　摘　要：本文根据初中英语(牛津上海版)全册23个模块、66个单元内容特点,对其中的情感态度价值观目标进行细化,同时介绍细化后的情感态度价值观目标如何在课堂上实现的策略和做法。全文共分为五个章节,第一章是联系生活、探究尝试:日常生活情境如饮食、自然环境、行为习惯、规章制度等;第二章是理解他人情感:与朋友、亲人等人际关系;第三章是英文读物:各类英文文体读本;第四章是祖国文化;第五章是异国文化。每章节针对模块特点结合课本案例,分析情感态度价值观目标设定与提炼原则。

　　关键词：初中英语　课堂教学　情感　态度　价值观

第一章　联系生活、探究尝试

(一)"联系生活、探究尝试"模块特点

1. 模块核心价值

从传统的英语教学来看,教师更重视教学的认知,而常忽略学生的情感领域,其结果往往是使得英语这门情感丰富的学科变成了单调乏味的知识性的达标过程,英语教学多社会功能被掩盖。因此应在注重认知目标的基础上,科学地设定教学中的情感目标,从课本的文本内容和根据教学目的创设教学情境,来提炼教学的情感目标。

本模块的核心价值是帮助学生在学习英语这门工具学科的同时,能够联

系生活、探究尝试，包括日常生活情境如个人变化成长、饮食、自然环境、规章制度、社会生活、科学常识。

2. 模块功能定位及情感态度价值观目标

"联系生活、探究尝试"模块的功能定位是：从初中生的认知水平和生活实际出发，围绕成长中的我、我与他人、我与集体、国家和社会等关系，整合道德、心理健康、法律和国情教育等内容。

"联系生活、探究尝试"模块的情感态度价值观目标是：帮助学生了解身边人和事物，建立社会规则意识；帮助学生了解自然环境的现状，建立保护未来自然环境的目标；培养学生了解健康的食物和饮食习惯，渗透生命教育；引导学生建立开放包容的思想，初步激发他们探究社会现象，建立主动承担社会责任的思想。让学生在学习个人成长变化过程中，体会父母和师长的不易，建立自尊自爱的人生观和以感恩他人为核心的正确价值观。

3. 模块构建逻辑

本模块以"联系生活、探究尝试"为中心，以联系学生的日常生活为背景，立足探究和尝试学生的个人变化和成长，围绕日常饮食、自然环境、规章制度、社会生活、科学常识等要素解析其各自作用和价值取向，由此提供丰富多样的知识，并从中引申出相关的情感态度价值观。

4. 模块基本内容

确立情感目标的认知内容，根据英语知识对激发学生不同情感的作用来划分，本模块"联系生活、探究尝试"向学生渗透和输入的价值观和情感目标为以下 6 个分类：

(1) 饮食类：学生热爱生命，健康生活；

(2) 自然环境：学生亲近自然，爱护环境，珍惜资源；

(3) 规章制度：学生尊重规则，尊重权利；

(4) 个人变化成长：学生自尊自信，感恩父母；

(5) 社会生活：学生热爱集体，具有责任感、竞争意识、团结合作和奉献精神，热爱社会主义祖国；

(6) 科学常识：学生热爱科学，勇于创新。

注重学生的情感体验和实践。教学情感目标中无论是热爱生命、孝顺父母、保护环境，还是尊重法律、热爱集体，具有责任感、竞争意识、团结合作和奉献精神等,都需要学生的独立思考和生活体验,需要在教学中不断创造条件促进学生的实践,丰富他们的情感体验,感悟和理解社会的思想道德价值要求,逐步形成正确的道德观和良好的行为习惯。

同时,要注意学生的自主学习。学生只有主动地对教材所涉及的方方面面内容进行探究,才能与老师上课所提到的问题产生共鸣,并在经过自觉的加工组织后,最终升华至健康积极的价值观层面。

(二)"联系生活、探究尝试"模块情感态度价值观目标的设定与提炼

激发学生了解联系生活、探究尝试的兴趣,发挥学生积极性,促进学生对联系生活、探究尝试的学习。

语言学家 S. 皮特·科德认为:"学习第二语言对于学生来说就是在做着准备,以便为了一定的目的,以一定的身份,在一定的场合中使用所学语言。"初中生年龄小,活泼好动,影响他们进入学习状态的因素更是多种多样。要保证他们在课堂上始终保持昂扬、奋发、进取的心理状态,教师在教学中把课堂设置成"一定的场合"(情景),让学生拥有"一定的身份"(角色),来达到"一定的目的"(教学)。实际上就是在复制生活,给学生所营造的就是一个生活化的氛围,让学生能沉浸于其中。与此同时,学生也能在这样的氛围里联系生活、探究尝试牛津英语是"以学生为主体,以学生为中心"的教学原则指导下展开课堂教学的。在教学过程中学生始终是教学活动的参与者。牛津英语在教学中给学生创设出生活化的情景来,学生在老师的指导下也能为课堂教学创设情景。因此,教师在设定与提炼情感目标时,除了在课堂中模拟生活情景外,还可以把课堂教学进行延伸,把学生直接定位在生活实景中进行。这种原汁原味的生活实践,给学生身临其境的真实感,在完成真实生活任务的同时,他们进行语言的操练和交流,从而达到教学目的。与此同时,学生也将得到 份真实的生活体验,在教学目标的评价中更可以达到情感目标的落实。

学生的高矮胖瘦、兴趣爱好、个人资料、家庭情况、亲戚朋友、生活经历都是可以拿来在课堂中和同学们进行分享的内容。这些都可以是设定和提炼情感目标的素材。以下分别以 4 篇课文教学的情感目标设计来介绍如何进行社会生活、饮食、个人成长变化、自然环境这四个细化的类目情感目标的设定和提炼。

【例1】 **《牛津英语》6A**

U6 Going to school：Travelling time to school；The way to school(让我们去学校)。可设定情感目标为社会生活类。设计通过让某个学生来介绍自己是如何从家到学校来为教学创设情景，其他学生根据他的介绍为他出主意，帮他找到一条既经济又省时的上学路线。还可以从学生的上学路线回忆观察到的人与事物等社会生活的现象，提炼本课的情感目标：关心身边的人和事，初步探究社会现象。

【例2】 **《牛津英语》6A**

U10 Healthy eating：Good diets and bad diets(好的饮食或坏的饮食)，设定的情感目标为饮食类。设计请一胖一瘦两个同学分别介绍 What have I eaten this week？(我本周的饮食情况)让全班同学从他们的介绍中联系生活，探究现在社会上对于青少年肥胖这一健康问题的研究意义，从而达到情感目标：希望学生学会健康饮食和健康的生活方式。

【例3】 **《牛津英语》6A**

U4 What would you like to be？(你的职业理想是什么?)设定的情感目标为个人变化成长类。如果设计一个个人理想介绍会，可以由学生们依此介绍自己的理想。除了课文中所讨论的 Job 职业外，还可引申为学生如何在社会角色中担当社会责任。牛津英语教材中提供了大量适合这个年龄层次的学生所喜欢的内容。这些内容又都是学生们所熟知的。学生将会非常乐意在课堂中介绍自己的情况，倾听他人的经历。它们使学生在课堂中自己创设情景成为可能。

【例4】 **《牛津英语》6B**

U9 Sea water and rain water：How can we save water。讨论的课题是如何节约用水。设定的情感目标为自然环境类。设计 "Our promise to save water at school"(我们承诺在学校节约用水)的活动，让学生分组为如何在学校不同场所节约用水献计献策，根据各组的情况写一份"Our promise"(我们的承诺)，并且每位同学签上名表示将信守诺言，并作为班级宣言张贴。这样把课堂教学延伸到实际生活中，使教学活动更具有现实意义，更能激发起学生的参与意识和学习兴趣，

因此，在设定和提炼情感目标时，教师要首先考虑设计学生将会置身于什么样的真实讨论话题上，什么样的课堂活动可以进一步使教师能够提炼本

课的情感目标,使学生获得本课的情感目标的落实。这样学生在参与课堂教学时将会使用英语进行交流、写作,甚至思考,他们这样做并非是因为教师要求他们在规定的时间里说多少英语,而是为了完成真实的生活任务,更能让学生体会所做事情的社会意义和自己的个人价值,在这些生活事件的驱动下学生的学习将变得意义深远起来。

第二章　理解他人情感

(一)"理解他人情感"模块特点

1. 模块核心价值

本模块的核心价值是帮助学生学会理解他人情感,即具有"同理心",亦即设身处地地对他人的情绪和情感的认知性的觉知、把握与理解。通过培养情绪自控、换位思考、倾听能力以及表达尊重等与情商相关的方面来达到理解他人情感的目的。

2. 模块功能定位及情感态度价值观目标

"理解他人情感"模块的功能定位是:帮助学生学会理解他人情感,设身处地地对他人的情绪和情感的认知性的觉知、把握与理解。

"理解他人情感"模块的情感态度价值观目标是:帮助学生了解理解他人情感的重要性;帮助学生学会如何培养"同理心";培养学生学会换位思考、共情,指站在对方立场设身处地思考的一种方式。让学生在人际交往过程中,能够体会他人的情绪和想法、理解他人的立场和感受,并站在他人的角度思考和处理问题。主要体现在情绪自控、换位思考、倾听能力以及表达尊重等与情商相关的方面。

3. 模块构建逻辑

本模块以"理解他人情感"为统领,创设情境帮助能够体会他人的情绪和想法、理解他人的立场和感受,并站在他人的角度思考和处理问题。培养情绪自控、换位思考、倾听能力以及表达尊重等方面。

4. 模块基本内容

早在两千多年前孔子就说过,"己所不欲,勿施于人"。理解他人情感,就是进入并了解他人的内心世界，并将这种了解传达给他人的一种技术与能力。一个人要想真正了解别人，就要学会站在别人的角度来看问题，也就是人们在日常生活中经常提到的设身处地、将心比心的做法。同理心不仅仅能协调人与人之间的关系，对于个人的发展也极为重要。它体现在一个人一旦具备了同理心，就容易获得他人的信任，所有的人际关系都是建立在信任的基础上的。从这个意义上说，没有同理心就没有彼此之间的信任，没有信任也就没有顺利的人际交往，也就不可能在分工协作的现代化社会中取得成功。学会理解他人情感应该从小培养，这也要求初中英语课中进行正确的价值观引导。

因此，《初中英语牛津上海版》教材在内容、观点确定和材料选取上，创设情境，以便学生在自然日常生活状态下理解他人情感。例如，在六年级上册第一单元中不仅介绍了家庭成员和朋友，还由此进一步讨论交友方式。使学生学会体会他人情感，从对方角度出发考虑问题。此外，在七年级上册第一单元中介绍中外城市，并介绍了身处不同城市的孩子，让学生能意识到由于不同的文化背景，每个人的习惯和认知都会不同，在交往的过程中要考虑到这些差异理解他人情感。

（二）"理解他人情感"模块情感态度价值观目标的设定与提炼

1. 建立和谐师生关系，让学生感受到被理解

和谐的师生关系就是师生之间民主平等、公平公正、真诚友善、充满活力、互相尊重。和谐的师生关系可以激发学生学习的巨大热情；和谐的师生关系有利于创建优秀班集体；和谐的师生关系能增强教师威信；和谐的师生关系能有效地调动学生学习积极性，发掘学生的潜能。学生一天大部分的时间都在学校，和老师的关系很大程度上会影响到学生的心理状态，只有身处一段良好和谐的师生关系，感受到老师对于自己情感的理解，学生在教师的感染下才会自发地有理解他人情感的能力。

2. 创设良好学习情境，让学生自然理解他人

在课堂中根据教学要求创设学习情境，可以利用以下几种方式：情绪追忆、角色扮演、分享体验、情境讨论、换位思考等。孩子学习理解他人情感的最好方式，就是和其他孩子在一起，去学习，反复实践调整。通过学习情境的创设，最大化提供了各种各样的社交环境，孩子们不仅仅可以获得语言技能

的提升,也在理解他人情感方面获得相应的指导与帮助,学会更好地生活和成长。

3. 培养生生合作,让彼此理解成为习惯

合作学习有利于在互动中提高学习效率,有利于培养合作意识和团队精神。通过学习活动,积极参与讨论、辩论,发表自己的见解,学会善于倾听、吸纳他人的意见,学会宽容与沟通,学会协作与分享。提醒孩子思考别人的感受和反应,让他学会去思考他人的需要。帮助孩子掌握更丰富、更细致的表达情绪的词语。帮助孩子了解肢体语言和面部表情。通过学生之间的合作,让彼此更多地沟通和理解。

第三章 英 文 读 物

(一)"英文读物"模块特点

1. 模块核心价值

本模块的核心价值是帮助学生了解英文国家文化,包括传统文化和现代文化等,知道以英语为母语的国家的传统节日文化的风俗习惯、语言习惯,读本背后反映出的人文价值和社会价值;理解群体与个人选择的差异并学会对于文化异同的尊重与包容;能够理解英语语言文化的价值。

2. 模块功能定位及情感态度价值观目标

"英文读物"模块的功能定位是:通过阅读英语读物,在理解字词的基础上领悟英文读物背后的文化价值;学习运用读物中的字词语句来进行情感表达,文化理解和沟通。

"英文读物"模块的情感态度价值观目标是:帮助学生通过文本读物了解英语语言文化背后的含义;帮助学生了解英语语言文化国家的精神遗产;培养学生对于英语语言及文化的兴趣;引导学生建立开放包容的思想。让学生在学习的过程中体会英文读物的丰富内涵。

3. 模块构建逻辑

本模块以"英文读物"为统领,以语言文化和背景文化为背景,从文明的高度俯瞰,围绕英国语言文化中的节日、日常沟通、国家地方文化、历史传统、饮食厨艺、艺术文化等要素解析其各自作用和价值取向,由此提供丰富多样的知识,并从中引申出相关的情感态度价值观。

4. 模块基本内容

英文文本如果要追溯到源头,应该最为学生所熟悉的是荷马史诗。所以故事题材的读物,从学生的年龄结构上更容易被接受。因此,《初中英语牛津上海版》教材在八年级上册通过对荷马史诗中《奥德赛》故事的改编,放入了两篇科幻故事 *Nobody wins — Caught by Gork*,*Nobody wins — Escaping from Gork*。学生通过文本的阅读,掌握故事类文本的基本阅读方式外,也能通过文本对比,对英语语言文化的源头进行有意义的探索。古希腊的英雄史诗多称赞英勇的主人公历经千辛万苦最终赢得名誉和财富,科幻故事的主人公通过智慧救出了同僚,美国文化至今还植入着英语主义特点,从漫威到 DC 无不弥漫着英雄拯救世界的内容。西方文化中对于英雄主义的推崇可见一斑,学生通过英语文本阅读,进行深入思考,扬长避短。英雄主义是大爱,拯救世界拯救人类,但英雄背后的脆弱是否存在,当今社会是否需要英雄来拯救,抑或这种理想主义不过是螳臂当车。简单的文本背后,有太多的内涵可以挖掘,学生的思考在阅读中需要被启发,思考和理解是被鼓励多角度的,对立的观点带来辨证的思维,相似的观点背后有着同样的价值观。英语文本类题材在牛津教材中的作用,是能够使学生在学习文化的同时,启迪思维,探索文化差异,深刻理解文化精髓,树立开放、包容的态度。此外,在八年级下册中介绍报纸阅读和戏剧阅读,反映不同文本体裁承载不同文化内涵,以此为窗口让学生多角度探索文化,品味内涵。

(二)“英文读物”模块情感态度价值观目标的设定与提炼

1. 激发学生了解英文读物的兴趣

英语文本现在越来越普遍,通过教材中阅读技巧和思考角度的引导,有利于学生对各种英语文本阅读的兴趣,从而培养出更高层次的“文化阅读者”甚至是“文化创造者”。初中学生普遍好奇心强,对新生事物表现极强的接受能力和参与欲望,但价值观也不稳固,容易产生思想的偏差。故在文化解读上,教师应进行积极方面的引导。例如,教师在教“Blind man and eyes in fire drama”时,可以结合国内外对于动物保护的不同方面进行文化的异同比较。当然如果切入点转换为“Blind man”的时候,对于这类弱势群体所体现的独有特点进行积极的引导,理解尊重甚至认可盲人对于世界的贡献。

"真正的教育者不仅传授真理,而且向自己的学生传授对待真理的态度,激发他们对于善良事物受到鼓舞和钦佩的情感,对于邪恶事物的不可容忍的态度。"——(苏联)苏霍姆林斯基。《初中英语牛津上海版》教材十分重视学生对于文化理解的积极性,特别注意对学生正面向上的文化教育,教师注重挖掘教材中的多角度文化的积极方面的信息,辅以补充材料让学生充分了解英文读物,汲取更多背景知识养分。

2. 培养学生形成辨证的思考角度

培根说:"知识就是力量。"强调了知识在充实自己、改变命运、创造未来中的作用。学习是获得知识的开端,阅读就是最重要的学习方式。书籍记载着先人的成果,先人的经验,凝聚着先人的心血;互联网、搜索引擎是人类有史以来最大的知识库,既汇集了古今中外百科全书,又提供着世界最新知识、最新成果。我们只有去博览群书、发奋苦读、积累一定的知识,才能更好的继承前人的智慧成果,吸纳先进的现代思想和科技知识,为生命、为事业、为实践注入创新的活力和激情。在此基础上,才能明理、明智,才能激发出创新思维,从而达到创新的目的。阅读文本能够启迪思维,激活思维以产生新的火花,因此,教师要充分挖掘英语文本背后的内涵,在教学的过程中对学生加以正确的引导。比如在讲 *Nobody wins* 时,除了引导学生们读懂故事情节,更重要的是启迪学生通过人物比较,突出其正面积极的一面,挖掘文本和原著之间的内容,让学生们了解希腊故事中的英雄主义,多角度地对文本进行探索和思考。

第四章 祖 国 文 化

(一)"祖国文化"模块特点

1. 模块核心价值

本模块的核心价值是帮助学生了解中国文化,包括传统文化和现代文化等,知道中国传统节日文化的风俗习惯;理解群体与个人选择的差异并学会尊重与包容;懂得珍惜传统文化的价值,昂扬以爱国主义为核心的民族精神。

2. 模块功能定位及情感态度价值观目标

"祖国文化"模块的功能定位是：使学生感受中国文化的丰富多彩、博大精深；领悟祖国文化背后的中华民族精髓及其价值；传承与发扬中华民族灿烂的文化；昂扬以爱国主义为核心的民族精神。

"祖国文化"模块的情感态度价值观目标是：帮助学生了解源远流长的中国文化；帮助学生了解中华民族传统文化道德、习俗等精神遗产；培养学生了解和发扬中国文化的兴趣；引导学生建立开放包容的思想。让学生在学习中国文化过程中体会祖国文化的灿烂多彩，发扬以爱国主义为核心的民族精神。

3. 模块构建逻辑

本模块以"祖国文化"为统领，以民族文化和地域文化为背景，立足中国，着眼特色，围绕文化中的传统节日、建筑、地域文化、民族民风、饮食厨艺、艺术文化、传统美德等要素解析其各自作用和价值取向，由此提供丰富多样的知识，并从中引申出相关的情感态度价值观。

4. 模块基本内容

中华民族有着不间断地长达五千年的历史，文化底蕴深厚，在漫长的历史发展进程中，除了形成博大精深的民族文化，还孕育出丰富多彩的民族节日——春节、清明节、端午节、中秋节，等等。节日是文化的节点，是民众精神生活的集中体现，是人们沟通、调节天人关系、人际关系以及安抚、表达人们内在情感的时机。这些节日蕴含着我国古代劳动人民的智慧以及他们美好的愿望，还包括了人们对神秘自然界的猜想和探索，它们一代代被人们传承下来，在我国的文化建设中发挥着不可替代的作用。其拥有着任何文化形式都难以替代的价值，比如传承民族血脉，提升民族精神，强化民族文化记忆与心理认同，维系民族团结和社会和谐，激发与释放情感及协调人与自然关系。但是在文化多元化的今天，国外文化不断渗透，而国人又卷入追求经济发展的洪流之中，中国传统节日中所蕴含的文化价值以及一些节日习俗被慢慢淡化甚至是遗弃。这些情况和变化要求初中英语课中进行正确的价值观引导。因此，《初中英语牛津上海版》教材在内容、观点确定和材料选取上，对中国传统文化进行再现，对文化教育的方法进行探讨与改进，以便传统节日文化得到更好的继承与发展。例如，在六年级下册第三单元中不仅介绍中国传统节日端午节，还由此进一步以节日饮食文化为契机，探讨不同民族的风俗习惯。

使学生在学习中国文化的同时,学会正确欣赏和评价民族文化差异,深刻理解文化精髓,持有传承、开放、包容的态度。此外,在七年级下册第一单元中介绍中国现代都市上海,反映我国现代化建设的成就,以此为窗口让学生了解中国现代文化,发扬以爱国主义为核心的民族精神。

(二)"祖国文化"模块情感态度价值观目标的设定与提炼

1. 激发学生了解祖国文化的兴趣

根据教育心理学原理:学习的积极性即心理的能动状态,来源于学生的心理需要,只有当外部的教育因素触及了学生内在的精神需求时,才能使受教育者处在一种积极的接受状态中。初中学生普遍好奇心强,对新生事物有极强的接受能力和参与欲望。例如,教师在教"端午节"时,可以结合日历来引起学生对节日的关注,以此导入中国传统节日,激发学生的好奇心和兴趣。

2. 帮助学生了解祖国文化背后的价值观

美国著名教育心理学家布鲁纳说过:"对学生的最好刺激,乃是对所学教材的兴趣。"《初中英语牛津上海版》教材十分重视提升学生的文化底蕴,特别注意对学生进行爱国主义教育,教师注重挖掘教材中的中国文化信息,辅以补充材料让学生充分了解祖国文化,汲取文化养分。

3. 培养学生形成以爱国主义为核心的民族精神

习近平总书记讲过,社会主义核心价值观的提炼和提出,首先要有一个文化的基础,要以中华传统的价值观作为社会主义核心价值观的基础。因此,教师要充分挖掘传统节日的内涵,在教学的过程中对学生加以正确的引导。比如在讲端午节时,除了向学生们普及节日饮食外,更重要的是给学生讲述节日的来历,讲述屈原投江的故事,让学生们了解节日中蕴含的中华精神,努力重塑中华民族的理想人格。

第五章 异 国 文 化

(一)"异国文化"模块特点

1. 模块核心价值

本模块的核心价值是帮助学生了解异国文化,包括不同国家的价值观念、思维方式、风俗习惯等;知道异国文化的价值观并学会正确评判;了解中西方思维方式的差异;了解不同国家的习惯并学会理解和尊重。

2. 模块功能定位及情感态度价值观目标

"异国文化"模块的功能定位是:使学生了解丰富多彩的异国文化;理解各国文化之间的不同;提高学生对多元文化的适应性,在各国之间联系日益紧密的全球化背景下,提高学生的国际竞争力。

"异国文化"模块的情感态度价值观目标是:使学生了解丰富多彩的异国文化;了解异国文化背后的价值观、思维方式和风俗习惯;认知中西方文化差异并能正确地欣赏和评判;培养学生正确接纳多元文化的开放包容态度。

3. 模块构建逻辑

本模块以"异国文化"为统领,围绕不同文化所反映的不同国家的价值观念、思维方式和风俗习惯等进行解析,为学生提供丰富的异国文化知识,并适时进行中西方文化对比,由此进一步引申相关的情感态度价值观。

4. 模块基本内容

对异国文化的认知和理解也就是对外国国家民族的价值观念、思维方式、风俗习惯等的认识和理解。对异国民族价值观的认知是构成文化认知的精髓,不同的民族拥有不同的价值观念和体系,并且这些价值观念常常蕴含在语言这一形式上。因此,帮助学生了解目的语国家民族价值观念对于他们真正能够适时、适当、实地运用英语进行交流是十分必要的。对异国文化中思维方式的认知也是了解异国文化的最基本要素。只有了解和掌握了相关国家民族的思维方式,才能真正用英语思维,与对方思维同步,产生情感上的共鸣,达到彼此传递信息、交流思想、交换观点看法等真正意义的语言交流之目的。风俗习惯是构成异国文化的另一个重要因素,是人们日常生活中的文化积淀,风俗习惯在一个拥有不同文化渊源、不同文化意蕴的国家中发挥巨大的作用。风俗习惯包含方方面面,小到如何打招呼、如何握手,如何打电话、发邮件,如何赴约吃饭,禁忌的习惯等;大到家庭结构、家庭活动、结婚仪式、节日庆祝、社会阶层等都囊括在内。例如,九年级下学期第四单元,介绍美国的娱乐文化产业,阅读篇目介绍美国好莱坞电影明星,提供了一个认识和了解美国观众观影爱好习惯的窗口,可由此进一步探讨中西方电影产业背后折射的中西方文化差异。

(二)"异国文化"模块情感态度价值观目标的设定与提炼

1. 激发学生了解异国文化的兴趣

语言和文化不是孤立存在的,而是相互影响、相互制约、相互作用的。英语教学的根本目的是为了实现不同文化之间的交际,因此,在英语教学中能注重异国文化知识渗透和文化背景知识的灌输,有助于提高外语学习者的交际能力,从而更好地实现外语教学的目的。

2. 帮助学生了解中西方文化之间的差异

不同的文化有着不同的价值观和思维方式。要让学生通过了解目标语国家的人们日常生活模式,进一步认识和透彻的理解其社会的价值观。可以基于教材内容,对人们日常生活的细节进行剖析,比如:家庭、婚姻、工作、娱乐等生活的主要构成部分。利用这一方法,使学生通过对比本民族文化与异国文化的差别,了解不同国家不同民族的价值观和思维方式等,从而加深理解。

3. 培养学生适应多元文化的开放心态

语言是文化的载体,民族丰厚的文化内涵和社会文化特征都蕴藏在其中。教师在扩大学生的知识面,开阔学生视野,让学生了解不同国家的文化同时,应客观全面地介绍和分析西方文化,让学生从不同角度观察和认识世界,学会在不同的文化背景下有效地获取信息,掌握鉴赏和吸收外国文化的本领,在此过程中逐步积累文化知识和提高自身素质,养成对外国文化批评和借鉴的态度,帮助他们树立正确的世界观、人生观、价值观和道德观。

参考文献

[1]《上海市中小学英语课程标准》(试行稿).上海教育出版社,2004

[2] 邵瑞珍.学与教的原理[M].上海教育出版社,1983

[3] 黄希庭.心理学导论[M].人民教育出版社,1991

[4] 王重鸣.心理学研究方法[M].人民教育出版社,1990

[5] 陈岩.文化理解能力——21世纪外语教学的重要目标[J].外语与外语教学,2000:(4)

[6] 黄伟.教学三维目标的落实[J].教育研究,2007:(10)

[7] 孙晓天.追求三维目标的成功融合[J].人民教育,2004:(5)

［8］邓嗣明.情感目标在阅读教学中的确立和运用[J].教育研究,1991：(10)

［9］叶圣陶.教育论集[M].教育科学出版社,1980

［10］钟启泉.现代课程论[M].上海教育出版社,1989

［11］韩国海.新课程"三维目标"反思[J].中小学教育,2008：(12)

［12］李润洲."情感态度与价值观"教育的目标设定与实现路径[J].教育发展研究,2015：(Z2)

［13］姚林群,郭元祥.新课程三维目标与深度教学——兼谈学生情感态度与价值观的培养[J].课程·教材·教法,2011：(5)

［14］孟春国.英语课程目标中的情感态度：界定及理据[J].山东师范大学外国语学院学报(基础英语教育),2005：(3)

［15］李银仓.论外语教学的情感目标[J].外语教学,2005：(2)

［16］鱼霞.情感教育[M].教育科学出版社,1999

［17］卢家楣.课堂教学的情感目标分类[J].心理科学,2006：(6)

［18］朱镜人.外国教育思想简史[M].安徽教育出版社,2010

［19］皮连生.教育心理学[M].上海教育出版社,2004

对初中整本书阅读教学的研究

■上海市民办华育中学　周颖

摘　要：2017年《普通高中语文课程标准》将"整本书阅读"纳入任务群，整本书阅读成为社会热点话题。我校也对整本书阅读展开了初步研究。本文先分析了整本书阅读教学的研究对学生、学校、语文教育的意义，其次梳理了整本书阅读的研究脉络，然后在了解其他地区和国家的整本书阅读现状之后有针对性地给出了我校整本书阅读的实施建议。从纵向及横向对整本书阅读教学进行研究，并且从理论到实践，将整本书阅读教学落实在课堂中。

关键词：整本书阅读　阅读教学　初中　整本书

　　"整本书阅读"的概念并不是现在才出现的，事实上可以追溯到古代，我国古代的科举制度就将"四书五经"作为教学内容。后来随着教学内容逐渐增多，各科独立门户，受篇幅的限制，语文学科教材主要由单篇文章及节选片段构成，就此整本书阅读受到冷落，由"课内必读"渐渐变成"课外阅读"。但在实际的教学中并没有真正有效地落实到位。2017年《普通高中语文课程标准》就将"整本书阅读"纳入任务群，于是，整本书阅读成为近期社会的热点话题。我校也对整本书阅读展开了初步研究。

(一) 整本书阅读教学的研究意义

　　对学生来说，整本书阅读教学能培养他们读长文本的能力，树立整体意识，提升语文素养，为成为"终身学习者"奠定基础。现阶段，在语文的教学过程中，更多地集中在对教材中单篇课文的讲解上。而教材的内容，为了统筹学习的全面性，涉及的内容非常广，同时又由于篇幅的限制，只能做到短篇幅的摘取。我们的考核方式更是如此。阅读不是为了做题，而是学生习惯的养成过程。如果能够将整本书阅读进行推广,哪怕仅仅作为教学的拓展与补充,也是非常必要的。

对学校来说,虽然对阅读非常重视,比如打造了藏书丰富、环境优雅的图书馆,开辟了专门的阅读课,举行每周一次的学生推荐好书的演讲,定期布置剪报、美文集萃等作业以拓展学生的阅读面,但是对整本书的阅读并没有形成一个较为完整的体系,在对整本书阅读的指导中存在随意性、松散性的问题。整本书阅读将突破日常教学中运用在单篇短小课文中的方法,形成新的阅读教学模式,这不仅仅能够激发学生读书的兴趣,培养他们的阅读习惯,还将会成为对于阅读教学的尝试与探索。

对语文教育来说,随着新课程改革的逐步推进,"整本书阅读"成为一个热点话题,甚至有人认为"整本书阅读"会"倒逼语文阅读教学的改革"。确实,在现行的语文教材中,整本书是以节选文的形式存在的,这就不免会出现断章取义的问题,毕竟整本书内容的广度与深度是节选文无法替代的。另一方面因为应试方面的需要,在课堂中无法跳过"预设答案"或者是"参考答案",限制学生的思维,致使在阅读教学中出现许多"伪对话",无法实现学生个性化阅读、不利于学生思考能力的提高,长此以往学生甚至会失去对阅读的兴趣,不会自主自由阅读。所以"初中整本书阅读教学研究"是极具现实意义的。

（二）整本书阅读的研究脉络

整本书阅读教学是当下的热点话题,但实际上我国古代基本上都是以整本书作为教材的,比如《三字经》《百家姓》《千字文》"四书""五经"等,这些书是古代人进行识字教育、科学科普、思想教育的基础。

20世纪40年代初,叶圣陶在他起草的《初级中学国语课程纲要》中明确提出要"读整本的书",并将整本的书与单篇文章进行了比较。他在《论中学国文课程的改定》中说道:"现在的精读教材全是单篇短章,各体各派应有尽有。从好的方面说,可以使学生对于各种文体都窥见一斑,都尝到一点味道。但从坏的方面说,将会使学生眼花缭乱,心志不专,仿佛走进热闹的都市,看见许多东西,可是一样也没有看清楚。我们固然可以说,单篇短章和整本的书原不是性质各异的两种东西;单篇短章分量少,便于精密的剖析,能够了解单篇短章也就能够了解整本的书,但是,平时教学单篇短章,每周至多两篇,以字数计，至多不过四五千字，像这样迟缓的进度，哪里是读书习惯所许可的？并且，读惯了单篇短章，老是局促在小规模的范围之中，魄力就不大了，等遇到规模较大的东西，就说是两百页的一本小书吧，将会感到不容易对付。这又哪里说得上养成读书习惯……国文教材似乎该用整本的书，而不该用单篇短章……退一步说，也该把整本书作主体，把单篇短章作辅佐。"除了叶圣陶推崇整本书阅读，同时期的胡适还列了《最低限度的国学书目》《中学国故丛书》，作为推荐学生阅读的书目。可是在当时整本书阅读并没有得到相当的重视，以单篇文章为主的教材仍然是语文主流，至于整本书阅读一直处于"课外阅读"的地位，要求要阅读但并没有做硬性规定。

2011 年《义务教育语义课程标准》提出"要重视培养学生广泛的阅读兴趣，扩大阅读面，增加阅读量，提高阅读品位，提倡少做题，多读书，读好书，好读书，读整本的书"。2016 年 10 月，在《普通高中语文课程标准（征求意见稿）》中将"整本书的阅读和研讨"作为任务群纳入必修和选修课程，自此整本书阅读正式从"课外阅读"走进必修课，以此为主题的各种探讨喷井式出现。

在 2010 年及以前，文献内容主要是研究叶圣陶整本书思想，如李怀源《叶圣陶"读整本书"思想研究》(2009)。2011 年开始出现对整本书阅读具体教学策略的探讨，如郑飞艺《"整本书阅读交流"：特点与教学策略》。2016 年之前整本书阅读的探讨学段主要是小学，而且大都是教学案例记录分析，2016 年之后高中学段的文献日益增多，对整本书阅读的探讨逐渐细化，内容包括整本书阅读的定位，如程翔《从"整本书阅读"的学科定位谈起》(2017)；将整本书阅读作为课程而不是教学策略，如李煜晖《略谈整本书阅读课程方案的设计》(2017)；还有讨论互联网对整本书阅读的影响，如彭美珍《互联网在整本书阅读中的运用》(2017)、张绮茹《利用网络学习空间促进小学生整本书阅读》；将整本书阅读进行课型分类，如樊亮《上好"三种课"，将整本书阅读指导进行到底》。还有对书目的选择、老师在整本书阅读教学中所扮演的角色、整本书阅读的学习评价等方面做出的探讨。

（三）其他地区及国家整本书阅读的情况及启示

虽然早在 20 世纪叶圣陶就已经提出要读"整本的书"，但我国的教材一直都是以单篇文章为主，即便涉及整本书也只是以节选文的形式被编进教材里。可以这么说，整本书阅读的课程研究在我国是有所欠缺的，而其他很多国家很早以前就以整本书作为主要的教学内容并且探索出了比较成熟的整本书阅读的系统化课程了。除了搜集书本上、网络上的资料,我们还通过微信的方式,联系了世界各地不同国家的人,以了解当地整本书阅读的情况,样本虽少,但是涉及的国家是比较多的。我们访问了来自意大利的 Emanuele、新加坡的 CK、非洲 abdela、美国的 Sean、英国的 Rey 等土生土长的外国人,也访问了曾经在我校就读,后来去美国留学的两位同学。虽然个人的经验不能代表他所在国家整本书阅读的现状,但所谓"他山之石,可以攻玉"。

1. 访谈问题

(1)你的中学开设了哪几门课程来学习母语? 分别学什么内容?

In your middle school, how many courses about learning mother tongue do you have? What is each course about?

(2)在中学阅读课上,阅读内容以短篇文章还是整本书籍为主? 你觉得短篇文章的学习与整本书籍的学习有什么区别?

On reading course of middle school, does the reading task focus on whole book reading or article reading? What do you think is the difference between the two reading tasks?

(3)请具体描述一下整本书阅读课?(一学期几堂课? 一堂课多长时间? 课前学生和老师分别需要做什么准备? 课堂是如何组织的? 课后如何评价学生表现? 课与课之间是相互独立还是形成序列?)

Please describe one whole book reading course. For example, how many lessons per semester? How long for one lesson? What do students and teachers need to prepare? How is the class organized? How to evaluate each student' reading? Is every lesson independent, or are there series lessons?

(4)你喜欢阅读课吗? 它给你带来了哪些收获让你受益至今?

Do you like reading class? What benefit did you get from it?

2. 访谈结果及启示

整本书阅读教学在其他国家是比较普遍的。整本书教学的环节设置上主要是由读、交流、写这三个环节构成。在阅读环节中,采用混合式阅读方式,既有课堂上老师朗读也有课下学生自读,形式多样。在交流环节中特别具有问题意识,鼓励学生提问,以生生交流为主体,老师的点评穿插其中,主要是起到启发学生深入思考的作用。值得一提的是在美国的一些中学里互联网已经深入课堂,实行翻转式课堂,极大程度上激发了学生的主动性。另外还有很多的阅读相关活动,如去文人故居参观、话剧表演等,形式多样。

我校现有的好书推荐无论是培养学生的阅读能力与阅读习惯还是语言表达能力是具有一定成效的,整本书阅读教学应在好书推荐的基础上规范化、系列化。原来的好书推荐中,学生的自主性很强,自己选择喜欢的书分享给同学,这样学生会更有兴趣。但也带来一定的问题,并不是每个人都读过同一本书,所以在交流分享时难以深入,效率不高。针对这一点,每学期可以根据学生的年龄,师生共同选择一本书共读,甚至可以邀请家长参与共读,每学期分不同的阶段进行师生、生生互动,既对学生阅读进程进行监控,又能在阅读方法和阅读内容上给予相应的指导,在这间隙由学生推荐除共读书目外自己另外阅读的书,增加学生的知识面,激励大家读更多的书。另外,以前好书推荐的展示方式是小演讲,这确实能锻炼学生的语言表达能力,但是有些同学有些羞涩,声音太小,所分享的内容没办法让所有学生听到,这也使得效率较低。所以在整本书教学中要让学生适当落笔,比如在读的过程做读书笔记,可以记下自己的心得也可以摘抄好词好句好段,读完之后将自己的感想提炼成读后感,在分享交流课上可以设置一个小书记员,记下同学们的分享交流内容供大家传阅进行再思考。

(四) 总结

总体而言,整本书阅读对于初中生而言是很有必要的。在落实整本书阅读时,教师应具有整体性、系统性思维,在课程观的视野中来看待整本书阅读。以有序性、交流性为基本原则,根据学生的发展现状及需求选择合适的书目,尊重并鼓励每位同学进行个性化阅读并形成自己的观点与他人交流,以提高学生的语文核心素养。

参考文献

[1] 黄立.整本书阅读与研讨浅谈[J].文学教育(下),2018:(6)

[2] 上官卫红.基于混合式学习的整本书阅读的实践与探究[J].中小学数字化教学,2018:(4)

[3] 宋丽娟.核心素养视域下整本书阅读策略探讨[J].发展,2018:(7)

核心力量训练在初中耐力跑教学中的实践研究

■上海市民办华育中学　张彩虹

摘　要：初中体育课耐力跑教学是贯穿整个初中阶段的教学内容之一，在教学要求上属于B级较高学习水平，不仅是在《初中体育学业评价》中作为每学年第一学期中的必测项目，而且《国家体质健康标准》也将耐力跑作为每年上报的必测项目之一，在分值上各占到20％。目前耐力跑教学中教师通常会采用各种跑的方法，在教学方法上也是尽其可能地采用学生乐于参与的教学方法与手段，能够取得一定的教学效果。我们将核心力量训练融入日常的耐力跑教学中，以此为契机，探索出一套行之有效的训练方法，提高学生耐力跑过程中动作的稳定性，进而提供强而有力的身体支撑，提高耐力跑的成绩，促进初中阶段耐力跑教学的有效性。

关键词：初中体育课　耐力跑核心力量训练

目前而言，初中体育耐力跑教学在方式方法上脱逃不开各种方式的跑的练习。大多数学校在冬季时会采取晨跑的方式来增加耐力跑的练习，在体育课上基本上会以定时跑、定量跑、定向越野或者直接测试来达到耐力跑教学的学期教学要求，虽然会取得一定的效果，但其在形式上并不太受学生的欢迎。往往学生没有跑几圈就会出现呼吸不畅、动作变形，这是由于学生缺乏系统的耐力练习，造成耐力储备不足；另一方面也是由于初中正处于生长发育阶段，学生综合身体素质发展并不均衡，特别是四肢与躯干的力量。本文就核心力量训练与初中耐力跑教学这一问题进行探究。

一、问题的提出

初中阶段的学生身高明显增加,四肢变得更加修长,力量素质也随着年龄的增长而增长。但是四肢的力量增长明显落后于躯干的力量增长,就肌肉力量而言,其持续工作的时间较短,容易产生疲劳,但是恢复时间较快。另外男女学生之间也存在一定的差异。

在长期的耐力跑教学中,我们发现耐力跑作为一项跑的运动,其对四肢力量、内脏及核心力量均有一定的要求,且年龄越低,要求越高。我们知道,跑步是手、脚、身体协调并且持续发力的过程。初中阶段的学生由于身高的增加大于力量的增长,容易出现四肢纤细无力,在耐力跑过程中,常会出现以下的情况:① 学生摆臂幅度小或者不摆臂;② 学生步幅小,不抬腿或者步子拖沓;③ 摇头晃脑,身体摇摆,在耐力跑的后半程比较多出现;④ 偏离跑动的方向。

这都是学生生长发育过程中的不均衡造成的。我们在教学中针对这种情况作出相应的调整,使其既能满足学生生长发育的需要,也能满足耐力跑教学的需要,因此我们提出了增加学生核心力量训练的方法,这也符合学生生长发育过程中躯干力量优于四肢力量发展的特点。

耐力跑教学本身对于初中学生而言就是一个耗时长,枯燥乏味但又不得不重视的项目。在耐力跑教学中增加核心力量部分的训练,不仅能够使学生的身体得到更加全面的锻炼,而且意志品质也得到了锻炼,对耐力跑教学而言是益处良多。

二、研究方法

(一)文献资料法

我们购置了大量体能训练、核心训练等方面的书籍,首先学习先进的理论知识。"核心力量"一词最先是由康复医学提出,主要针对的是受伤的运动员所进行的恢复性练习。后来人们发现核心力量训练除了能够恢复肌体的运动功能外,也能够很好地提高与保持机体特定运动功能,为四肢提供更有效的能量支撑,从而提高机体运动的整体性。耐力跑需要的是稳定的身体姿态,协调的四肢蹬摆,这与核心力量训练的目的是一致的,这就给了我们教学上的理论支持。

(二) 实践法

核心力量训练的方法有很多,针对不同的人群也各不相同。我们的核心力量训练针对的是生长中的初中生,高强度与难度的核心力量训练明显不适用于他们。我们在借鉴已有的研究成果基础上编撰了《华育中学核心力量训练手册》,并在教学中不断改进,使其更符合初中学生核心力量训练的要求。核心力量训练不是单独存在,而是针对每堂课的不同要求进行组合,使其在学期教学中不断地积累与提高。

三、结果与分析

(一) 2018 年《国家体质健康标准》上报数据对比

以 2019 届学生为例,我校该届学生共计 343 人,其中男生人数为 231 人,女生人数为 112 人。根据 2018 年耐力测试及上报的结果与同一时期他们在 2017 年的测试完成的情况对比,汇总如下表 1、2。

表 1 2017 年耐力

	满 分	优 秀	良 好	及 格	不及格
男生人数	35	67	99	56	9
231	15.15	29.00	42.86	24.24	3.90
女生人数	24	59	34	17	2
112	21.43	52.68	30.36	15.18	1.79
合 计	59	126	133	73	11
343	17.20	36.73	38.78	21.28	3.21

表 2 2018 年耐力

	满 分	优 秀	良 好	及 格	不及格	其 他
男生人数	47	87	72	68	8	1
236	19.92	36.86	30.51	28.81	3.39	0.42
女生人数	27	52	33	20		2
107	25.23	48.60	30.84	18.69	0.00	1.87

续　表

	满　分	优　秀	良　好	及　格	不及格	其　他
合计	74	139	105	88	8	3
343	21.57	40.52	30.61	25.66	2.33	0.87

　　图1、2、3分别从百分比、人数、男女生人数上做了分析，可以明显地看出2018年的耐力整体优良率高于2017年同一时期。其中女生的优良率明显高于男生。这也符合学生生长发育的特点。反映出我校的耐力跑水平随着学生年龄的增长成绩也有所增长。

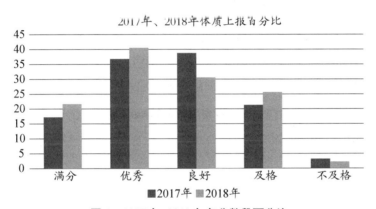

图1　2017年、2018年各分数段百分比

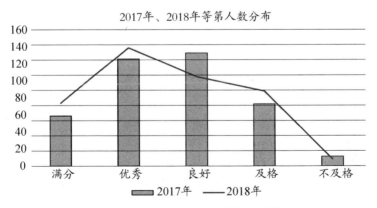

图2　2017年、2018年各分数段人数

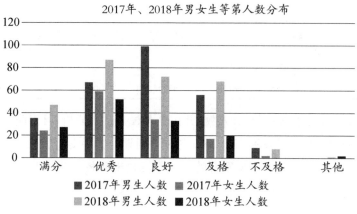

图 3　2017 年、2018 年男女生各分数段人数

（二）2019 届学生参加中考体育耐力项目测试的情况汇总

2019 届共有 203 人参加耐力跑的测试，其中男生 135 人，女生 68 人。在 4 月底完成的测试中，他们的成绩汇总如表 3。

表 3　2019 年中考体育测试汇总

耐力跑	100 分	95 分	90 分	85 分	80 分	75 分	＜75 分
女生（800 米）	25	8	16	7	3	1	8
68	36.76	11.76	23.53	10.29	4.41	1.47	11.76
男生（1 000 米）	51	34	21	6	9	3	11
135	37.78	25.19	15.56	4.44	6.67	2.22	8.15
203	37.44	20.69	18.23	6.40	5.91	1.97	9.36

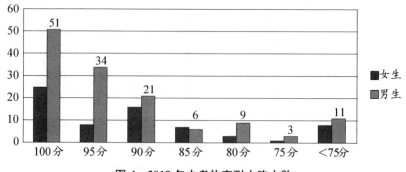

图 4　2019 年中考体育耐力跑人数

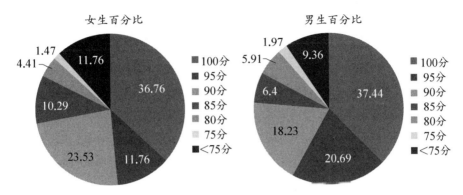

图 5　2019 年中考耐力跑男女生百分比

从图 4、5 中我们可以看到,2019 届参加耐力测试的学生中绝大多数都能够达到良好(85 分以上),这与我们这一年进行了系统的耐力训练有关。每周的 3 课时我们留出 1 课时的时间练习耐力,同时在课堂上增加核心力量训练相关的内容,让学生在潜移默化中完成耐力与核心力量的训练。经过训练我们发现,学生在耐力跑过程中动作更加稳定,较少出现身体摇摆的情况,在耐力跑的后半阶段还能通过积极主动的摆臂获得持续奔跑的动力,意志品质也得到了锻炼。

(三) 核心力量逐步成为教学中的常规内容

我校秉承"德育为先,因材施教,全面发展,彰显个性"的办学理念,始终坚持"德育为先,立德树人"的教育理念,以"文理基础厚实、数学教育见长、科技特色凸显、艺体素养奠基"的特色育人模式,贯彻全面均衡发展的教育理念,不断推进学生的可持续发展。

我校的体育教师强化集体备课制度,不断丰富教学手段,努力增强学生参与自主学习的意识。我们将核心力量训练的内容融入日常的课堂教学中,制定详实具体的教学计划,并制定与各内容相配套的单元教学计划、单元教学流程及单元教学教案,目的是让每一个学生都能参与到课堂中,学会学习,从而活跃课堂。教师不仅仅是教育者,更是引导者。也可以让学生自行设计核心力量训练的内容,使学生在练习的过程中明白练习的目的与意义,同龄人之间的引领也让学生愿学、乐学,这样不仅增强了掌握知识的能力,更锻炼了与人合作、与人处事、与人交往的能力和顽强拼搏的意志品质;不仅学会了学习,更学会了做人。

我们以钱老师的公开课为例。虽然他的课的主题部分是双杠,但在课的体能练习部分增加了核心力量训练(这是在课的基础部分增加核心力量训练后的常规性的练习)。动作不多,只有 5 个,并且借助瑞士球(也叫瑜伽球),新颖的器材一下子吸引了学生,学生在练习过程中的兴趣也得到了提升,更能够保证练习的质量。在练习的过程中,教师与学生共同参与,教师通过语言的激励鼓励学生高质量地完成动作,又激励学生增加完成动作的时长。

动作名称	动 作 要 求	目标肌肉群
屈膝撑球俯卧撑	上半身 45 度与瑜伽球,双手支撑于瑜伽球,双脚分开,吸气时向上,呼气时手臂弯曲,反复 15 次	菱形肌 斜方肌 肱三头肌 腹内斜肌 腹外斜肌
屈肘贴球直线撑吸腿	身体如同一个平板,在瑜伽球上方,手臂垂直支撑于球上,双手并拢,吸气左右脚交替向前弯曲,呼气还原交叉,反复 20 次	斜方肌 肱三头肌 腹内斜肌 腹外斜肌 股直肌 腹直肌
直臂撑球俯卧撑	双脚并拢于瑜伽球上,手臂支撑地板,呼气手臂弯曲向下,吸气保持直立,反复 15 次	菱形肌 斜方肌 肱三头肌 腹内斜肌 腹外斜肌
双膝撑球转髋	膝盖在瑜伽球上,双手垂直于地面,保持背部平坦左右两侧转。呼气双脚并拢向两侧转,手臂伸直,呼气还原,反复 15 次	腹内斜肌 腹外斜肌 腹直肌 腹横肌
俯卧拱形撑	双脚并拢,将重力保持在手臂上。吸气时,收紧腹部用力向前走;呼气时,回到起始位置,15 个为一组	腹直肌 股直肌 肱三头肌

(四) 注重理论与实践

教师是一个终身学习的职业,要根据课改要求不断改进教学方法与手段,更新现有的理论;要善于将理论知识运用到教学实践,并善于归纳总结。只有适合学生的,并且能够在教学中经得起反复推敲,才能真正运用于教学,才能提高教学质量。

耐力跑教学是初中教学内容的重点,也是学生惧怕的项目之一。传统的教学方法与手段不被学生喜爱,需要教师开创更加吸引学生的练习方法。在不需要测试耐力成绩的时候,可以改变耐力跑的形式,如我们通常会采用播放音乐的形式,不仅为学生提供跑步时的节奏参考,而且音乐又使学生忽略了耐力跑中的疲惫感。在耐力跑前或后增加核心力量的训练,核心力量训练对场地的要求不高,不管是室内的篮球场还是室外的跑道均可以开展,每次的内容都各有不同,而且因为核心力量训练都是小强度的练习,又可根据自身情况对强度、时长自行调节,可以树立学生的自信心。这个强度、时长的变化学生自身可视可控,亦可以培养学生的意志品质。我们以平板支撑为例,动作要求是肩、腰、腿处于一直线,对于低年级的学生而言,能够达到的时长基本在 45 秒到 1 分钟,超过这个时长动作的质量会降低。我们根据学生的情况分层完成,能力强的学生高质量地坚持 1 分钟,鼓励向 1 分 30 秒努力;不能够完成 1 分钟的降低起始动作,用双膝支撑,逐渐增加完成的时长,并不断提高完成动作的质量。

四、结论与建议

(一)核心力量训练开展的优势逐渐显现

虽然课堂条件限制,教师需要完成的教学内容较多,在耐力跑教学时间安排上还显不足,但因为我们在每堂课上增加了核心力量训练,其效果正在逐渐显现,学生能够自主自觉地在课的准备部分将核心力量训练加入并完成。

核心力量训练的效果不是立竿见影,影响的效果也因人而异。但是学生可以根据自身练习的情况调整练习的强度和时长,对学生的意志品质提出了较高的要求;在课堂中,集体练习又能激发学生的竞争意识,不论是动作的质量还是对自我的要求;教师通过语言激励,使学生练习的积极性大大提高,练习的热情也明显增强。

通过一年的实践,我们发现学生在耐力跑过程中动作的稳定性大大提高,能够将体能合理地分配,特别是在最后冲刺阶段通过大幅度的摆臂来提高蹬摆的效果,能大大提高耐力成绩。

核心力量训练的结果不仅仅是耐力跑成绩的提升,对于其他项目也有很好的辅助效果。

(二)待解决的问题及解决思路

继续搞好"核心力量"与耐力跑教学相关的资料收集工作,改进与提高耐力跑教学。

　　将核心力量训练的内容逐步渗透到各个年级的准备活动中,但是在实际教授的过程中,我们发现学生对于动作的执行存在差异,部分学生清楚这些动作对于运动项目具有不可或缺的作用,因此在练习的过程中都是尽己所能地按要求完成,但还是有部分学生对于练习抱无所谓或者"老师让我做我就做",而不究其原因,完成的质量也大打折扣,这种情况在低年级中较多出现。这就更需要我们教师在教授动作的同时也要使学生清楚地明白在练习什么,为什么要这样练,将体育的理论告知学生,使学生的练习更加的积极主动,改变学生学习的习惯,让更多的学生明确体育不是一门普通学科,而是能促进身体健康全面发展,提高综合适应能力的一门受益终生的学科。

参考文献

［1］杨世勇主编.体能训练［M］.人民体育出版社,2012

［2］［美］霍利斯·兰斯·利博曼.肌肉训练完全图解——核心训练(全彩图解版)［M］.人民邮电出版社,2016

［3］崔东霞主编.核心力量体能训练法［M］.化学工业出版社,2013

STEM 课程早期创新人才的培养
——在初中阶段基于 3D 打印新技术课程建设与实践研究

■上海市民办华育中学　许洁　汪晨　史卫进　蔡钰帆

摘　要： 2016 年教育部出台的《教育信息化"十三五"规划》中明确指出，有效利用信息技术推进"众创空间"建设，探索 STEM 教育、创客教育等新教育模式，使学生具有较强的信息意识与创新意识，养成数字化学习习惯，具备重视信息安全、遵守信息社会伦理道德与法律法规的素养。随着 STEM 课的引入，引起越来越多的教育单位重视这个课程。我校于 2014 年开设 STEM 课程，开设初期由上海市青少年科学社提供教师和课程，为我校科技兴趣班的学生授课，后来随着我校科技教师队伍的成熟和完善，我校 STEM 课程逐步过渡成为我校教师主授，并伴有外请专家和科学社共同指导的方式进行 STEM 课的教育教学工作。在教学过程中我们进行了"在初中阶段基于 3D 打印新技术课程建设与实践研究"的课题研究。

关键词： 3D 打印　校本课程　课程图谱　潜能开发

华育中学是上海市一所高端民办寄宿制初级中学。华育中学坚持"育人为先，因材施教，全面发展，彰显个性"的教育理念，以"绿色指标"为导向、以"立志、素养、服务"为抓手，形成"文理基础厚实、数学教育见长、科技特色凸显、艺体素养奠基"的教学育人模式。学校硬件条件优越，建有若干创新实验室，如机器人、电子工程、3D 打印、VR 虚拟现实实验室等。我们利用各方面教学条件进行了"在初中阶段基于 3D 打印新技术课程建设与实践研究"的课题研究。

我校从 2014 年开始开设 3D 打印课程，至今有五年的教学经验。相对于目前其他初中学校的 3D 打印课程开设比较少、3D 打印机型号比较单一的情况,我校分别在科技兴趣班、第二课堂、社团课等课堂实施不同层次、不同深度的 3D 打印教育。我校也拥有不同时期多种型号的 3D 打印机,如万豪勇士 4、太尔时代 UP mini 和太尔时代 UP Box 等,满足学生在学习中的多种需求,可以打印从 14 cm×14 cm×14 cm 到 25 cm×21 cm×21 cm 大小的模型,最小分层厚为 100 μm。我校 3D 打印课程不但能通过打印单一模型和组装模型形成 3D 打印创新课题研究,并且还能为我校学生参加各级各类科技比赛提供辅助材料,可以做到多种课程的整合。

一、校本课程建设引领个性多元智慧

(一)校本课程的开发与实施

华育中学 3D 打印校本教材的开发从"兴趣识别"和"志趣引领"两个方面入手,追求构建适应学生个性差异需求的校本课程体系,以期实现学生的全面发展和个性张扬,达到"潜能开发"的早期培养。

校本课程的开发目标充分满足了学生的发展需求。我们分别对学习前和学习后的学生开展问卷调查,让课程的开发更加发掘学生的兴趣和潜能。如问卷中"对 3D 打印应用在哪些领域更感兴趣"的提问得知,学生在建筑和动画模型方面有更大的兴趣,故在实践课程的设置上,我们设计了家具、城堡、简单卡通形象塑造等相应的课程,激发学生的兴趣。

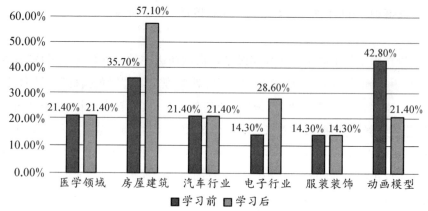

图 1　问卷调查:你对 3D 打印应用的哪些领域更感兴趣?

（二）开发实施校本课程取得的成效

根据对校本课程的教学情况进行的问卷调查来看，校本课程得到了学生的普遍认同。在学习之后，仍有大部分同学有继续学习的兴趣，一半的同学表示已经在生活和学习中使用到了 3D 打印技术，并都认为 3D 打印对提高空间想象能力有很大的帮助。

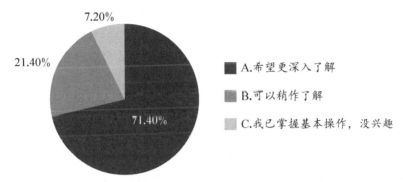

7.20%
21.40%
71.40%

- ■ A.希望更深入了解
- ■ B.可以稍作了解
- ■ C.我已掌握基本操作，没兴趣

图 2 问卷调查：你对 3D 打印有没有继续学习的兴趣？

通过实施 3D 打印校本课程，我们极大地激发了学生的兴趣和创造力。在课堂中，老师除了教学 3D 建模软件的技术以外，会设置一些题目让学生自行设计。如制作头尾相连小车的这节课，并不是让所有学生都做同样的小车，而是在规定好头尾插销的尺寸之后，让同学们自行设计小车的形状和功能，最后打印出来的一排小车各有特点，既锻炼了学生们的创造力，也激发了他们更浓厚的兴趣。

3D 打印校本课程对于开发学生的科技兴趣作用明显，每届均有多位同学从生活中的实际问题入手，用 3D 打印的实物模型提出假设和进行相关的可行性分析，并以此为基础完成了论文的撰写，同时在科技创新大赛的申报评选中获得了不错的成绩。

（三）开发实施校本课程的体会和深化提升的初步构想

3D 打印是近些年才流行起来的课题，能够给我们借鉴的经验并不多，开设初期缺乏经验，这需要我们在课题中花一些精力。在开展课题之前，我们收集了许多相关书籍资料，开展 3D 打印课程教学培训，学习补充专业知识上的不足，使课题发展更有说服力。课题研究团队需要齐心协力，在负责人的精心安排下，我们分工明确，但又互相配合，互相沟通与交流，使课题得以顺利的开展。

在课题实施过程中会逐渐发现一些具体问题。在问卷中反映学生在日常使用中用到 3D 打印的机会不够多,在课程的设置中,我们也应该更贴近生活,加深学生对 3D 打印在生活中的印象。问卷中也提到在学习的过程中,学生 3D 打印机的体验较少。这是因为 3D 打印机的使用需要一些时间准备和后续工作,工作过程中的高温也有一定的危险性,不能让学生独自操作,所以在课程中只能演示,学生的体验性不够,如何让每个学生体验打印机的操作还需要我们更合理的安排。另外在科技创新课题中,3D 打印多以辅佐为主,单以 3D 打印为课题,很难有不错的创意。这是由于 3D 打印的自由度很大,可以做任何实物,学生如果以 3D 打印入手,很难有针对性的想法,这是本课题研究初期遇到的一个问题。

随着我们不断地总结经验,更改课程实施,慢慢总结出第三个层次的课程内容,那就是潜能开发。早期培养的特点是,需要教师手把手地教,手把手地辅导。潜能开发是一个高级进阶课程,从结合生活,寻找创新理念;结合研究项目,实现创新理念;结合创新项目,发掘核心问题;再配合科技节、科技创新比赛、日常生活应用、作品展示等活动进行深层体验,从而解决了课题初期遇到的种种问题。

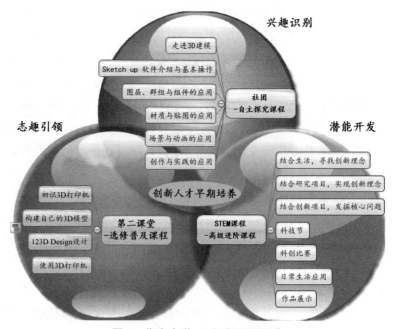

图 3 华育中学 3D 打印课程图谱

通过课题实践研究,逐步形成了基于华育中学创新人才早期培养模式的3D打印课程图谱。

二、课堂教学变革引领学生潜能开发

将3D打印技术通过跨学科的形式进行实践活动的开展和应用,从而避免单一的课程教学和固化的应用模式,通过学生的创新项目将新技术的应用作进一步的拓展和整合,是打造华育中学3D打印课程有别于普通新技术课程的关键环节。因此华育中学针对初中学生的认知能力和特点,将3D打印技术在初中阶段的应用和学习,在通识教学的基础上按照以下的步骤分阶段的激发学生的创新意识和适宜的早期潜能发展的培育。

首先,让学生从实际的学习生活中找寻与3D打印技术有关联的研究项目,并尝试能否利用3D技术实现最初的创新理念。

例如2018届的丁同学从课桌上摆放的水杯容易碰撞掉落的问题中得到灵感,希望设计一种简便的杯垫,从而最大限度地防止水杯的碰落。学生从改变杯子的外部结构到增加水杯底面积等不同方式实验之后,最终确立了可折叠的中空圆形杯垫外加底部吸盘的设计方案。学生在所有实践过程中,利用3D建模、实物打印等举措,大大简化了实验论证的周期,让学生能够亲力亲为地完成创新课题的实践和研究,并最终为获得上海市青少年科技创新大赛成果类一等奖奠定了基础。

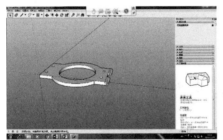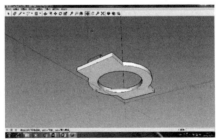

图4 丁同学"小杯垫带来大方便"模型示意图

其次,让学生通过巧妙的设计组合来解决创新项目中较难实现的技术问题,从而突破创新项目的瓶颈。

2019届的万同学从手指康复的医疗过程中寻找灵感,希望设计一种自动帮助病患进行手指康复的装置。通过初期的设计和实践，在如何解决装置的柔韧性和与手型保持一定吻合性的环节遇到了阻碍，最后利用现成的手套背

面附着切片式间隔的管道状3D模块，通过空气的挤压和3D材料自身的韧性，从而很好地解决了手指康复手套的实用性能，也让学生在实际的研究中懂得技术的合理应用和组合能取得事半功倍的效果，因此该项目也同样获得了上海市青少年科技创新大赛成果类一等奖。

图5 万同学"充气型软体康复手套"实物图

再次，让学生通过创新项目的设计和实验，发掘具有共通问题或属性的技术应用的内在关联和核心问题，并通过3D打印技术的使用为该类问题的解决提供可供借鉴的依据和实验方式。

2018届的江同学设计的具有自动防尘功能的吊扇，粗略来看会觉得在空调等制冷设备大行其道的当下，吊扇应该已经是末路穷途的应用，并不具备可供研究和创新的价值，但是仔细分析一下就能了解对于悬挂的装置，无论是静态的还是动态的，都会面临一个防尘和除尘的实际问题。因此学生通过3D打印技术的设计，将原有固定安装的扇片，更改成可旋转容易拆装的形式，为其他具有类似问题的悬挂装置的防尘除尘的解决提出了一种假设和验证手段。虽然最终仅获得上海市青少年科技创新大赛成果类的二等奖，但是项目自身所蕴含的拓展空间是非常宽泛的。

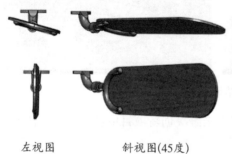

左视图　　　斜视图(45度)

图6 江同学"具有防尘功能的吊扇"设计图和实物图

由此,华育中学的 3D 打印课程,在学生掌握基本技能的基础上,强调技术在实际问题中的应用,与其他技术的融合,以及新技术的应用对现有技术的完善和改进,从而为学生的创新意识的形成、思辨思维模式的确立等未来具有竞争能力的核心素养的早期培育提供助力。

三、教师团队合作引领专业发展境界

随着新课程改革进行,STEM 教育在学校逐渐普及的大背景下,对教师的专业发展提出了更高的要求。华育中学作为高端民办学校为教师创设了更大的平台和发展空间,学校 STEM 科技兴趣班的成立,科技教师团队的组建,对 3D 打印课程教学的探究实践使华育教师专业发展达到了新的境界。

(一)教师自主培训实现自我专业发展

3D 打印课程规划初期,科技教师多为第一次接触 3D 打印内容。为了能尽快弥补专业知识与技能的缺失,学校主动联系 3D 打印专业科技公司与科技教育培训机构,为本校教师提供师资培训途径与机会。这些与实践紧密结合的教师培训,尤其是体现目前工业和教育前沿水平的培训,丰富了教师的知识储备,扩展了教师的理论视野,提升了教师的实践能力,使得教师在 3D 打印教学活动中具有更丰富的经验和能力。制订教师专业发展计划,为教师搭建平台,购买 3D 打印专业教材自主学习,真正让教师实现专业自我发展。

(二)教师团队合作提升教学研究能力

3D 打印课程的实践探究为华育中学教师团队提升教学研究能力,推进 STEM 学科教学特色研讨,培养教师专业素养发展提供了一次很好的契机。在尊重教师兴趣、营造教研的氛围前提下,科技教师共同参与了"在初中阶段基于 3D 打印新技术课程建设与实践研究"的课题研究。从课题的确立到研究方法的讨论,直至最后课题结题,教师们分工有序,积极沟通交流,配合协作,充分调动团队合作的力量,发挥集体智慧完成了《华育中学 3D 打印课程框架》《华育中学 3D 打印课程图谱》《华育中学 3D 打印》校本教材、课题结题报告、课题论文等一系列教学研究成果。

(三)特聘专家指导拓展教师视野新境界

华育中学充分利用全国全市知名的大学、科研院所、企业资源,聘请了从事 STEM 教学培训的专家、教授。专家们以国际化、更专业、最前沿的视角,

与科技教师共同辅导学生参与 3D 打印相关科技创新项目,进一步增强教师专业能力发展,对于丰富自身的优势学科教育内容与特色校本课程的建构,以及开发学生的个性潜能都具有积极的作用。使得教师教育教学的视野得到拓展,也更好的融合了学校的特色,学生与教师共同成长。科技教师因此受益匪浅,屡次在全国青少年科技创新大赛、明日科技之星等活动中获得"优秀辅导教师"称号。

3D 打印课程建设在促进教师团队专业发展的同时,也最终形成 3D 打印课程的华育中学特色模式,不仅使得华育中学其他 STEM 课程可以借鉴,也为同类的创新课程及早期培养创新型人才提供并共享华育中学方案。

四、总结

在很多初中阶段的教育中,STEM 教育仅仅是科学、技术、工程与数学教育的学科拼盘,在教学实践中也常常体现为互相独立的学科孤岛。在我校的教学中,我们实现了 STEM 教育本应具有的跨学科、跨领域、集成性的特征和效果。我们以 3D 打印课程为切入点,使得学生建立起整体认识世界的视角。3D 打印课程把学生在几何、物理课上学到的互相隔离的知识,组建成一个统一的实践整体,从而消除了知识相割裂、学生综合解决实际问题能力差等传统教学导致的问题。更重要的是,3D 打印学习中的创造性使学生从传统教育模式中被动的知识接受者转变为新教育模式下主动的知识生产者,是学生创造力拓展、创新人才培养的重要方法。

华育中学在初中阶段基于 3D 打印新技术课程建设与实践研究,目的在于通过 STEM 课程进行早期创新人才的培养。五年来,华育中学在 STEM 科技兴趣班和第二课堂中开设了 3D 打印课程,设立了 3D 打印社团,每年举办 3D 打印创意作品大赛,编写了 3D 打印课程框架以及校本教材,并在科技创新课题中取得了不错的成绩。华育中学经过了五年的 3D 打印课程的实施与实践,一直走在教改实验的最前沿,教改实验的经验引领着义务教育的发展。早期创新人才的培养也在华育中学这片土地上孕育、生长。我们希望在不久的将来,3D 打印课程不仅仅针对的是部分感兴趣的学生,而是普及教育,从而提升全民科技创新素养。

关于 3D 打印新技术课程建设与实践研究,虽然华育中学现在已有一些成效,但是还有许多问题有待我们发现、探讨,只有继续认真开展 3D 打印课程的研究,不断反思,才能有质的飞跃。

参考文献

[1] 黄文恺,伍冯洁,吴羽. 3D 建模与 3D 打印快速入门[M]. 中国科学技术出版社,2016

[2] Lydia Sloan Cline. 3D 打印完全实战手册[M]. 人民邮电出版社,2016

[3] 李波. SketchUp Pro 草图大师从入门到精通[M]. 机械工业出版社,2015

[4] Brook Drumm&James Floyd Kelly. 3D 打印实用项目解析[M]. 机械工业出版社,2016

[5] 李博,张勇,刘谷川. 3D 打印技术[M]. 中国轻工业出版社,2017

[6] 叶兆宁. STEM 教育需要开放、融合与合作[J]. 现代教学,2016:(12)

OM－SOLO 教学法的实践与反思

——基于华育中学 OM 特色活动的研究

■上海市民办华育中学　吴芸　姚毅　董坤　颜海涛　万雅慧

摘　要：从 2010 年组建第一个 OM 兴趣小组开始，华育中学连续参加了 9 届 OM 创新大赛，在全国赛、欧锦赛和全球赛上都有华育学子的精彩表现，2017 年华育中学被评为第五届"头脑奥林匹克活动特色学校"。多年的活动积累，使 OM 成为华育中学科技教育的重要一环，也逐步形成了一些 OM 特色教学法。本课题旨在介绍、分析 OM－SOLO 教学法，并进行初步反思。

关键词：OM－SOLO 教学法　华育中学 OM

一、OM—SOLO 教学法诞生的背景

"头脑奥林匹克活动"简称 OM(OM, Odyssey of the Mind)是一项国际性的培养青少年创造力的活动，1976 年由美国教授米克卢斯创立，风靡世界超过 40 年，1987 年 OM 引进中国，至今深受中国学生欢迎。OM 为学生提供多种创造性解决问题的平台，题目不设标准答案，解题时，鼓励学生将自己的兴趣爱好和知识技能综合运用到解题实践中，并凝聚团队力量，学会分工合作。

近几年 STEAM 教育（STEAM 指五门学科：科学 Science，技术 Technology，工程 Engineering，艺术 Art，数学 Mathematics)风起云涌，在这五个领域中，科学在于认识世界、解释自然界的客观规律；技术和工程则是在尊重科学的基础上解决实际问题，尤其是解决社会发展过程中遇到的各种现实难题；数学是技术与工程学科的基础工具；艺术则成为各个学科之间美妙润滑剂。由此可见，生活中发生的大多数问题需要应用多种学科的知识共同

解决,很少有单一学科就能解决复杂现实问题,只强调或突出某个学科的地位是有失偏颇的。STEAM 教育如何更好适应中国国情,融入初中生课堂,并为更多孩子的兴趣和志趣发展提供平台,依然值得商榷。

OM 课程本身并没有严格区分成科学、技术、工程、艺术和数学五个领域,而是用团队合作的方法寻求科学和艺术相结合,从而解决各种问题。在 OM 解题过程中,必然涉及多个学科的综合运用,甚至超出 STEAM 所涉及的五个学科,如下举例:

1. 团队任务挑战

设计并制作一个装置,使它成为一个具有变形效果的动态表情包。在实际解题中,学生运用到的学科知识超乎想象——涉及化学、物理、数学、音乐、美术、劳技和历史等。

2. 设计思路

(1)律动的心脏——化学膨胀法。通过类似吹气球的原理,使得心脏这个装置在通入气体时进行舒张变形。那么,怎样通气体呢? 通入什么气体呢? 根据安全要求,该气体应该满足无毒、易制取且制取过程安全、速率适中的特点,学生团队设计了利用"双氧水和二氧化锰制取氧气"的实验,结合"泡沫灭火器"的发生机制设计出具有一体化、绿色环保优点的装置。

(2)谁的心脏——法国启蒙思想家伏尔泰的心脏,他是属于世界的思想家,收集整理相关伏尔泰的历史资料。

(3)怎么样的心脏——受波普艺术大师安迪·沃霍尔启发,打破心脏的固有形象,为它重塑造型与色彩,使心脏充满了趣味与设计感。

(4)还有什么视觉增效——电机带动转轴,制作出传送带的效果,用固定传送带的方式制作出心脏移动的效果。这个部分使用到了物理、劳技的知识和能力。

(5)只能是视觉吗——为增强效果,在表现"心脏跳动"时,配以原创的节奏音乐。其实学生并不懂作曲,但是在尝试解题的过程中,开始展示出连自己都惊讶的灵感和创造力。不仅出色完成了解题任务,自学了编曲,也收获了音乐技能,变得更加热爱音乐,也更加阳光,更加积极向上。

(6)团队合作——对于 OM 来说,人际交往能力尤为重要,因为 OM 是团队合作活动,有分工、重视集体智慧。只有懂得体谅他人、善于倾听的团队才能成功激发积极性与创造性,相反一味地互相指责和埋怨会带来低沉状态。C 同学在团队合作时与团队发生意见冲突,但他却有着很好的表现能力,控制住自己的情绪。同学们花了大量的时间去收集资料并学着揣摩人物,随后详细地向他介绍方案的优点,最终 C 同学认可了"伏尔泰心脏"的方案,不知不觉中,他不再无故生气,言谈举止开始温和。OM 教学过程中,对人际关系的协调作用是其他课程和教育无法替代的(见图 1)。

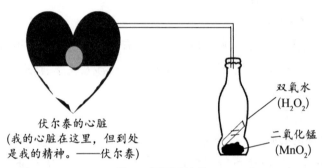

伏尔泰的心脏
(我的心脏在这里,但到处
是我的精神。——伏尔泰)

图 1   装置设计稿

双氧水
(H$_2$O$_2$)

二氧化锰
(MnO$_2$)

显而易见,OM 和 STEAM 之间并不能完全画等号,两者存在不少差异,但是"OM - STEAM"仍然被不少人提出并接受,这是值得反思的。当然"OM - STEAM"现象也从一个侧面说明了创新思维教育领域存在百舸争流的好迹象(见表 1)。

表 1   OM 教育和 STEAM 教育比较

	OM 教育	STEAM 教育(或称 STEM)
是否引入社会参与	是	是
核心	培养创造性解决问题的综合能力,必然跨学科,但本身不强调学科	强调跨学科,打破分科阻隔,发展多元思维
展示环节	设计、制作和展示独一无二的装置或作品,并借助团队力量把创意方案融于艺术展示	注重实践和实验,不强调一定有作品
强调个人还是团队	团队	个人

	OM 教育	STEAM 教育(或称 STEM)
教师角色	支持者、鼓励者	设计者、讲授者、引导者
学生角色	创造者、团队成员	参与者

因此 OM 可以尝试建立一套专属教学模式,对于 OM 的认知过程——这一过程是通过恰当的理解、运用所学内容而形成的认知过程(OM 的技能,OM 独有的解题思考方式)。所以,我们将重整 OM 学习内容和过程两个方面的问题,并且在这个过程中结合华育 OM 特色进行相关教学实践。

二、什么是 OM—SOLO 教学法

SOLO 分类评价法本身是一种以梯级描述为基本特征的评价方法,由澳大利亚学者比格斯(John B. Biggs)在 1982 年提出,比格斯主要从事研究如何激发学生学习动机和建立他们的学习模式。SOLO 分类评价法的理念来源自儿童心理学家皮亚杰(Jean Piaget)认知发展阶段论,这一理论指出——儿童在成长过程中的认知发展是呈阶段性表现的,不同认知阶段之间存在明显差别。比格斯经过研究后进一步指出,儿童的认知不仅在总体上具有阶段性的特点,而且在对某个具体知识的认知过程中,也具有阶段性的特点,因此儿童在学习新知识过程中表现出来的不同思维阶段是可以被观察到的,"可观察的学习成果结构"(SOLO, Structure of the Observed Learning Outcome)由此得名。依据这一理论,OM 学习模式主要包括两个方面:一是量的方面,即 OM 学习要点的数量;二是质的方面,即如何建构 OM 学习要点。这意味着,学生在具体 OM 学习时,都要经历一个从量变到质变的过程,每发生一次飞跃,学生对于 OM 的认知就进入更高的一个阶段。

当决定教 OM 课程时,某些特定的学习成果是预先设定的,比如:用聚焦分析、设计调整、决定执行的流程模式来创意解决问题。这不可避免地导致了环境的"封闭性",这是值得关注的。这些学习成果可能是关于量的(要学多少 OM 知识和技能),也可能是关于质的(学会原创、弹性解决各阶段实际问题),正是在这个基础上,SOLO 分类理论可能有用。[1]目前 SOLO 分类理论在各学科的应用初见成效,尤其是在历史、数学、地理、英语、现代语言等

学科的一般应用。因此,SOLO 分类理论在 OM 课程的探索和运用值得一试。

在 OM 课程的构建上,根据 SOLO 分类理论所提供的评价学习质量的方法,进行相应的设计(如表 2)。最终,OM 课程的升华可能会涉及 SOLO 学习中最高阶段——"抽象拓展结构阶段",这在初中课程对很多学生而言是比较困难的。绝大多数学生能完成"关联结构阶段"的学习就足够了,"关联结构"意味着在特定环境中,学生理解了 OM 基本概念及其相互关系,并可以在老师指导下完成 OM 相关设计和解题。所以,OM - SOLO 教学法既关注个别 OM 特长生,指导他们完成全部四个阶段的学习,也通过选择前三个学习阶段,来满足大多数同学的需求。

表 2　OM—SOLO 教学法简表

学习阶段	本阶段 学习描述	教师 对策	教师活动	学生活动
阶段 1: 前结构	学生没有形成对问题的理解,逻辑混乱	Hand by hand	讲解和演示	"热身"课程,SOLO 前置活动,熟悉 OM 活动
阶段 2: 单点结构或多点结构	学生对问题有单一或多个线索,同时产生相关回答	Hand by hand	SOLO 案例分析[2]	师生共同活动,合作完成解题或简单装置制作
阶段 3: 关联结构	解决问题时学生能联想多个回答并在多个回答之间进行联系	Hands on	参与学生的解题并给予必要指导和帮助	游戏卡:[3] OM - SOLO 训练(单人)
阶段 4: 抽象拓展结构	学生能对问题进行抽象概括,得出开放性结论,主动拓展问题	Hands off	袖手旁观。不干涉学生,但时刻观察和记录学习过程	游戏卡:[3] OM - SOLO 训练(双人或团队对抗)

三、创造力测试量表的数据分析

美国心理学家斯滕伯格(Robert J. Sternberg)认为创造力是智力、知识、思维风格、人格和动机五种心理资源与环境因素交互作用的结果,创造性思维的本质是人类大脑产生灵感或顿悟的心理加工过程。斯滕伯格 WICS 模型认为,创造力可以培养,也可以测量。[4]根据这一理论,华育中学 OM 教师团队设计出一套适用于 11—14 周岁儿童的创造力测试量表,并进行了实验数据的初步收集和分析。

(1)测试群体组成:本次创造力测试分析设置实验组和对照组。实验组为经过一学期(24 课时)OM‑SOLO 训练,并有 OM 比赛经验的 45 名同学,对照组为未经任何 OM 思维训练的学生 140 名,对照组来源于随机挑选的各年级学生,两组学生的年龄构成均为 11—14 周岁,年龄结构相对公平。

(2)测试量表的构成:本次测试共包含 20 道大项试题,共计 100 分,每题均侧重一项或两项有关创造力的思维能力考查,其中发散性思维题 11 道,收敛性思维题 4 道,想象思维题 6 道,逻辑思维题 9 道。经过第三方前测,理想平均分约 63 分。

(3)测试方式:60 分钟纸笔测试。

(4)测试时间:2019 年 4 月 2 日。

(5)测试量表的结果分析(数据精确到 1%或个位)(见图 2)。

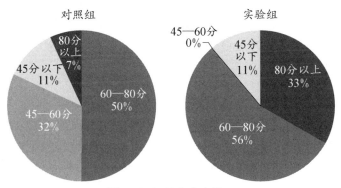

图 2 两组总分分布情况

1. 对照组和实验组总体得分水平

从测试的结果来看,实验组的平均分为 66 分,对照组为 61 分;实验组最高得分为 98 分,最低分为 44 分。对照组最高分 91 分,最低分 33 分。总体来看,经过 OM‑SOLO 训练的实验组成员,在创造力测试中具有一定的优势,他们的创造力测试水平整体高于对照组学生。

2. 创造力思维测试分类分析

（1）发散性思维

发散性思维（Divergent Thinking），又被称"扩散思维"或"求异思维"，是大脑在思维过程中呈现的一种扩散状态的思维模式。它表现为思维视野广阔并呈现出多元发散状，比如"一题多解""弹性迁移"等方式，不少心理学家认为，发散思维是创造力思维的主要表达形式之一，是测定创造力的重要标志之一。

本次测试中，设计了多道发散性思维测试题，如图3"Book"一词，怎样拿掉其中 4 根火柴，使其变成不同的英语单词。本题考验学生一题多解的能

图 3　火柴问题

力，在测试中对照组和实验组的得分没有明显区别，得分率均在 90% 左右，但是有一个细节值得关注——89% 的实验组学生主动尝试给出不止一个回答，有人甚至写出了 3 种以上正确回答；94% 的对照组学生只写 1 个回答，他们并没有想过要另辟蹊径，也没有作更多尝试和思考。

在涉及发散性思维考查的题目中，实验组的得分率为 81%，对照组为 73%，可见，通过 OM‑SOLO 训练的学生，在发散性思维能力方面得到了一定的有效锻炼。

（2）收敛性思维

收敛性思维（Convergent Thinking），又称"聚合思维"或"求同思维"。它的特点是使思维趋向条理简明化、逻辑化和规律化。收敛性思维与发散性思维相辅相成，具有互补性，不可偏废。在 OM 教学中，既重视培养学生发散性思维，又重视收敛性思维的训练，在"求同"和"存异"中，有效促进学生思维锻炼，提高学习能力。

本次测试中，设置了 4 道收敛性思维题。例如：请给下列几组词分别找出共同的定语：① 小路、大叔、尺；② 风、阳光、湖水；③ 树、头、山；④ 红色、鸟、玉米。

本题实验组的得分率为 60%，对照组仅为 44%。涉及收敛性思维的所有题目中，实验组平均得分率为 70%，对照组为 61%。得分率越低的题，两

组之间的分差越大,甚至超过 30%的对照组同学出现 0 分的情况;相较而言,实验组情况要好一些,没有 0 分的情况,还有部分得高分。所以,经过 OM - SOLO 训练的学生,有更加清晰的条理,能够快速冷静地在有效时间内找出问题的规律。

(3)想象思维

想象思维(Imaginative Thinking),这种思维活动借助大脑的形象化概括,对脑内已有的记忆表象进行加工、改造或重组,是创新的重要思维形式之一。OM 教学中特别注重保护和挖掘学生原生态的想象思维,成人的太多干涉并不能为儿童的想象思维添砖加瓦,反而产生约束效力。

本次测试也特别注重想象力的考查,共出现了 6 道想象思维测试题,其中实验组得分率为 71%,对照组的得分率为 68%,从分数上看,实验组情况较好,实际两组学生的差异并不明显。经过训练的学生会更加熟悉这类题目,知道有目的地发挥想象力,并根据题目要求进行作答,未经训练的学生不太清楚题目的要求,思考过程中缺乏目的性,因此想象力发挥反被束缚,成了无本之木。说明经过训练的孩子,更加勇于发挥想象力,更加擅长表达自己的创新成果。

(4)逻辑思维

逻辑思维(Logical Thinking),是思维的高级形式,它常被称为"抽象思维",它指的是将思维内容联结、组织在一起的方式或形式。思维是以概念、范畴为工具去反映和认识客观世界,这些概念和范畴是以某种框架形式存在于人的大脑之中,即思维结构。在逻辑思维中,要运用到概念、判断、推理等思维形式和比较、分析、综合、抽象、概括等思维方法,这需要长期有效的训练。

本次测试涉及逻辑思维能力,表现为概念和推理题目。逻辑思维能力的提升是需要通过训练的,毫无疑问,实验组以 79%的得分率较明显地超过了对照组 64%的得分率。对照组中 47%同学在较难的推理题中得分为 0,只有9%对照组同学能够完成所有有关逻辑思维能力的题目。实验组的同学,对待此类问题更加沉着冷静,根据题目的要求步步为营,经过推导得出各题的答案。

3. 初步结论

通过对测试数据分析可知:经过一学期训练,实验组同学的创造力有了较为明显的提升,他们在各个板块的得分率和对照组学生比较,的确存在一定优势。

其中,差异最大的两大板块是收敛性思维和逻辑思维。初中学生在收敛性思维和逻辑思维上存在一定的困难和困惑,但是这两种思维能力是可训练的,且训练的效果比较显著。

两组同学在想象思维和发散性思维方面的确存在差异,但是差异并不大,这说明初中生的感性认知还处在蓬勃发展期,加以引导和鼓励,无须太多成人的干涉和约束。这两个板块强制训练的效果并不好,弱化训练感,加强启发和鼓励表达,是有效的。特别指出,11—14岁之间跨班级、跨年级的同伴互助学习,收效显著。

综上所述,下一阶段OM-SOLO训练中,应加强收敛性思维和逻辑思维的推导训练,对于发散性思维和想象思维予以更多启发和展示的舞台。多强调综合运用、触类旁通,也注重推广类型归纳和推理判断。实际训练时,并不强调运用了何种思维方法,而是重点关注学生所能达到的具体思维层次,能够在解题素材中找到两条以上有效信息的学生,能力层次比找不到或只找到一条的高。能从中举一反三找到规律的学生,能力层次又比单纯分析OM题目材料的高。

(注:性别差异不在本次实验的考量范围内。)

参考文献

[1] John B. Biggs. 学习质量评价:SOLO分类理论[M]. 人民教育出版社,2010

[2] SOLO案例. 华育中学OM解题资料库和OM比赛录像.

[3] OM-SOLO训练游戏卡. 华育中学校本OM配套教具,适用于第三、四学习阶段学生.

[4] 蒋京川. 斯滕伯格的智力理论及其研究[D]. 南京师范大学,2007

基于单元主题的初一年级美文拓展阅读指导策略研究

■上海市民办华育中学　金国旗　陈琦　曹佳妍　汤琳

摘　要: 美文是篇幅短小、文质优美、表达自由、感情真挚的一种白话散体文学体裁。在新课改背景下,中学语文教育中对美文进行拓展阅读是重要教学内容之一。初一年级的学生正处于人生观、价值观形成的重要阶段,并有一定的语文常识和字词等基础知识的积累,正是培养阅读习惯、拓宽阅读视野的黄金时期,需要老师从课堂到学习活动诸多方面对学生进行文本拓展和阅读指导,以期提高阅读兴趣,使阅读成为学生的一种优秀习惯。

关键词: 单元主题　初一　美文　阅读指导

《上海市初中语文学科教学基本要求》指出:"初中阶段的现代文阅读要求能掌握现代文阅读的基本方法和策略,养成良好的阅读习惯;能体会作品的艺术魅力,汲取作品中蕴含的优秀文化,培养高尚的审美情趣。"阅读是学生的语文基本能力之一,尤其对于已经有一定语言基础的初一学生,如何让他们读"好文章"、读"好"文章是语文教师的必要课题之一。本研究将从这两个方面展开,旨在于给予初一年级的教师和学生　定的指导。

一、界定

沪教版教材实行单元教学形式,即以一个单元作为语文教学的基本单位,从整体出发,统筹安排,以一篇或两篇带动整个单元教学,把讲读、自读、练习、写作、考查等环节有机地灵活地结合起来,形成一个不可分割的教学整体。单元主题即该单元既定的内容主题。如,沪教版初一年级上册教材中的第一单元主题为"成长纪事",第二单元主题为"故乡情思"等。

什么是美文?早前梁启超先生就曾经对"美文"的"美"提出过要求。学者刘宝昌在《现代美文文体论》一文中总结出了美文的三个文体特征:"美文的篇制是短小。现代美文传统就是短小、精致、凝练的艺术。美文的本质是审美性。审美性是美文的本质品格。审美性表现在诸多层面,是思想内容与语言形式双重的美。美文的精神是自由。美文无论是在形式层面上,还是在内容和精神层面上,都应该是自由的。"美文应该具有语言形式上的美感,给人以阅读的愉悦享受,是凭感性认识能够理解感受到的美妙。

周作人先生曾在《美文》一文中给美文定义为:"一批评的,是学术的。二记述的,是艺术性的,又称作美文,这里边又可以分为叙事和抒情,但也很多两者夹杂的。"《简明茅盾词典》对美文的定义为:"美文有广义与狭义二说,广义者泛指一切文字优美之文章,狭义者则专指小品散文。后者特点为短小隽永,深入浅出,叙事、抒情、议论相结合,语言清丽优雅,形式自由活泼,给人以一种独有的美感。按内容不同可分为讽刺小品、时事小品、历史小品、科学小品等。"

长安大学文学艺术与传播学院霍忠义副教授在前人概念的基础上进行比较分析,做出了以下概括:"美文是篇幅短小、文质优美、表达自由、感情真挚的一种白话散体文学体裁。"笔者就将本文中的美文界定为此意。

二、研究背景

在新课改的背景下,中学语文教育中美文拓展阅读是当今的一个重要的趋势。美文拓展阅读可以使学生获得成长,获得对生命和对生活的最深切的认知与感悟,可以充分培养学生们的文学素养,提高学生们对于文字的把握以及欣赏水平,同时能够激发他们的学习兴趣,提高他们的作文水平。

对于初一年级的学生来说,正处于人生观、价值观形成的重要阶段,在心智上也正处于从儿童时期过渡到青年时期的特殊阶段——青春期。这个年龄段的学生,在学情方面,有一定的语文常识、字词的积累,所以就心智发育和学情而言,初一阶段正是培养阅读习惯、拓宽阅读视野的黄金时期,这段时期内,更需要老师将对学生的阅读指导从课堂引申到课堂以外。当前数理化仍然占据了学生的主要时间,初中学生的阅读时间、阅读量被大量压缩。如何在有限的时间里指导学生有效阅读,提高阅读兴趣,成为初中语文教师的重要任务。

已有的初中学生阅读书目出版物中,往往推荐阅读的书目数量繁多,收录的文章各种各样,但欠缺和初中生课堂相匹配的内容,对孩子的针对性阅读指导作用相对不够显著。配套教材下发的《语文综合学习》一书对孩子的阅读有了一定的指导,只是文章数量不够;已有的文章中少有孩子自己推荐的文章,和孩子自己的阅读兴趣相对有一定距离。

笔者邀请初一年级各个学习层次的同学召开座谈会,会中请学生交流对于教材中课文的阅读体验,分享自己的读书经验,讲解自己的读书故事、读书经历。通过座谈会,了解学生目前的读书情况和兴趣方向,同时也了解到学生对好文章的阅读需求,针对阅读指导的研究得到了学生们的肯定和欢迎。

因此,笔者开展了相关课题研究,力求解决阅读低效、读写割裂、脱离生活等问题。遵循学以致用的原则,以美文为范例,在阅读中学写作,正确处理好借鉴和创作的关系,打通读与写的通道。

三、研究基础

为比较全面地了解学生的课外阅读现状和阅读特点,包括学生阅读兴趣、阅读时间和课余时间比例、阅读媒介、家庭阅读习惯与学生阅读的关系等,同时,根据阅读现状的调查分析其原因,为接下来基于单元主题的美文阅读拓展教学提供依据,也为便于教师根据学生的不同现状进行有效的指导,笔者开展了关于初中生课外阅读习惯的调查。

调查内容分为五部分:① 初中生每日阅读时间和阅读量。② 初中生的阅读对象。③ 初中生的阅读态度和阅读习惯。④ 初中生课外读物的兴趣。⑤ 教师引导与学生阅读的关系。

调查方法包括:① 问卷调查(如下)。② 座谈交流。这是本调查采用的补充手段,针对某些尚需进一步了解与研究的问题有选择地与有关学生交谈。

本次调查对象为华育中学全体初一学生,共计 326 人次。

初中生课外阅读习惯调查

亲爱的同学：

我们在进行一项关于学生课外阅读情况的调查。以下是对中学生课外阅读情况的调查问卷,对答案的选择与回答无所谓对与错,希望你能根据你的实际情况作真实的填写,以便于我们更好了解目前你在课外阅读中所存在的问题。谢谢合作!

1. 你喜欢课外阅读吗?（   ）

    A. 非常喜欢　　B. 比较喜欢　　C. 一般　　　　D. 不怎么喜欢

2. 你经常进行课外阅读吗?（   ）

    A. 每天都安排一定的时间读　　B. 有时读

    C. 很少读　　　　　　　　　　D. 基本不读

3. 你一般会选择什么时间进行阅读?（   ）

    A. 双休日　　　　B. 午间休息时　C. 晚上睡觉前一段时间

4. 每天花多少时间用来阅读课外书籍或美文?（   ）

    A. 2—3 小时　　B. 3—5 小时　　C. 5 小时以上　D. 2 小时以下

5. 你经常去逛书店吗?（   ）

    A. 经常去　　　B. 偶尔去　　　C. 不太去

6. 你经常去学校图书馆借书吗?（   ）

    A. 经常去　　　B. 偶尔去　　　C. 不太去

7. 你经常和同学交流课外读书的情况吗?（   ）

    A. 经常　　　　B. 有时　　　　C. 没有

8. 平时,你哪方面的书读得比较多一点?（   ）

    A. 文学书　　　　　　　　　　B. 科技方面的书

    C. 脑筋急转弯或儿童漫画之类的娱乐书

    D. 学习辅导用书　　　　　　　E. 其他_____

9. 你有写读书笔记的习惯吗?（   ）

    A. 有,并且经常写　　　　　　B. 有时会写

    C. 基本不写

10. 你阅读的源动力是什么?（多选)(　　　　　　）

A. 完全出于兴趣爱好　　　　B. 提高学习成绩

C. 提高个人素养　　　　　　D. 被迫

E. 其他_____

11. 你阅读的书籍类型有哪些？（多选）（　　　　）

A. 新闻报刊杂志　　　　　　B. 娱乐报刊杂志

C. 学科辅导题集　　　　　　D. 小说

E. 教科书　　　　　　　　　F. 专业书籍

G. 名家名著　　　　　　　　H. 畅销书

I. 其他_____

12. 请根据你对第 11 题中 A—H 选项的书籍类型的喜爱程度分类：（填代号）

特别喜欢：_____

喜欢：_____

一般：_____

不喜欢：_____

13. 你对于阅读最大的困惑是什么？（　　　　）

A. 不知道读什么　　　　　　B. 不知道怎么读

C. 在什么时间读　　　　　　D. 读了以后有什么用

14. 你觉得读书对你的最大帮助是什么？（　　　　）

A. 学到了很多知识，有助于学业

B. 树立了正确价值观、人生观，提升了素养

C. 活用了课余时间，使身心放松

D. 拓展了视野，拓宽了知识面

15. 请简要列举你喜欢的作家和作品。

调查结果显示：

（1）学生定时定点阅读课外书的人数比例很少，大部分没有养成良好的阅读习惯。虽然有 67.2% 的孩子喜欢课外阅读并认为课外阅读对他们有很大的用处与帮助，但也要看到还有 2.6% 的学生根本就不喜欢课外阅读。

（2）学生课外阅读时间不是很固定，有一部分学生只是偶尔读一读，还是

没有良好的、稳定的阅读习惯,阅读的量也明显偏低。

要使学生自觉地、有目的地、专心地进行课外阅读,使他们养成良好的阅读习惯,首先要激发学生的阅读兴趣;其次,教师还要采取各种措施引导学生,逐步使阅读成为学生自觉的行为。教师在课外阅读中应该起领军的重要作用,还应该注重学生的反馈,及时分析情况,灵活机动处理。所以,教师在引导方面还应有所作为,切实负起责任来。

四、指导策略

在日常教学中,教师可以根据初一年级学生的学情指导学生如何更有效地进行基于单元主题的美文拓展阅读。

(一)在课堂中学习研读美文的方法

学生读多少文章、怎么去读,都是基于是否有阅读兴趣。俗话说兴趣是最好的老师。对于初一年级的学生来说,要有效地对学生进行美文拓展阅读的课堂指导,就要首先了解学生的学习情况,从而在课堂上可以对其进行兴趣的激发。

沪教版初中语文教材,在教材设计方面就很注重单元主题的设置,如"两代人的心灵沟通"单元、"自然奥秘"单元、"议论纵横"单元等。充分利用好每个单元的主题,是引导学生进行基于单元主题的美文拓展阅读的必要条件。教师在设计课堂教学活动的过程中,就可以加入相应的美文拓展阅读,帮助学生更好地进行课外阅读延伸。

例如,在学习七年级下册第二单元"两代人的心灵沟通"时,这个单元就有很多值得进行拓展阅读的课文。教师可以推荐相应作家的其他散文作品,作为美文推荐,引导学生关注同类作家的同类作品,在课堂上及课后激发学生阅读美文的兴趣。如在教授《背影》(朱自清)的时候,可以推荐朱自清的其他著名散文作品,如《荷塘月色》《桨声灯影里的秦淮河》《旅行杂记》等都是很好的美文。

又如在教授课文《秋天的怀念》(史铁生)时,可以在课堂上带领学生欣赏他的代表散文作品《我与地坛》《合欢树》,这些美文不仅仅跟教授的课文有一定的联系,是对课堂教学的一个有益补充,更能够使学生对作家作品的理解和阅读做到由点及面,更全面、更深入地理解作者的创作风格、心境经历等。

在进行课堂上的美文拓展阅读时,可以有多种教学手段加以呈现,如配乐朗读(比较适合散文作品的推荐),还可以布置课后美文拓展阅读作业(无论是教师推荐相应阅读篇目还是学生根据教师要求自行选择美文篇目皆可),在第二节课时进行反馈、展示、交流等。

(二) 在作业中积累优秀的阅读文本

初一年级上下两册语文书共 16 个主题,每上完一个主题,教师会要求学生精选与课本内容相近的美文进行拓展阅读,学生在这一过程中可就思想、体裁、结构、技巧、语言等内容与教材中的文章进行比较阅读,以达到深刻理解教材、提高分析概括能力、促进认知能力不断提高的目的。实践下来,有以下几种做法实用且有效。

1. 美文推荐

在平时教学中,可以设计常规性的美文拓展阅读教学活动,以使学生养成长期的阅读习惯。例如,每周可以安排一位学生进行基于当前所学的单元主题内容,推荐相应美文。初一阶段,于课堂对学生的推荐提出了更明确的要求,要求学生更多关注课堂所学的知识,寻找同作者、同题材、同时代不同作品进行推荐。

在这阶段,也涌现出了不少优秀的好书推荐的作品。如有同学在学习七年级第一学期"故乡情思"单元后,推荐了周作人的《故乡的野菜》一文,让大家更深切地感受作者强烈的思乡之情;有同学在学习七年级第一学期"山水清韵"单元后,推荐了同主题的余秋雨的《仁者乐山》一文。在学习完"风俗世情"单元后,学生在一次"好书推荐"时,向大家推荐了汪曾祺的《城隍·土地·灶王爷》,汪曾祺风俗类散文很适合初一年级的学生阅读,作品中蕴含着宏远的思想,以"中国味"的文学创作来探讨民族心态。

学生挑选喜欢的书籍阅读后选择亮点,通过 PPT 的形式将书本内容、精彩片段和自己的点评、感悟,向同学介绍,通过读美文、推荐美文的形式,提高学生阅读与学习的积极性,把阅读变为悦读。

2. 学生摘抄

初一阶段,可以针对单元主题,鼓励学生拓展自己的阅读视野,完成一定量的摘抄、积累。比如,唐诗、宋词的学习是非常重要的教学内容,在此学习过程中,有大量学生都选择了结合单元主题和作者对唐诗、宋词进行积累,与此同时,推荐"走进唐诗"系列散文阅读。

通过摘抄和教材主题有关的经典美文,把语文课本人文性拓展延伸,真正提高学生的人文素养。通过阅读,学生能够有厚重的积淀,在摘引原文的同时,学生进行作品评析,与大师对话,与圣贤对话,与人类的崇高精神对话,净化孩子的心灵,塑造美好的人性。

3. 学生剪报

初一阶段,可以布置以单元主题为主题的剪报作业,有意识地提醒学生结合单元学习内容拓展自己的课外阅读。大多数学生都能选择自己感兴趣的单元主题完成剪报的制作,比如有学生选择七年级第一学期第二单元的"故乡情思"完成了一期名为"故乡"的剪报作业;有学生选择七年级第一学期第一单元的"亲近自然"完成了一期名为"叶醉"的剪报作业等。

通过主题拓展式阅读,通过剪报的形式引导学生阅读时文,让学生从时文中去发现观点,延伸观点,最终将其合理巧妙地运用到自己的写作中去,让他们有写作的成就感,最终爱上写作,爱上语文。

(三)在活动中交流阅读的成果

为了提高学生阅读的积极性和兴趣,也为了让拓展阅读更有成效,教师可于每个学期安排两节专门的阅读课开展阅读沙龙,可以以教师导读、学生讨论的形式进行。教师组织学生围绕主题进行讨论,交流自己的阅读感悟,学生围绕选题和阅读美文讨论,包括对美文的认知、体会,美文对自己产生的影响等。

同时,定期举行读书报告会,学生做经典诗文专题讲座,开展读书征文活动等,对阅读效果进行检验,并进一步营造良好的读书氛围。

五、结语

对教师而言,指导阅读,要提前备课,做好计划,合理安排课内文章及所选类文的授课时间;上好阅读指导课,教给学生阅读方法,大胆放手,把时间还给学生,鼓励学生自主阅读;阅读形式要适时创新、变化,精读、泛读相结合;布置课外阅读篇目时,要任务明确,做好监管,避免放任自流;营造良好的阅读氛围,以活动促阅读。

同时,相信通过单元主题的引导和相应作品的学习,学生将会对同类型的文学作品有更好的理解,能够在今后的语文学习过程中,关注单元主题的价值和意义,更有助于自己对同单元主题的课文的理解和融会贯通。

参考文献

[1] 上海市教育委员会教学研究室编.上海市初中语文学科教学基本要求[M].上海教育出版社,2017

[2] 语文综合学习(七年级)[M].上海辞书出版社,2006

[3] 梁启超.中国之美文及其历史[M].东方出版社,2012

[4] 刘保昌.现代美义文体论.中州学刊[J].2010:(1)

[5] 霍忠义.什么是美文.光明日报,2018 年 12 月 21 日(16 版)

初中语文作业设计有效性转化策略探究

——以古诗文作业为例

■上海市民办华育中学　**唐轶**

摘　要： 基于沪教版语文教材的古诗文编排特点，结合古诗文作业现状调查问卷的分析结果，回观语文的工具性、人文性特点，以初中阶段的古诗文作业的优化为例，探究初中语文古诗文作业设计的有效性转化，初步优化初中古诗文作业形式，在理解诗意、浸润诗意的过程中，提升学生古诗文学习的兴趣，开拓学生古诗文的视野，提高学生的品德修养，进而逐步形成健全的人格。

关键词： 初中语文　古诗文　作业　有效性

语文因为其丰富性呈现出多元化、个性化的特点，语文教师在设计作业时应以培养学生的综合素养为发展目标，秉承"学生为本"的教育理念，更迭革新教学观念，实现"减负、增效、提质"的高效初中语文作业设计，全面提升学生的语文素养。笔者在进行《基于课程标准下的初中语文作业转化实践研究》的课题研究过程中，积极开展了一系列古诗文作业有效性转化的教育教学实践，希望通过优化古诗文的作业设计更好地渗透古诗文的教学精髓，推动学生对古诗文的重视，提升学生的欣赏品位和审美情趣，提高学生的品德修养和道德素养，进而逐步形成健全的人格。

(一) 现有教材中古诗文编排的特点

在研究初期，笔者以沪教版初中语文课本作为研究对象，取样范围为六年级到九年级合计四个年级，每个年级两册语文书，共计 8 册。在深入研究和分析后发现，现有教材中古诗文编排有以下几个特点：

1. 收录进教材的古诗文篇目数量庞大

从古诗而言,8 册语文书,每册 8 个单元,每个单元后都附有两首每周一诗,共计 128 首诗歌。除此之外,教材中还有独立的诗歌单元,如寄情山水单元 8 首,唐诗精华单元 16 首,宋词集萃单元 14 首,散曲小唱单元 6 首,共计 44 首。这些诗歌总计有 172 首,分布在四个年级,平均每位学生每个年级段要学习 40 余首的诗歌。从古文而言,语文教材中收录六年级《陈太丘与友期》等 9 篇、七年级《伤仲永》等 12 篇、八年级《生于忧患,死于安乐》等 12 篇、九年级《出师表》等 10 篇,共计 43 篇。平均计算后发现,每位初中生几乎每周都要涉及古诗文的学习,这样的学习要贯穿整个四年的初中语文学习生涯。

2. 需要学生记忆、背默的古诗文数量繁多

从语文教材的学习要求而言,几乎所有的每周一诗都有背诵和默写的要求,并且进入考察的范围。在诗歌主题单元中,重点诗歌篇目除了有背诵要求以外,还需要学生能对诗歌进行理解和赏析,对学生灵活运用知识的能力提出了更高的要求。从初中阶段教材中收录的 43 篇古文看,不打星号的为重点讲解篇目,也是初中阶段默写、分析、理解的重点。以《中考文言诗文考试篇目点击》为例,里面收录了现在初中阶段毕业考试指定的 30 篇古文,其中需要背默的就有 16 篇,篇幅较长的有《岳阳楼记》《醉翁亭记》《桃花源记》等,都是反复考察的重点,学生的背诵负担较重。

3. 教材中收录的古诗文篇目历史跨度大,题材多样化

教材中收录的古诗文篇目从时代分布来看,历史跨度很大,从先秦的《诗经》到春秋战国的《孔孟论学》,从汉代的《乐府诗》到魏晋南北朝的《观沧海》,从唐代的《望岳》到宋代《生查子》,从元代《一枝花》到清代《狼》。虽然大多数古诗文作品来自唐宋两代,但同时也兼顾了先秦至清朝几乎每个朝代,贯穿整个中国文化史。从古诗文的题材来看,内容也是丰富多样的,从楚辞到乐府,从唐诗到宋词,从元曲到明清散文,花样繁多,琳琅满目。

4. 教材中的古诗文以单元主题作为编排的依据,没有形成完整的体系

教材中的每周一诗选取和古文的编排都是跟随单元主题的内容制定的,追求内容上的相近性,但是几乎不考虑所选诗文的作者、时代和体例。如七年级下册第 8 单元"传奇故事"中的每周一诗是晋代陶渊明的《读山海经》和唐代杜甫的《江上值水如海势聊短述》,八年级下册第 8 单元"动物的启示"中

放入了唐代柳宗元的《黔之驴》、宋代苏轼的《黠鼠赋》、明代宋濂的《束氏蓄猫》、清代蒲松龄的《狼》,在教学中也无法真正将古诗文还原到古典诗文历史发展轨迹中,致使古诗文的教学内容和作业的设计比较零散,缺少整体性。

(二) 古诗文作业的现状

分析研究古诗文在语文教材中的收录排布特点后,课题组制作了《初中古诗文作业调查问卷》(以下简称《调查问卷》),并在全校范围内邀请预初至初二年级共 1 021 位学生和 18 位教师共同参与本次调查问卷。调查问卷分为学生版和教师版两个版本。通过调查问卷更全面清晰地了解了学生古诗文作业的现状以及教师在设计古诗文作业过程中遇到的困惑,这些宝贵的数据统计为课题研究提供了坚实的依靠,翔实的数据统计和汇总为教学实践指明了方向。在研究分析这些数据后发现目前的学校古诗文作业有以下几个特点:

1. 古诗文的作业大多停留在抄写、背诵和默写的层面上,形式较为单一

"课标"将课程内容分为"识字与写字""阅读""写作""口语交际""综合学习"五种类型,教师在设计古诗文作业时也应围绕"听、说、读、写、用"这五大能力,不断整合、提升。但根据《调查问卷》分析发现,现有的古诗文作业设计几乎都停留在"识字与写字"和"阅读巩固型"层面上,从占比来看高达 92%;写作表达型和综合学习型的古诗文作业设计明显匮乏,仅各占 4%。类型单一的古诗文作业布置把学生的古诗文学习推至简单的记忆和背诵层面,语文综合素养的提升并没有在古诗文作业的设计中体现出来。

2. 学生对完成古诗文作业的兴趣度不高,热情不够,无法激发学生对于古诗文情感的共鸣

"兴趣是最好的老师",从学生完成古诗文作业的兴趣度而言,比例并不占优势,学生相对更喜欢完成现代文的阅读练习或者是作文的写作。《调查问卷》中显示喜欢完成古诗文作业的学生仅为 25%,呈现出初中生对于古诗文的学习兴趣偏低、热情不高的态势。教师在设计古诗文作业的时候没有真正关注和提升学生古诗文学习的兴趣,没有做到教学的内容和作业的设计相一致,未能达成教学的有效性。

3. 古诗文作业缺乏诗意的气息,没有动态地生长性的延伸

古诗文是中华民族文化的精髓,是中华民族智慧的结晶,初中阶段古诗

文都是文质兼备的精华,学生应该通过古诗文的作业不断浸润其中,感受诗歌深邃的意境,理解古文动人的哲理,其意义和收获不仅在当下,更在未来。但是《调查问卷》中仅34%的学生认为现有的古诗文作业给自己带来收获,其原因是通过反复抄写、背诵和默写古诗文篇目能够直接提高成绩。这样的古诗文作业设计是无法让学生感受古典诗文魅力的,更不能促进学生精神的成长。

(三) 优化古诗文作业,转化传统作业模式

基于沪教版语文教材的古诗文编排特点,结合《调查问卷》的分析结果,回观语文的工具性、人文性特点,课题组认为优化古诗文作业,转化传统的古诗文作业设计是一项重要而迫切的任务,是语文教学义不容辞的责任。

课题组以《九年义务教育语文课程标准》总目标为导向,希望能改变应试型的古诗文作业模式,不仅仅以了解诗歌内容、准确背诵诗歌、掌握字词释义、复述中心思想为目标,而是通过"诵读优秀诗文"来"认识中华文化的丰富博大,吸收民族文化的智慧""培养学生热爱祖国语文文字的思想感情",以提高学生文学素养和对祖国文化的认同感与传承意识为抓手,让学生在诵读古诗文中感悟中华民族博大精深的文化智慧,在鉴赏古诗文中树立大国文化的自信心和自豪感,在理解古诗文中逐步形成积极的人生态度和正确的价值观。

1. 情理结合,深入解读学生古诗文学习的需求,减少古诗文书面作业数量,整合听说读写的综合能力,转化作业设计的温度

"教育是一种培养人的社会活动",是教育者对学生身心施以影响的复杂活动,它决定了教与学不是流水线上模式化的操作,课堂与作业也不是简单的机械化的程序。教师要基于学生内心的诉求,古诗文作业改进探索时,要从书面走向口头,从单一走向多元,从知识走向情感,让学生从烦琐、机械的背诵默写作业中摆脱出来。

在古诗文作业的设计过程中,教师可以创新作业,激发学生的想象力和创造力。在形式上可以是续编文言文故事、演绎文言课本剧等。如续写《王顾左右而言他》之后的情节,让学生想象王会不会听从建议而有所改变,去体会历史的风起云涌;如演绎《陈涉世家》中"丹书鱼腹""篝火狐鸣"等情节去感受陈胜、吴广足智多谋、高超的政治才能。也可以是改变古诗词的体裁,如改

写《山居秋暝》《题破山寺后禅院》等,让学生用散文化的语言把诗词中描绘的内容串成一篇优美的散文,对改编后的散文进行深入体会,再与原诗进行对照品读,进而理解诗词语拥有凝练美、韵律美的独特审美价值,突破狭隘的诗意空间,得到美的熏陶。

2. 趣实结合,利用文化文学常识,提高作业趣味性和实用性,转化作业设计的力度

对新事物的渴求和好奇是初中生汲取知识的触发点,是初中生对语文兴趣的来源点,教师可以利用学生对古诗文的好奇心,巧妙设计趣味性高的作业,将其渗透到预习、课堂和复习的多个环节中,挖掘文史结合的实用性,切实优化作业形式。

如布置预习北宋欧阳修《卖油翁》时,可以设计这样一个作业:为什么卖油翁酌油"自钱孔入,而钱不湿"能体现比陈尧咨"善射,当世无双"更高的技巧?这个预习作业立刻引发了学生的兴趣,也需要学生调动一定的文学文化常识,通过小组合作、查阅资料、引经据典才能完成,学生的能动性完全被激发出来了。原来这需要引入宋代古钱的知识。当时通用的是小平钱,以中穿而言,钱孔的直径应该是 0.6 cm 左右,甚至有学生用纸板制作一个宋代古钱的样子,更直观地了解钱孔之小。油与箭相比又是质轻之物,易受空气的影响,由此得出酌油的难度要远高于射箭,进而体现卖油翁高超的酌油技艺,得出熟能生巧的道理。这样的古文预习作业是经过教师精心筛选和设计的,是采用适当的方法获取、加工的,不仅直观、具体,加深学生对内容、人物的理解,更能实现文学和文化的迁移,不仅能够触发学生的能动性,拓宽视野,更能达到语文学科教书育人的终极目标。

3. 内外结合,发挥背景资料作用,从课内引导到课外阅读,转化作业设计的厚度

古诗文距离现在的年代遥远,介入古诗文相关的背景资料,拉近学生同古诗文作业的距离也是提高教学效率的有力手段,既可以指导学生围绕背景资料阅读相关的课外书籍,建构一个更为广阔的阅读空间,又能实现语文学科的"人文性"。

如布置《干将莫邪》预习作业时,教师可以设计质疑环节,让学生罗列初读文本时的困惑和问题,让学生探索式地自我释疑并达到知识迁移的目的。

学生提出"赤自杀后为何能双手捧着脑袋和剑,尸体却僵立不倒"?"为何头三天三夜也煮不烂,还跳出汤锅,瞪着眼睛充满愤怒?"……当这些在现实生活不存在甚至匪夷所思的情节成为学生争先质疑的焦点,当学生无法用现有的知识解读内心的好奇时,教师可以先让学生明白《干将莫邪》出自《搜神记》,适时引入神话的文体特征,强调神话的幻想色彩,其中的人物往往具有超凡的本领,超人的神力,作者借助神话人物反映现实愿望,表达内心诉求。这时学生就能够在教师所提供的背景资料下自我探索、释疑、理解,感受《干将莫邪》传递出来的古代劳动人民对残暴统治者强烈的复仇精神,体会他们敢于抗暴、誓死不屈的精神。教师适时地指导学生去阅读《搜神记》《山海经》等神话书籍,将整体的知识进行串联,使课外阅读的指导有据可循,让古诗文作业从课内延伸到课外,不再局限于课本、课堂,让初中生走向自主化、多元化、立体化的学习。

4. 动静结合,利用古诗文课外拓展活动作业,提升学生语文能力和语文素养,转化作业设计的广度

结合"口语交际"和"综合学习"的要求,教师在设计古诗文作业时,可以把课外拓展作业定为学生自主、自愿、自发的活动,成为学生学习古诗文的另一个阵地,让学生在古诗文课外拓展作业中享受学习古诗文的乐趣,感受古诗文带来的激励。

古诗文课外拓展活动作业设计是丰富多彩的。一是可以开展竞赛,激发兴趣。对于初中生而言,他们强烈地希望得到别人对他们能力的赞扬与肯定,营造良好的古诗文作业竞争环境很重要。围绕古诗文篇幅短小、朗朗上口、易于背诵的特点,教师可以设计吟诵比赛、速背比赛、默写比赛等,在轻松愉悦的氛围中学生对古诗文的理解和热爱又上了一个新的台阶。如六年级举行"古典诗词吟诵大赛",七年级举行"古诗争霸大赛",八年级举行"古诗词创作大赛"等,在竞赛和活动中充分调动学生学习古诗文的兴趣和积极性,让古诗文的美妙气息洋溢在校园中。二是可以在第二课堂、社团课无限拓展。课堂以《唐诗鉴赏辞典》《唐诗三百首》《宋诗鉴赏词典》《中国文学史》等书本为参考,选择适合初中生精读的篇目,重新梳理文学史。对于经典诗歌,逐一欣赏品评,让学生做到对古诗发展有整体性的把握。鼓励学生多读诗,不仅能背诵,还能鉴赏诗歌。三是可以让学生自定主题,自编专辑。对古诗文有

兴趣的师生可以建立社团,如我们学校的"尔雅诗词社",自主办社刊,搞社团活动,吟诗作对,不亦乐乎,让古诗文作业走出课堂,走入校园的每个角落,走进学生的心灵生活。

5. 古今结合,运用现代教育技术,提升作业和信息技术的整合,再现古诗词之美,转化作业设计的角度

在转化古诗文作业设计时可以利用现代信息技术,如微课,来建构翻转课堂,依托网络搭建微信平台等,兼顾不同层次学生的需要,尊重学生的差异性,弥补大班授课在教授内容一致上带来的影响,提升作业的质量。课题组以初三年级《登泰山记》作业设计为例,将利用现代信息技术设计作业的前后进行对比:

表 《登泰山记》作业设计

作业阶段	传统古文作业设计	改进后的古文作业设计	利用信息技术优势
课前预习	正音并预习课文内容,抄写原文,感受泰山雄浑之美	搜索泰山图片、视频,结合名家相关诗文作品,感受泰山雄浑之美	创设情境,直观形象,减负化压
课堂巩固	通篇梳理常见文言实词、虚词、文言句式,完成文言字词积累	利用多媒体呈现重点文言实词、虚词、文言句式,用小组比赛形式,积累文言字词	激发兴趣,提高合作意识,提升学习效果
当堂作业	翻译课文内容,背诵课文	借名家朗读录音,进行听读、跟读、仿读,以读代背,圈划重点语句,整体感知	营造氛围,确定标尺,快速记忆,达成情感共鸣
课后复习	抄写文常、段意、中心,完成相关课外练习题	观看教师录制的微课,完成微课作业	依据学情反复观摩,保护自尊,提升作业质量
评价反馈	教师批阅,检查作业完整度	利用"简书"或微信公众号发布作业,参与评论	从课内走向实践,强化交流,形成态度观和价值观

现代信息技术在作业中的渗透,可以形成教与学、学与练之间思维的碰撞,来满足学生古诗文作业中个性化、深度学习的需要。

（四）优化古诗文作业设计，引领初中语文作业有效性转化

本课题组对初中语文作业设计有效性转化策略进行探究，以"学生成长体验"为出发点，植根于学生阅读生活领域，以古诗文作业为例，借助古典诗文这一载体，在提升学生对古诗文作业的兴趣、提高学生的品德修养和审美情趣的同时，更让学生认识人类文化的丰厚博大，让学生关心当代文化生活，吸收民族文化智慧，吸取人类多元优秀文化的营养。

同时课题组也鼓励教师沉下心跟学生一起去读古典诗文，研究古诗文作业设计的新途径，从中汲取营养，滋润心田，提升文化素质，在实践中自觉培育高尚精神境界和文化素养，进而最终达到"借助优秀作品陶冶情感，用外在的美好事物塑造他们内在的美的心灵，培养美的情操，磨砺美的意志，形成美的性格，完善美的人性"，形成系统化的古诗文作业设计框架来推进校园文化建设，营造浓郁书香文化，积淀民族传承。

参考文献

［1］陈玉红.中学生古诗文学习兴趣激活策略[J].语文课内外，2018：（26）

［2］卢应语.初中古诗词教学艺术浅谈[J].青年与社会，2014：（8）

［3］洪东府.迈向名师的专业成长之路[M].上海远东出版社，2005

基于学生素质差异进行个别化书法
教学的探索和研究

■上海市民办华育中学　苏宗辉

摘　要：我校开设了书法课的教学,但在具体的书法教学过程中学生素质差异比较明显,很难一刀切进行教学。为了更好地提高每位学生的书法水平和艺术素养,个别化书法教学是非常有必要的。本文就基于学生素质差异进行个别化教学展开探索和研究,希望能对接下来的书法教学提供更多可以借鉴的成功案例和教学经验。

关键词：书法课　书法教学　差异　个别化

目前发展学生的书法个别化性有多种教学方式,我们又何以选择个别化教学,其中的原因是多方面的：学生间的个别差异要求实施个别化教学;实施个别化教学可以促进学生更加高效地提高学习能力。在我校书法教学过程中,针对我校学生书法的不同能力进行差异化教学,可以让学生在书法的学习过程中从不同方面提高自己。本文就从书法个别化教学展开探讨。

一、课程实践准备

在完成课题研究的方向和思路后开始着手制定针对初三年级学生的书法调研问卷分析表以及有三年基础的学生问卷调查表,旨在全面和重点了解初三学生的基本书法状况和对书法的认知程度,这与课题书法教学的计划与内容紧密相连。

针对初三年级学生做问卷调查：

书法调研问卷分析表

1. 你认为你的书写姿势正确吗?
    A. 正确 80.3%　　　　　　B. 不正确 14.7%
    C. 不确定 5%

2. 你对自己书写满意吗?
    A. 非常满意 10.2%　　　　B. 比较满意 15%
    C. 一般 25.6%　　　　　　D. 不满意 49.2%

3. 你之前是否接触过书法学习?
    A. 有 80.5%　　　　　　　B. 没有 19.5%

4. 请问你有练习过书法吗?
    A. 有,三年以上(接下去请从第 6 题开始答题)13.7%
    B. 有,三年以下(接下去请从第 6 题开始答题)45.7%
    C. 为应付学校书法考试上过几节课(请接下去回答第 5 题)21.1%
    D. 没有(请接下去回答第 5 题)19.5%

5. 假如考试时书写漂亮,卷面书写整齐,可以加分,你觉得你会学习书
   法吗?
    A. 会 60.2%　　　　　　　B. 不会 39.8%(接下去回答第 11 题)

6. 学习书法后你觉得对你平时书写有帮助吗?
    A. 有 80.4%　　　　　　　B. 没有 19.6%

7. 你是否掌握一些书法小技巧?
    A. 有 85.9%　　　　　　　B. 没有 14.1%

8. 你喜欢书法吗?
    A. 喜欢 85.2%　　　　　　B. 不喜欢 8%
    C. 不确定 5%　　　　　　　D. 其他 1.8%

9. 你觉得你学习书法后对你的性格有改变吗?
    A. 变沉稳了 65.1%　　　　B. 没有改变 34.2%
    C. 变急躁了 0.7%

10. 你觉得你学习书法对你修身养性有帮助吗?
    A. 有 88.6%　　　　　　　B. 不确定 10.3%

C. 没有 1.1%

11. 你觉得学习书法是：

A. 一种艺术 85.7%　　　　B. 一种生活 12.9%

C. 不确定 1.5%　　　　D. 其他

12. 你知道书法的一些基本字体吗？

A. 知道,5 种 98%　　　　B. 知道,4 种及 4 种以下 2%

C. 不知道

13. 你知道文房四宝吗? 它们是：

A. 笔、纸、墨、笔洗　　　　B. 纸、墨、笔架、砚

C. 笔、镇纸、墨、砚　　　　D. 笔、纸、墨、砚 100%

14. 你认为好的书写习惯的养成是：

A. 势在必行 93.6%　　　　B. 有必要 5.8%

C. 无所谓 0.6%

15. 你认为书法教育有必要吗？

A. 有 99%　　　　B. 没有 1%

16. 你是否愿意参加书法课？

A. 愿意 97.9%　　　　B. 不愿意 2.1%

17. 如果学校将书法课作为必要的科目,你是否赞同？

A. 是 95.7%　　　　B. 否 4.3%

18. 你是否期待专业的书法课？

A. 是 98.9%　　　　B. 否 1.1%

19. 你觉得自己性格：

A. 沉稳 20.2%　　　　B. 急躁 25.9%

C. 易怒 13.1%　　　　D. 活泼 30.1%

E. 多疑 10.7%　　　　F. 其他(请写出)

20. 你觉得自己是否是一个有礼貌的人？

A. 是 95.3%　　　　B. 不是 4.7%

21. 你觉得自己抗挫能力强吗？

A. 强 85.7%　　　　B. 一般 10.5%

C. 不强 3.8%

22. 你觉得自己自觉性强吗？
    A. 强 78.8%　　　　　B. 一般 15.7%
    C. 不强 5.5%

23. 你觉得自己自控能力强吗？
    A. 强 70.6%　　　　　B. 一般 17.8%
    C. 不强 11.6%

24. 请问你学习书法后有哪些变化？（此题为学习过书法的学生填写）

书法学习三年以上学生问卷情况分析

1. 你对自己书写满意吗？
   A. 非常满意 40.2%　　　B. 比较满意 58.8%
   C. 一般 1%　　　　　　D. 不满意

2. 学习书法后你觉得对你平时书写有帮助吗？
   A. 有 98.4%　　　　　B. 没有 1.6%

3. 你喜欢书法吗？
   A. 喜欢 98.6%　　　　B. 不喜欢
   C. 不确定 1.4%　　　　D. 其他

4. 你觉得学习书法后对你的性格有改变吗？
   A. 变沉稳了 94.6%　　B. 没有改变 5.4%
   C. 变急躁了

5. 你觉得学习书法对你修身养性有帮助吗？
   A. 有 100%　　　　　B. 不确定
   C. 没有

6. 你认为书法教育有必要吗？
   A. 有 100%　　　　　B. 没有

7. 你是否愿意参加书法课？
   A. 愿意 100%　　　　B. 不愿意

8. 如果学校将书法课作为必要的科目,你是否赞同？

A. 是 100%　　　　　　　B. 否

9. 你是否期待专业的书法课

A. 是 100%　　　　　　　B. 否

10. 你觉得自己性格

A. 沉稳 67.2%　　　　　　B. 急躁 8.4%

C. 易怒 3.5%　　　　　　 D. 活泼 20%

E. 多疑 0.9%　　　　　　 F. 其他(请写出)

11. 你觉得自己是否一个有礼貌的人?

A. 是 96.8%　　　　　　　B. 不是 3.2%

12. 你觉得自己抗挫能力强吗?

A. 强 90.7%　　　　　　　B. 一般 8.8%

C. 不强 0.5%

13. 你觉得自己自觉性强吗?

A. 强 89.8%　　　　　　　B. 一般 6.9%

C. 不强 3.3%

14. 你觉得自己自控能力强吗?

A. 强 92.7%　　　　　　　B. 一般 7.1%

C. 不强 0.2%

15. 请问你觉得学习书法后有哪些变化? (此题为学习过书法的学生填写)

表 1　对问卷情况的分析

整个初三年级学生问卷分析	有三年以上书法基础的学生问卷分析	结　论
1. 有 80.5% 的学生之前接触过书法的学习,但是对自己书写的满意度只有 10.2%,将近一半的学生对自己的书写都不满意	1. 有 98% 以上的学生对自己的书写都比较满意,觉得三年书法的学习书写技巧提高很多	1. 有三年书法学习的学生对自己书写的满意度比例大大超过整体的学生对书写满意度的比例

续　表

整个初三年级学生 问卷分析	有三年以上书法基础的 学生问卷分析	结　　论
2. 有65.1%的学生觉得学习书法后变得比较沉稳	2. 有94.6%的学生觉得学习书法后都变得比较沉稳	2. 有三年书法学习经历的学生觉得书法对自己心性变得沉稳比例大大超过整体的学生认为的比例,沉稳程度大大提高
3. 有85.2%的学生对书法都表示感兴趣,80%左右都觉得学习书法以后对性格对自身的修养都会改变和帮助	3. 有98.6%的学生对书法都非常感兴趣,98%觉得书法对性格和自我修养会改变很大	3. 长期坚持书法学习会大大改变性格和提高自我修养
4. 有90%以上学生都愿意参加书法课学习,认为养成书写习惯是非常有必要的,都很期待学校能够开设书法课	4. 全部学生愿意参加书法学习,觉得开设书法课势在必行	4. 学生对开设书法课都很期待,大部分都愿意参加书法学习
5. 有20.2%的学生觉得自己的性格沉稳,急躁和易怒占到将近40%	5. 有67.2%的学生觉得自己的性格沉稳	5. 书法基础好的学生性格基本比较沉稳,心理素质比较好
6. 有85.7%的学生认为抗挫折能力比较强,有78.8%的学生认为自己的自觉性比较强,有70.6%的学生认为自己自控能力比较强	6. 有90.7%的学生认为自己的抗挫折能力比较强,有89.8%的学生认为自己的自觉性比较强,有92.7%的学生认为自己自控能力比较强	6. 学习三年书法的学生的抗挫折能力、自觉性和自控力都大大超过整体学生水平

通过问卷的分析可以得知,超过80%的学生之前都接触过书法,但对自己目前的书法水平都不大满意;85%以上的学生都比较喜欢书法的学习,都希望通过书法学习来进一步提高自己书法水平以及改善自己的性格提高审美素养;有三年书法基础的学生都想再次通过学习提高书法水平。通过这些数据可以看出,学生基本都有一定的书法基础并且都希望再次提升书法水平,但是还有少部分学生对书法是排斥的。基于此,制定好接下来的教学计划和对个别学生的思想引导就非常有必要。

二、书法教学计划

因为艺术学科的特殊性,书法的教学与其他科目的教学会存在一定的差异——不像其他科目在教学上可以保持统一的进度然后进行统一的考核——很难在教学上进行严格意义上的一刀切。所以针对学生的差异化情况制定了相对个别化的教学方案,把教学计划分成三块,有基础和无基础以及无基础又厌学的学生。目的有三:有基础的学生让书法写得更好,无基础的学生掌握更多的书写技法提高书法水平,厌学的学生通过学习让其对书法产生学习的兴趣。但在具体的教学中老师还需根据学生的情况进行灵活的调整,以达最佳教学效果。

(一)有基础学生的教学安排

对于有基础的或者是基础较好的学生而言,他们对书法的用笔以及字形结构的把控已经有一定的能力,学习难度和进度可以相对快点。在课堂的教学上主要从楷书颜体的偏旁部首、字框归类和结构变化开始。其目的有二:一,大多数有书法基础的学生入门都是从楷书开始,楷书都有一定的基础,可以尽量保持教学的统一性;二,从偏旁开始楷书学习,一方面可以巩固最基本的用笔基础,另一方面可以强化字形的间架结构。如果基础好的学生在用笔和结构上基本达到要求时,可以跳过此阶段的学习进入多字的组合,练习字与字直接的关系以及整体章法的学习。

左偏旁的归类

1. 氵部:三个点不能太对齐,错落有致,点之间笔断意连,呈弧形状。

   示范字: 泊　　法(法,刑法。量刑标准平得像水面一样,因此字形采用"水"作偏旁。)

   可延伸字与词组:淡泊明志　　不二法门

2. 亻部:竖用垂露,撇的长短粗细要根据右侧的结构来安排。

   示范字: 信　　住

3. 彳部:两撇上短下长,竖用垂露。

   示范字: 行　　德(德,境界因善行而升华。字形采用"彳"作偏旁,作声旁。人通过学习、历练而得到自身不断的进步,德行也自然随之提高。)

　　可延伸词组：谨言慎行　　　德高望重

4. 忄部：左点低右点高，竖用垂露，点的位置不能太靠下。

　　示范字：　悟　　怀

5. 扌部：第二横用提笔，钩对应提笔方向，竖画饱满有力，钩处要提前顿笔蓄力。

　　示范字：　抱　　持

6. 阝部：横折需先向上取势，耳朵不宜过宽。

　　示范字：　陈　　隐

7. 衤部：横虽短但也要有变化，撇忌讳写成鼠尾状，两点紧密聚集。

　　示范字：　衬　　初（初，起始。字形采用"刀、衣"会义。初，即裁剪衣服的开始。）

　　可延伸词组：芝兰相衬　　　初心不改

8. 纟部：要注意区分两个折角，三点向中心凝聚。

　　示范字：　经　　　纲（纲，控网大绳。字形采用"纟"作偏旁，采用"冈"作声旁。𦀗，这是古文写法的"纲"字。）

　　可延伸词组：饱经风雨　　　三纲五常

9. 土部：位置偏上，提笔向上不能太低，可根据右侧字形做上下安排。

　　示范字：　塔　　地（说文解字注：宇宙间浑沌的元气初分之时，轻清的阳气上升为天，重浊的阴气下沉为地。地是万物陈列的所在。字形采用"土"作偏旁，"也"作声旁。）

　　可延伸词组：聚沙成塔　　　震天动地

10. 言部：整个言字压缩后向右倾斜，这样与右侧构成呼应。

　　示范字：　谓　　记

11. 木部：竖可带钩也可不带钩，捺笔要变成捺点。

　　示范字：　板　　林（林，平坦地面上有丛生的树木叫作"林"。字形采用两个"木"会义。）

　　可延伸词组：有板有眼　　　池鱼林木

12. 火部：左点低右点高，捺变成捺点，整个字压缩变扁。

　　示范字：　炯　　灯

13. 走部：捺比较长,走的下半部分有两种写法,可变化使用。

示范字：　超　　起(起,能独自站立。字形采用"走"作偏旁,采用"已"作声旁。🖉,这是古文写法的"起"字,采用"辵"作偏旁。)

可延伸词组：超然物外　　风起云涌

右偏旁的归类

1. 卩部：位置偏下,左侧笔画少时可适当写宽。

示范字：　即　　印(说文解字注：印,执政者所持的信物即公章。字形采用"爪、卩"会义。)

引申词组：转瞬即逝　　心心相印

2. 刂部：短竖不宜过长,起到衔接左右的作用,竖钩要包揽左边部分,形成回旋顾盼。

示范字：　利　　判

3. 攵部：第一撇可稍直,不宜太下,撇细捺粗,捺是整个字的重点,需要铿锵有力。

示范字：　收　　敬

4. 斤部：第一撇与次撇要注意区分,在角度上要有节奏感,竖可做悬针也可做垂露。

示范字：　斯　　所(说文解字注：所,砍伐树木的声音。字形采用"斤"作偏旁,采用"户"作声旁。《诗经》有诗句唱道："挥斧伐木,所所传响。")

引申词组：慢条斯理　　畅所欲言

5. 见部：左竖短、轻,右竖长、重,撇要短,竖弯钩强调钩的部分,总揽全局。

示范字：　观　　现

6. 页部：所有横均往右上倾斜,横应做区分对待,不可雷同。最后一点要大,要压住全字整体。

示范字：　颜　　顿(说文解字注：顿,以头叩地。)

延伸词组：鹤发童颜　　抑扬顿挫

字框的归类

1. 冂部：左收右放，左轻、短，右重、长，两竖应有呼应，使整体不可分割。

   示范字： 同 用

2. 匚部：上横稍短，下横稍长托住上部，开口不宜过大，上下要有联系，彼此呼应。

   示范字： 匹 巨（说文解字注：巨，常与规并用的矩。字形采用"工"作偏旁，像手持矩的样子。榘，这是"巨"的异体字，字形采用"巨、木、矢"会义；矢，表示中正。诚是古文写法的"巨"字。）

   延伸词组：单枪匹马 事无巨细

3. 口部：横细竖粗，左轻右重，横折钩可做隐钩。外框不宜太大，适中方显雅致。

   示范字： 因 团

4. 门部：左收右放，左竖用垂露。

   示范字： 闻 关（关，用木栓横穿两扇门的栓孔，使两扇门板牢牢紧闭。字形采用"门"作偏旁，采用"䇂"作声旁。）

   延伸词组：旷古未闻 阳关三叠

结构的变化

1. 天覆。

   字的上部结构能盖住下部结构，如果字的下部结构有长横，可适当将横写短。

   《大字结构八十四法》云："要上面盖尽下面，法宜上清而下浊。"

   示范字： 宫 官（官，官吏，服务于君王的人。）

   引申词组：移宫换羽 加官晋爵

2. 地载。

   底横要稍长稍粗以托住上部结构，上部出现横画不宜写的过重过长，底横的头尾要交代清楚。

《大字结构八十四法》云:"要下划载起上划,法宜上轻而下重。"

示范字:　　直　　至

3. 避让。

左右结构的字有的左高右低,有的左低右高,要互相避让而照顾整体的和谐稳定。写字如治国,不是区域好,是整体好大局为重。

示范字:　　即　　续(续,连接不断。字形采用"糸"作偏旁,"賣"作声旁。賣,这是古文写法的"續",字形采用"庚、贝"会义。)

引申词组:若即若离　夜以继日

4. 分疆。

此类字左右两部占地均等,但左右高低需要依据字形而定,不可拘泥刻板。

示范字:　　愿　　静(静,自审内省。字形采用"青"作偏旁,"争"是声旁。)

引申词组:天遂人愿　　平心静气

5. 三匀。

此类字中部取势要正,左右两部向中间呼应、顾盼。

示范字:　　微　　瑕

6. 三停。

上中下结构的字,应根据各部的多少,依据疏密安排,力求三部分布均匀。

示范字:　　章　　意(意,志愿。用心考察他人的言语就知道他人的意愿。字形采用"心、音"会义。)

引申词组:顺理成章　意前笔后

7. 缜密。

笔画极其繁多的字,要注意收缩、揖让,让字布白缜密,避免各部独立、松散。

示范字:　　继　　变

8. 疏排。

此类字一般笔画较少,需要大方用笔,写的舒展开阔,否则会有寒酸气嫌疑。

示范字：　　分　　不（不，是飞翔，表示鸟在高空飞翔，不降落。字形采用"一"作字根，"一"好比是天。字形像鸟在天上飞翔的样子。）

引申词组：　不分彼此　不虚此行

9. 斜正。

有的字要用倾斜来破其呆板，有些字就是要方正端庄，字如人，性格具备。

示范字：　　乃　　主

10. 重并。

重复笔画或者重复结构要注意区分写法，并列的结构要有节奏控制，不可雷同僵死一片，还是要注意主从关系。

示范字：　　兹　　多（多，重复。字形采用"重夕"会义。夕，表示相演绎，所以变成多。重叠"夕"字叫"多"；重叠"日"字叫"叠"。**多**，这是古文写法的"多"字。）

引申词组：振古如兹　　绰约多姿

11. 向背。

此类字既要注意各自的不同和变化，又要注意相互的呼应和连贯，各自伸展部抵触，脉络贯通，背而不离。

示范字：　　妙　　兆（兆，被灼炙的龟甲的裂痕。字形采用"卜、兆"会义，像龟甲的裂纹。）

引申词组：妙手丹青　　雪兆丰年

（二）无基础的学生教学计划

对于无基础的或者是基础较弱的学生，主要从楷书颜体的最基本点画入手，通过最基本点画以及部首的学习让其掌握最基本的书法要领，让他们为写好书法打好基础。

基本点画的写法及其变化

一、点。点的写法示范。

点在一字之中起引领作用，面积虽小，但非常关键，变化多端，也最能体现一字之风神。本节列举侧点、垂点、撇点、竖点、挑点的写法及其变化用以讲解。

永字八法描述点为:“点为侧,侧峰峻落,铺毫行笔,势足收锋。侧(如鸟之翻然侧下)。”

《翰林禁经》云:“点为侧,侧不得平其笔,当侧笔就右为之。”

1. 侧点。范例:主。

2. 垂点。范例:悟。

3. 撇点:范例:自。

4. 竖点:范例:庄。

5. 挑点:范例:沙。

二、横。横的写法示范。横折的示范。

楷书中的横需要藏头护尾,略微向右上角倾斜,可以使字不呆板。横画有横梁般的作用,它的长短变化平衡整个汉字的结构,需要有力而严谨的交代。

整个横画头尾粗,中间细,在平直中略带弧形,体现了直中带曲的哲学要义。永字八法中称横为勒,逆锋落纸,缓去急回,不可顺锋平过,即强调横的节奏变化。

横在不同的字、不同的位置时会发生变化,横的笔法要义不变,但需要根据字形及周围环境的变化而灵活变化,同学们参考以下范字示范。

三 曰(yue) ヨ 四

三、竖。竖的写法示范。

在一个字中,竖起着支柱的作用,要写的挺拔坚劲。竖主要有两种写法,即悬针和垂露。

永字八法云:“直笔为努,不宜过直,太挺直则木僵无力,而须直中见曲势。”

《翰林禁经》云:“竖为努,努不宜直其笔,直则无力,立笔左偃而下,最要有力。”

1. 悬针竖:逆锋行笔并顿笔,需要交代出头部结构,往下继续行笔,可适当提笔变细,而后逐渐收拢毛笔,最后悬针结束并回笔。

示范字: 十 中(说文解字注:事物的内部。字形采用“口”作字根。中间的一竖丨,表示上下贯通。)

2. 垂露竖：前半部分用笔和悬针竖一样，无太大差异，在后面收笔时需要向左再向下然后向右上回锋，尾部增大，与头部形成呼应。悬针竖利落，垂露竖敦厚。

示范字： 十 非（说文解字注：违背。字形采用"飛"字下部表示"翅膀"的字形部分构成，采用左右两翼相背的含义造字。）

四、撇。撇的写法示范。

撇对一字之"势"很关键，一般与捺形成呼应。逆势用力，用笔需要舒展并能沉下去，不能轻佻漂浮。撇的写法很丰富，长短、轻重、宽窄都会造成字形的感受变化，需要谨慎对待。

永字八法曰："掠（如用篦之掠发），啄（短撇，如鸟之啄物）。"

《翰林禁经》云："左下为掠，掠者拂掠须迅，其锋左而欲利；右上为啄，啄者，如禽之啄物也，其笔不罨，以疾为胜。"

示范字： 行 秀 在 为 月（说文解字注：有如太空阙门，富于阴晴圆缺变化。月是宇宙间太阴的精魂。像月缺之形。所有与月相关的字，都采用"月"作偏旁。）

五、捺。捺的写法示范。

在一字之中，捺笔力度虽内聚形却外张，可使整个字开展舒畅。捺在一字之中占用力量很大，需要有一波三折的用笔，在第三折处用力下压，然后迅速收笔变细。

永字八法称为："捺笔为磔（磔音哲），逆锋轻落，折锋铺毫缓行，收锋重在含蓄。"

《翰林禁经》云："磔者，不徐不疾，战行顾卷，复驻而去之。"

示范字： 入 及 之 不（说文解字注：不，是飞翔，表示鸟在高空飞翔，不降落。字形采用"一"作字根，"一"好比是天。字形像鸟在天上飞翔的样子。所有与"不"相关的字，都采用"不"作偏旁。）

六、钩。

钩画起到笔画连接呼应的效果。钩宜短小精悍，先蹲锋蓄势，再快速提笔，顺势出锋，力聚尖端。本文列举竖钩、卧钩及竖弯钩分解示范，供学员参考。

1. 竖钩：竖画在末尾处顿笔蓄力，转动指头向左上角使转出锋，钩虽细但不可无力。示范字： 列 牙（说文解字注：牙，公象的长牙。

字形像牙齿上下交错之形。）

2. 卧钩：卧钩需要写出完美的弧度来映衬钩的完整。下笔由轻到重成弧形向右下方行笔，到位后顿笔再向上钩出。

   示范字：　　成　　心（说文解字注：心，人的心脏，是属于土性的脏器，藏在身躯的中央位置。字形像泵血器官的形状。也有博学之士说，心是属火的脏器。）

3. 竖弯钩：竖弯钩在竖及转弯处不宜过粗，在钩处顿笔再出锋，竖弯钩需要根据整体字形来控制长短比例。

   示范字：　　兆　　儿（说文解字注：儿，幼子。字形采用"儿"作偏旁，像小孩的头盖骨没有密合的样。）

部首的写法及其运用

一、字头的归类

　1. 人部

　　撇轻捺重，撇捺交错点是中轴线，根据中线规划下部结构，保持重心平衡。人部首相当于屋顶的作用，要根据下部笔画的多少决定上部的大小开合关系。

　　示范字：今　　合（"合"是自然的、全面的，它包括内外相合，上下相合，左右相合、前后相合等，古时也做一种器量单位。）合可延伸字：给　答

　　可延伸字与词组：从　仄　今　　中西合璧　　不谋而合

　2. 穴部

　　中点居中，左点轻，右点重，逆锋下压后再向左出锋。八以中点为区分，如果下部笔画较多，八则需压缩变短。穴字头包含宝盖头，道理相同，需要上下比例适当，根据中点控制整个字的平衡。

　　示范字：　　窥　　空（上部为穴，即洞也，有洞即有声音，有声音则有生命，天地之间为一空也，所以说空故纳万物。）

　　可延伸字与词组：窄　窍　　空谷传声　　空明洞天

　3. 广部

　　点在横画的中间，撇是竖撇，弧度不宜过大，需要映照右边内部的

结构。

示范字：唐　　座（"座"，敬辞，取宝座之意，为中华民国时期下级对直属上级的表尊敬称呼。例如，时任国民政府军事委员会委员长的蒋中正，当时被称为"委座"。）

可延伸字与词组：店　床　庙　　高朋满座　　冯唐易老

4. ⺊部

繁体跟简体的草字头不一样，草字头左低右高，两短横需要互相搭配。

示范字：　荷　　花（表现了盛开的花形和枝叶葱茂之状。卉，汉代许慎《说文解字》称："卉，草之总名也。"花、卉两字联用，则出现较晚。南北朝时《梁书·何点传》载："园中有卉忠贞冢，点植花卉于冢侧。"这是花、卉二字联用的较早记述。）

可延伸字与词组：茎　草　　花香四溢　　映日荷花别样红

5. 竹部

撇短而斜，两部分大小不同。上两短撇与下撇点要有不同的姿态，力求灵动。

示范字：　符　　竹（说文解字注：冬生艸也。象形。下垂者，箁箬也。）

可延伸字与词组：笛　竺　　名副其实　竹报平安　茂林修竹

6. 山部

中竖挺立，横画托住左竖，右竖可写作短撇。

范例字：　岂　　岳（说文解字注：岳，是中华大山，东岳叫"泰山"；南岳叫"衡山"；西岳叫"华山"；北岳叫"恒山"；中岳叫"嵩山"。嵩山也叫"泰室"，是古代帝王巡狩所到的干苑。字形采用"山"作偏旁，"狱"是声旁。）

可延伸字与词组：岁　岸　　三山五岳　　福如山岳

7. 小部

竖画宜短，右点可写作短撇。

示范字：　肖　　光（说文解字注：光，明亮。字形采用"火"作偏旁，像火把在人的上方，光明的意思。）

可延伸字与词组：削　恍　　恍然大悟

8. 户部

户部首跟尸部首很接近，外框宜扁，撇要包住右部，上点也可写作短横。

示范字：　肩　　居　　户（说文解字注：户，可开可关、用以保护家园的活动设置。半边门叫"户"。字形像半边的门板。所有与户相关的字，都采用"户"作偏旁。🌿，这是古文写法的"户"字，字形采用"木"作偏旁。）

可延伸字与词组：房　扉　　并肩作战　　安居乐业

9. 爫部

撇画稍平，三点要呼应，三点要有不同的姿态。

示范字：　孚　　受（说文解字云：相互交托，受理。字形采用"🐚"作偏旁，采用有所省略的"舟"作声旁。）

可延伸字与词组：爱　爰　　受宠若惊　　情孚意合

10. 尚部。

以竖画为中心，左点低右撇点稍高。

示范字：　掌　　常（说文解字注：常，下身穿的衣裙。字形采用"巾"作偏旁，采用"尚"作声旁。裳，这是"常"的异体字，字形采用"衣"作偏旁。）

可延伸字与词组：撑　觉　　易如反掌　　常胜将军

11. 夫部。

三横均往右上角翘，撇短捺长。

示范字：　奉　　春（说文解字注：春，催生。字形由"艸、屯、日"构成，表示草在春天生发。"春"是会义字，同时"屯"也是声旁。现在隶书写作"春"，也写作"萅"。）

可延伸字与词组：奏　春　　克己奉公　　春华秋实

12. 禾部

上撇不宜过长，左撇右捺向两边伸展，竖画居中。

示范字：　香　　秀

13. 聿部

次横稍长，五横平行，竖笔粗并且要稳。

示范字： 畫　　書（说文解字注：书，把文字刻画或写画在竹简上。字形采用"聿"作偏旁，采用"者"作声旁。）

可延伸字与词组：律　　画蛇添足　　书香世家

14. 雨部

上横要短，四点要彼此呼应，形聚凝神。

示范字： 灵　　云

15. 学字头

此部首笔画众多，需要紧凑布局，两边竖画均往里收，短横不宜过长，X字交错处是中轴线，左低右高。

示范字： 覺　　學（说文解字注：学，觉悟。字形采用"教、宀"会义。"宀"表示尚处于蒙昧状态。"臼"是声旁。學，这是篆文斅的省略写法。）

二、字底归类

1. 儿部：斜撇起笔高于竖弯钩，竖弯钩要写的舒展与撇画保持重心平衡。

示范字： 光　　先（时间或次序在前面，或尊称已故去的人或事，如先帝、先河。）

可延伸词组：正大光明　　先礼后兵

2. 辶部：辶部像一条船，需要托住主体，太长则多余，太短则局促。捺画要有头及脖子弯度，一波三折需要暗含在整个笔画当中。

示范字： 迎　　远

可延伸词组：迎刃而解　　不远千里

3. 灬部：第一点和第四点呈环抱状态，四点都要有变化，相互关联，间距不能太松。

示范字： 无　　然

可延伸词组：鸦雀无声　　井然有序

4. 口部：上开下收，整体稳重紧凑。

示范字：若　　名（名，自称。字形采用"口、夕"会义。夕，天黑。天黑了人们不相见，所以用嘴向别人说自己的名。）

可延伸词组：矫若惊龙　　名副其实

5. 子部：汉字里很常见，上紧下松，需要根据不同字形进行压缩变化，竖弯钩略带弧度，钩可稍大。

示范字：　字　　教（说文解字注：教，在上的操作，在下的效仿。父亲的言行会影响孩子，字形采用"支、孝"会义。）

可延伸词组：字字珠玑　　教学相长

6. 心部：三个点要呼应，卧钩要和点有机的搭配起来，整个字呈合拢状，聚散相宜。

示范字：　思　　心（人的心脏，是属于土性的脏器，藏在身躯的中央位置。字形像泵血器官的形状。也有博学之士说，心是属火的脏器。所有与心相关的字，都采用"心"作偏旁。）

可延伸字与词组：忍　忘　　心诚则灵　　三思而后行

7. 巾部：中间一般是悬针竖，三条竖基本等距，左低右高。

示范字：　布　　帝（说文解字注：帝，最高称谓。又是君王统治天下的称号。）

可延伸字与词组：星罗棋布　　三皇五帝

8. 女部：横画较长，撇高捺低，交错处正好处于中间位置。作为右边偏旁时要压缩变窄来映衬整体。

示范字：　要　　姿

9. 日部：左右两竖平行，不宜太宽，三条横画要有区分。

示范字：　普　　照（说文解字注：照，阳光使天地明亮。字形采用"火"作偏旁，"昭"是声旁。）

可延伸字与词组：明　间　　普天同庆　　阳光普照

10. 皿部：整体稍扁，横画伸展托住上部。

示范字：　盡　　盈（盈，将器皿装满。字形采用"皿、夃"会义。通常也比喻骄傲自恃的含义。）

可延伸字与词组：盖　盐　　尽忠职守　　持满戒盈

（三）厌学的学生的教学计划

对这部分书法厌学的学生，他们大多数都是没有基础或者说基础都比较弱,导致其厌学究其原因有以下几点:其一,对自己的书写没有自信心,没能得到正确的引导找不到正确的书写技巧,自暴自弃;其二,以前尝试过短时间的书法学习,觉得书法高深莫测很难入门,学不得法毫无效果索性放弃;其三,性格急躁、耐性较弱的学生,没有耐心静下心来写书法;其四,觉得学书法无用,不用考试,掉以轻心。针对前两种学生的情况在教学安排上做了不同于其他两类学生的调整,在书写的字体上选择隶书入门,主要以《好大王碑》为主,其帖书写技巧比较简单而且字形比较童趣拙朴易于把控,较容易入门而且在短时间内容易出效果,增强他们的自信心。

三、教学过程

书法课堂的教学采用根据学生不同基础分组进行教学,这样可以兼顾到不同层次的学生,能力强的学生可以大步往前走,能力弱的学生可以放慢速度打好基本功,厌学的学生可以选用趣味性较强的以及在短时间内容易见效的书体进行切入教学,到后期待他们掌握一定的笔法有点基础再适当提高难度,我想这种教学方式既可以保证能力强的学生又可以兼顾到能力一般的学生,可以使每个学生都能根据自身的能力找到合适的难度系数进行学习,这种因材施教的方法在课堂的教学中逐渐见效。

课堂教学分成三组,有基础的学生根据能力每节课教授一到两个偏旁以及相关联的范字,能力特别强的学生可以根据其能力灵活增加书写内容,适当给这些有基础的学生多点压力让他们快速提高能力;没有基础的学生主要从基本笔画入手,根据这些学生能力安排难易不同的书写内容,尽量兼顾到每一个学生;厌学的学生除了在心理上进行沟通和疏导,在课堂的学习进度上不做硬性的要求,前期让他们熟悉毛笔的性能以及最基本的用笔调锋发力等最基础的知识,在掌握基础后再适当提高难度但同时保持书法的趣味性。通过一段时间的学习,让他们能够认识到书法的重要性以及书法没有他们想象中那么深不可测,经过点滴的学习和坚持积累就会慢慢好起来。

经过一个学期的教学,教学效果基本达到预设的目标,整体上都能基本掌握简单笔法和把握基本字形结构,能独立完成简单字的书写,达到楷书最基本的要求。其中每个班级都有几个进步很快,而且越写越有兴趣,甚至达到专业的水准,以前厌学的学生经过一个学期的积累也慢慢喜欢上书法,至少在心理上不排斥能静下心来一笔一画认真书写。但在具体的教学过程中发现有个别班级的书写水平整体相对较弱,在教学进度的安排上还可以放慢速度。

在教学的最后,安排一个小规模的优秀书法展示以及进步特别明显的前后作品对比展览是很有必要的,一方面可以让学生们看到自己与优秀学生的差距,另一方面可以让学生看到书法只要坚持书写和积累就会慢慢提高,让他们看到信心和实实在在的成果。

四、教学案例分析

经过一个学期针对不同学生素养不同学生书法水平的教学之后,不同情况的学生都出现了良好的变化。

首先,无基础又厌学的学生。对于这部分学生,第一堂课他们书写作品的效果都非常不理想,基本都是应付或者是涂鸦的形式,没有书写意识,卷面不整洁甚至出现乱涂乱画的现象。但通过一个学期的不断沟通交流、多种鼓励与指导后基本能达到从不想写到想写甚至写得不错的效果。

以 A 学生为例。

第一节书写情况:　　　　　　　第五节书写情况:

第十节书写情况：

其次，无基础但想学的学生。对于这部分学生其实是最容易出效果的，他们在思想上基本都表现出积极的态度，都渴望把书法练好，所以在学习的过程中都比较主动，教学过程也比较顺畅。经过一个学期的学习之后，百分之八十五以上的学生都能较好的掌握基本笔画以及简单字结构的把握，从不会写字能达到写好规范字的程度。

以 B 学生为例。

第一节书写情况：　　　　　　　　　第五节书写情况：

第十节书写情况：

　　最后，基础良好的学生。每个班级都有一部分学生是有三年以上书法基础的，这部分学生在思想上都非常主动，对单字书的掌控都比较好，但他们对书法的认识比较片面，甚至出现只会写字而对简单的书法史都一无所知的情况。基于此，如果想最大限度的提高这部分学生的书法水平，应该对他们的书法认识加以引导，让他们在宏观上对书法史有一个最基本的认识，进而让他们学会欣赏优秀作品和怎样解读它，进而才去讲授如何进行多字的书写以及作品创作形式的学习。经过一个学期的学习，他们都能独立完整书写一件自己比较满意的作品以及如何解读一件作品。

　　以 C 学生为例。

　　第一节书写情况：　　　　　　　　　　第五节书写情况：

第十节书写情况：

五、研究反思(成功经验与存在问题)与后续思考

经过针对一个年级一个学期的书法教学探索与研究,虽然一个班级的学生书法水平以及每个学生自身的情况都不一样,但每个班级的情况大同小异,每个班级的成功经验和存在问题都可以相互借鉴和反思。

首先,把一个班的学生根据不同基础分成三大块教学,既能兼顾到基础弱的学生巩固好基础知识又能保证基础好的学生能再往上拔高,这种差异化的教学我想是有必要也是可行的。特别是一个班级如果出现几个写得比较出挑的学生,整个班级的其他学生都会受其影响,这种学生的引领和带动是非常直接和见效的。所以在一个班级尽可能想办法找几个基础好的学生带动整个班级的学习氛围,这对接下来的教学十分有帮助。

其次,在教学过程中会遇到部分基础弱的学生没有自信心自暴自弃,厌学的心态,这种情况一定要及时进行沟通并且采取相应的办法进行指导,否则周边基础弱的学生会受其影响。另外特别是基础弱的学生在课后如果不能保证一定量的练习,最后出来的效果会不大理想,所以对于基础弱的学生尽量放慢教学进度,减少他们的学习压力。

最后,在教学计划的安排上还得不断完善,在教学手段上不能仅仅局限于传统的教学方法,还可以多增加一些现代化的生动教学视频。

参考文献

［1］刘正成.书法艺术概论［M］.北京大学出版社,2008

［2］李正庚.书法教育校本课程的育人价值［J］.中国教育学刊,2010

［3］王冬龄.书法艺术［J］.中国美术学院出版社,2004

［4］孙晓云.书法有法［J］.南京师范大学出版社,2001

［5］潘耀昌.中国近现代美术教育史［J］.中国美术学院出版社,2001

浅谈影响优质民办初中学生英语阅读
能力的因素及对策

■上海市民办华育中学　庞栩　乐健　汤慧英　孙家怡

　　摘　要：作为立足高端教育、精英教育的一所民办初中,将来毕业的学生也需要适应于社会对高层次人才的要求,于是对应教学上应根据实际,着重于英语阅读技能的提高和拓展的培训。

　　鉴于该校学生的学习能力和特质,他们在英语方面的词汇量和阅读速度大部分是高于现有的初中生的水平,那么,这些学生是如何在他们英语学习过程中形成这些阅读能力的? 哪些影响因素帮助他们提升了自己的阅读能力,让他们相较于其他同学有更多的词汇量、更快的阅读速度和更深层的理解能力? 本课题将结合以上现状对部分学生进行访谈和问卷调查,并结合一线教师多年的教学经验,总结影响优质民办初中学生阅读能力的因素。从而使广大的英语教师在英语阅读教学过程中,充分考虑到影响初中学生阅读能力的各种因素,并合理地加以利用,以此来促进和指导外语阅读教学。

　　关键词：优质民办中学　英语阅读能力的因素　对策

一、研究背景

　　上海市某民办中学是一所高端民办初中,根据该校学生的学习能力和特质,他们的英语词汇量和阅读速度大部分是高于现有的初中生的水平,不少同学的词汇积累已经达到了高考英语的词汇量,他们的阅读能力已经可以流利读懂高考英语阅读理解,能够理解文章的意思,把握住逻辑关系,并抓住文章的中心。同时,学生在课余学习生活中会大量地阅读一些英文原版书和英文杂志等书籍,并且会涉猎大量的高考英语阅读甚至四六级英语阅读的题目,这对于他们在课堂学习以外的英文能力和单词量又有了很大的补充和提高。

作为一所立足高端教育、精英教育的民办初中,将来毕业的学生也需要适应于社会对高层次人才的要求,于是对应教学上应根据实际,着重于英语阅读能力提升和拓展的培训。阅读是一个比较核心的方面,相对于词汇语法比较学术性浓重的特点来说,阅读更能够适应广泛的社会要求。不少专家也就学生阅读能力培养和提升的重要性给予了肯定。黄贤文[1]认为阅读是学生终身学习和可持续发展的需要。吴建华[2]认为在现在的中考、高考等升学考试中对阅读的考察比重比较大。戴越[3]认为阅读是提高其他英语语言技能的基础。

二、研究意义和价值

基于优质民办中学的具体学情以及学生的学力,本文选取了高年级中一些具有代表性的同学,通过了解他们的英语学习背景,分析总结出提升英语阅读能力形成的因素,从而向更多的学生普及推广。该课题的研究价值主要是为了通过对这些学生的访谈、定向跟踪和培养,探究更加适合他们的科学的授课方式和学习方法,从而能够普及到高端民办学校。

从学生的角度来说,对于阅读能力形成因素的研究和探索是为了让更多的学生受益其中,发掘他们内在的学习语言的潜力和热情,变死记硬背为灵活科学的学习,激发更多同学对于语言学习的热情,变被动学习为主动学习。

除此以外,对于教师的教学方法的改善和科学化也大有益处。了解学生,是为了更好的改善教学方法,适应不同学力和学情的学生的学习需求,从而可以提高语言课堂教学的效率,使得中学生语言学习方法更加科学,更有效果。本研究旨在了解优质民办中学学生的英语学习情况和能力,并对一线教师在英语阅读教学中进行一定的理论指导,从而进一步培养学生的自主阅读的习惯,提升英语阅读能力和其他方面的能力。

三、研究步骤

(一) 初三学生英语阅读能力调查问卷

本研究课题采取问卷的方式,内容涉及阅读兴趣、阅读习惯和阅读策略等各个方面。该研究尝试从问卷调查中寻找出影响该校初中学生英语阅读能力的因素,并找到可以提高和借鉴的对策。本调查的对象为该校 2019 届九年级 8 个班的学生。发放 358 份调查问卷,收回 358 份调查问卷。问卷包含单选题 17 题,开放性问题 1 题。通过收集整理调查问卷得出结论,并给出相应的应对方法,以期对英语教学有所帮助。

课题组在设计调查问卷时,进行了多次深入广泛的讨论,通过查阅文献及结合教学实际,确定了调查问卷所需了解的学生相关背景信息,语言学习经历,外部促进因素,自我认知策略等内容。为了确保调查质量,本课题组在完成问卷初稿后邀请区内英语教学专家进行把关。结合专家的建议进行了进一步的调整和校改,最终定稿问卷,然后展开正式调查。本问卷采取匿名方式,让学生自由、客观地表达自己真实的意向和情况。为了使被调查者清楚了解调查意向并减少废卷,任课教师在发放问卷之前对问卷作必要的解说。

结合以上问卷内容,笔者进行了一些数据的探究和分析。笔者发现 64% 的学生喜欢英语阅读。70% 的同学对故事类、新闻类的阅读比较感兴趣。让人惊讶的是,95% 的学生认为自己没有时间进行考题以外的英语阅读。41% 的学生觉得阅读中的长句难句难以理解。56% 的同学觉得在英语阅读中掌握了一定的阅读技巧,并在阅读中加以应用。

除了单选题外,笔者还设计了一个开放性问题:阅读课怎么上,才能收到较好的效果?通过收集整理汇总,有以下几方面:① 可以补充课外话题来帮助文章理解,并进行适量的单词讲解和语篇分析。② 选择一些有故事情节和内容的,能引起学生阅读兴趣的文章进行阅读,并可以进行长篇小说的阅读。③ 对阅读课不做硬性规定,兴趣阅读。④ 可以通过小组或个人讨论,表演文章内容,观看视频和文章阅读相结合等多种手段,加深理解。⑤ 老师必要的阅读技巧的传授,分析和讲解文章。

(二) 资优生英语阅读情况调查分析(个案)

为研究教育发达地区民办初中资优生的英语阅读情况,笔者选取了执教初中 100 位在英语阅读方面处于全年级前列的学生开展访谈,并对其中最为突出的 8 位学生进行样本分析。

为了与大范围样本的问卷调查进行比较,对极少数能力出众的学生进行深入研究,课题组针对甄选出的八位英语阅读能力突出的资优生开展深入访谈,主要从如下几方面进行。

1. 接触英语的年龄段

8 位受访学生均在学龄前开始接触英语。有通过双语幼儿园学会哼唱英语童谣,有父母早教字母卡片,也有在日常生活中学会了一些简单的单词和短语。进入小学后,受访学生均表示开始紧跟义务教育阶段的课本系统性地学习英语。

2. 反思英语学习的过程

通过谈话,引导受访学生回忆自己英语学习的经历,反思自己语言学习的过程。通过运用元认知策略,总结对自己英语学习起到促进作用的方法。8 位受访学生中有 7 位能从学习方法的角度分析了自己的英语学习。他们认为课堂学习教授的一些阅读技巧,如找寻关键词、寻读、跳读等方法有效地帮助他们理解英语语篇;个人在课堂学习之外通过英美剧集、歌曲等有意识地扩大语言输入是必不可少的方法之一;8 位受访学生无一例外都提到了自身对英语语言和文化的喜爱和包容的态度,并能享受英语学习的过程。

3. 对课堂英语学习的态度和投入程度

高阶英语阅读能力的形成绝不是仅靠课堂学习就能达成的。但课堂语言学习对于初中生语言知识的发展起着重要作用。了解资优生对于课堂语言学习的态度有助于英语教师从学习者的视角审视自己的教学,对调整语言教学方法,促进教学的有效性有至关重要的影响。

8 位受访者中 4 位女生都认为自己以认真的态度对待语言课堂,尤其在中考前的复习阶段,能按照课堂中教授的读写方法来提高自己在中考中的得分。4 位男生认为自己在语言课堂中比较随性,并不是照搬课堂所学的技巧方法,而是借助了在课外语言习得中的自我体会和领悟。

4. 英语学习产生影响的人或事

随着年龄的增长和认知的发展,初中学生对自己的语言学习的态度也会发生改变。这样的改变不仅来自学习者自我的发展,外界的积极或消极因素也有可能影响他们的语言学习。

8 位受访者中有提到为通过某项英语能力考试而进行的强化提高,某位老师生动有趣的课堂语言,同伴出色的语言能力对自己的激励,对某一部英美影片的欣赏等。

5. 分析英语学习的主要影响因素

受访学生中有直言不讳坦陈自己有偏科的情况,英语作为自己的优势,努力提高英语能力可以让自己变得更有竞争力;也有学生认为沉浸在英语环境中的机会和强度很大程度上影响自己的英语学习;对于英美文化的热爱;早期的英语启蒙;根据年龄特点,在适当的年龄段注意培养听说读写某一技能;互联网提供的技术支持使得学习者更加便捷地获取学习资源(结交外国笔友,浏览英语网页);成就感(担任英语课代表);天赋。

6. 家庭背景

语言学习不仅只在语言课堂中进行,在生活中的语言习得同样重要。父母对语言学习的态度,提供的支持和帮助,家庭能获取到的社会资源等也在一定程度上影响着初中学生的英语学习。

8位受访者中,6位受访学生提到了父母的高等教育背景,英语国家的留学经历,外企工作背景以及家庭提供的英语国家旅游等为自己的语言学习提供了支持,拓宽了自己接触语言的渠道。

四、研究成果与成效

(一) 影响优质民办初中学生英语阅读能力的因素

通过调查问卷及学生个别访谈的统计分析,初步判断影响优质民办初中学生英语阅读能力的一些因素,主要涉及语言性因素和非语言性因素两方面。

1. 语言性因素

(1) 英语词汇量

从问卷和访谈中可以了解到,优质民办初中的大部分学生均在较小的年龄开始接触英语基础知识,从最初的字母、音标到后来的词汇的学习都让他们在语言认知方面相对于同龄的学习者有着一定的优势。同时,他们在初中教育阶段从课堂内外各种渠道都开始接触到高考英语单词、托福单词甚至部分大学英语单词,并进行系统的学习和背诵。除此以外,在学习的过程中,学习者能主动去琢磨单词的组成和词义之间的关系,研究构词法的规律,从而大大提高他们的词汇量和揣摩词义的能力,这无疑对于阅读能力和速度的提升有着很大的优势。

（2）语法基础知识

笔者选取的参加问卷和访谈的学生都是在英语阅读方面处于全年级前列的同学，他们通过课堂以及开始接触并系统的学习到高中英语语法、句法知识，例如倒装句、定语从句、名词性从句等，这在很大程度上帮助他们能更加顺畅地理解阅读中的长难句，从而大大提高阅读速度。另外，这些学生在课余也会大量阅读原版英文读物，如原版小说、英文报刊杂志、英语新闻等，量的积累达到一定程度便会导致质变。长期坚持下来，他们对于复杂句的理解也就逐渐驾轻就熟。

（3）阅读技巧

阅读技巧是高阶英语阅读中不可或缺的一部分，根据不同的文章题材和出题特点，需要学生灵活运用不同的阅读技巧，在读懂文章意思的基础上精准定位答案出处，高效作答。笔者发现，大部分受访者因为有着相对较大的词汇量和扎实的语言基础，他们能从课堂学习以及课外训练中有意识地培养高效的阅读习惯，他们也认为课堂学习教授的一些阅读技巧，如找寻关键词、寻读、跳读等方法有效地帮助他们理解英语语篇。因此在阅读过程中他们更多的着眼于对语篇整体的理解，并能用中文课堂中的习得去分析文章段落大意，从而真正理解文章的核心思想，而不是被一些生词、语句的理解所羁绊。科学得当的阅读习惯不仅提高了学习者的阅读速度，也让他们更能流畅地理解文本的整体思想。

2. 非语言性因素

（1）英语阅读习惯和阅读教学

英语阅读过程是一个积极主动地思考、理解并接收信息的过程。首先，从词汇的角度而言，由于高阶阅读训练材料的难度都是明显高于日常教学材料的，不少学生难免遇到不认识的生词，加上他们不良的阅读习惯，这在一定程度上影响了学生的阅读速度甚至是兴趣。作为中学英语教师，要帮助学生克服不良的阅读习惯，形成良好的阅读习惯，提高阅读速度。除此以外，利用课余时间让学生进行一定量的词汇的积累也是很有必要的。教师安排同学提前学习高中生英语词汇手册，利用课余时间进行积累，不少学生通过一学期的记诵发现里面的单词也是高中阅读材料中高频单词。久而久之，曾经觉得"遥不可及"的生词便不再陌生,阅读速度也有了大幅度提高。

不少学生在阅读过程中常常发现有些句子中的每个单词都能理解,却依然难以理解句子的意思,无法精准把握作者想要表达的重点。这就涉及对于长难句的理解了。因为初中英语教学过程中,学生很少有机会接触到长难句,第一次碰到便会出现认知阻碍。如果教师对阅读材料里的长句或复杂句子结构避而不谈,长此以往学生往往不能很好的读懂文章,从而领悟其含义。因此,在阅读教学的同时,教师会系统地讲授高中常见的一些复杂句,如:定语从句、同位语从句、状语从句、虚拟语气,等等。在学生掌握了这些基本句型结构以后,当碰到阅读中的长难句时教师会带领学生先分析句型,找出核心结构,再理解句意就显得容易多了。

(2)学习兴趣

心理学告诉我们:兴趣和需要是紧密相连的。一定的需要是兴趣产生的基础,当一个人有某种需要时,他必然会对有的事物优先地给予注意,并且对它有向往的心情。如果学生对英语阅读的内容发生兴趣时,他们的思想就会活跃起来,记忆和思维的效果就会大大提高,反之则把英语阅读看成是精神负担,效果必然降低。因此在课堂上,考虑到他们在情感上的需求,教师在上课时就应该采用生动活泼有趣味的形式来吸引他们。英语学习特别是英语阅读,重要的是要创设一个轻松愉悦的环境。

与生俱来的语言天赋、早期的英语启蒙、对于英美文化的热爱等因素都使得英语逐渐成为一些学生的优势学科。这不仅让他们愿意付出更多的时间和精力去钻研和学习,也让他们越来越多的收获学习过程中的自信心和成就感,形成良性循环。例如,学生会因为喜爱的一首英文歌去记诵单词、会因为一部喜爱的美剧去琢磨相关的表达方式,等等。受访学生无一例外都提到了自身对英语语言和文化的喜爱和包容的态度,并能享受英语学习的过程。

(3)学习环境

良好的学习环境不仅能大幅度的提高学习者的学习效率,更能在很大程度上影响学生的学习心理,这对于能否长期坚持学习有着重要的影响。语言学习更是如此,浸入式的学习环境能让学习者有更多练习的机会。但是,绝大部分的学习者都是生长在中国,对他们产生主要影响的学习环境主要包含课堂学习环境和家庭环境。语言学习不仅只在语言课堂中进行,在生活中的语言习得同样重要。父母对语言学习的态度，提供的支持和帮助，家庭能获取到的社会资源等也在一定程度上影响着初中学生的英语学习。

（二）优质民办初中学生英语阅读的教学对策

1. 补充英语拓展材料

从语言输入输出的角度来讲，拓展材料主要以课本外真实世界的信息为主，以音频或文字为载体的输入，以学生的听和读为主要信息接收处理方式。说和写则可视作是信息的输出。教师在立足教材的基础上有目的有计划地拓展学生的可理解性输入才能有助于学生的语言输出，帮助学生明显提高听说读写的技能，同时也为学生开启了了解英语语言文化之门。

拓展语言材料的重要性不言而喻，教师需要在纷繁复杂的海量资源中加以判断和选择，使最终在课堂上使用的拓展材料能成为教材有益的拓展，促进学生的语言习得。

在选择拓展材料时，教师应该把握教材的德育导向，力求借助更加丰富的语言信息，给学生创设高立意高思辨的课堂学习体验，帮助初中学段的学生树立积极正确的世界观、人生观和价值观。

同时教师要有意识地筛选积累教学的素材并使之在语言课堂中适时呈现。如果说教材为学生打开了了解周围世界大门，那么拓展材料则满足了学生想要饱览更多的好奇心和求知欲。贴近学生生活的材料无疑在这方面更具优势。它能从学生的视角出发，让学生看到更多符合他们认知水平和关注焦点的信息。

另外，语言课堂中使用的拓展材料必须具备示范性，即它对语言学习者来说是可借鉴模仿的。当前交互式语言教学的模式强调语言能力，但并不以忽略语言知识为代价。教师应该注意选择合乎语法词汇使用规范的拓展材料。学生通过这些可输入材料中内化语言知识和技能，为他们在真实生活中的交际需求服务。

2. 多角度设计教学活动

语言课堂的学习是初中学生学习外语的主要形式，但学习不应仅局限在课堂中。如以"师傅领进门，修行靠自身"的古语为标准的话，语言课堂更应注重培养学生的语言兴趣，从而促进他们课堂之外的语言习得。教师在基于教材的前提下积极探索拓展材料的使用，有的放矢地延展教材，借助英语为学生呈现多元化的世界,使学生对某一语篇的兴趣延伸到对相关领域的兴趣,对语言背后文化的兴趣。或许三四十人的班级规模无法使教师兼顾到每一个学生不同的特性,而多元化的拓展材料使得尽可能多的学生找到适合自身学习兴趣的领域和符合自身性格特点的学习方法。

3. 创设校园英语氛围

相对于 40 分钟有限的语言课堂时间,课堂之外的校园生活对于精力充沛活泼好动的初中学生来说是一个更具活力更加开放的语言学习天地。笔者执教的中学经过教研组长期的实践摸索,根据学生的年龄和语言发展阶段在不同年级分别开展有主题的英语讲故事比赛、英语歌曲比赛、英语演讲、英语课本剧表演、拼词比赛、配音比赛等有系统性的校园英语活动。这一系列活动不仅丰富了学生的校园生活,也极大地调动了他们学习语言的积极性,使他们在课堂学习之余主动找寻拓展语言材料,全方位提高语言使用能力。在观看的同时学生也能了解并借鉴同伴在语言学习上的方法和途径。对于选手而言,各种形式的辅助资源就是他们的语言学习中的拓展材料;对于观众而言,精彩纷呈的活动舞台上同伴的英语表演或是语言输出就是他们极佳的拓展材料。

4. 激发英语阅读兴趣

在英语教学中,老师一般会侧重对语法知识和词汇知识多重复讲解和重点关注。然而,这对于英语阅读理解的帮助有限。因此,在教学中,教师不仅要讲解语法和词汇等基本知识内容,还要让学生了解与英语国家相关的文化知识,增长学生的见闻,加深学生的英语阅读兴趣。这样不仅可以增长学生的阅读兴趣,提高学生的阅读能力,还可以促使学生了解国家大事以及各国的文化背景。了解到这一点,教师就应该在教学中充分利用教材知识,同时进行关于英语国家的人文地理政治经济等多层面知识的灌输,并促使学生了解其对英语学习的重要性,提高英语阅读能力。

5. 培养良好的阅读习惯

调查问卷显示 95% 的学生少有时间进行课外拓展阅读。当他们接触到篇幅长,生词量大的文章时,也缺乏运用阅读策略的能力。16.8% 的学生做阅读题时粗读、跳读。41% 的学生对于阅读中的长难句感到力不从心。词汇、长句、难句障碍是影响学生提高阅读能力的排前的几个重要因素。出现读不懂,读不通,不达意的阅读问题。因此,给学生分析阅读中可能产生的障碍和困难因素,帮助他们树立信心,有利于培养良好的阅读习惯。

6. 掌握必要的阅读策略

良好的学习策略和阅读策略有利于有效提高阅读效果。从调查结果看,被测的43%学生没有掌握必要的阅读策略,如默读、略读、预测、猜测词义、寻找关键词、线索句和主题句等方法。这些学生集中注意力于读懂单词和句子,而忽略了语篇的整体理解。在阅读过程中,较少采用根据篇章的主题句、段首句、开头的某些实词等关键性词语,对篇章内容进行预测的阅读策略。阅读时过于注重对每个单词的理解,形成逐词逐句阅读的不良习惯,在限定时间内难以完成指定阅读篇目的阅读或只能囫囵吞枣式的阅读或只能完成部分阅读,出现读不完的现象。因此,教师一定要在课内多强调阅读策略,指导学生做好阅读理解。

五、结语

英语阅读文章的话题非常广泛,体裁多样,大多数文章话题与人们的社会生活紧密相关,还包含当前的一些热点话题,这也给英语教学传递了一些信息,英语课堂教学应是一个多元化的趋势,教学内容不应局限于教材,必须要有所拓展。学生的阅读现状各不相同,影响其阅读速度和效率的原因也是多方面的。因此我们在日常教学中要注重培养学生的语言能力,不能仅仅局限于做题和应试。教学中要有针对性地训练学生相关阅读策略,努力培养学生阅读能力和技巧,纠正不良的阅读习惯,真正让学生感到阅读是一种获取知识和信息的手段,让学生能自觉主动的想要拓宽英语学习的渠道,充分利用各种资源去学习英语,从而让他们有更好的成绩,更全面的发展。

参考文献

[1] 黄贤文.浅谈如何提高初中学生英语阅读能力[J].科教文汇(中旬刊),2009:(7)

[2] 吴建华.浅谈初中英语阅读能力的培养[J].海外英语,2010:(6)

[3] 戴越.浅谈加强英语阅读的重要性[J].语数外学习(高中版下旬),2012:(12)

[4] 安德森.积极英语阅读教程[M].上海外语教学研究出版社,2010

[5] 李娟.高中生英语阅读能力调查分析[D].山东师范大学,2014

［6］张冠群.小学高年级英语阅读教学策略研究［D］.东北师范大学,2009

［7］胡春洞.英语教学法［M］.高等教育出版社,2012

［8］朱纯.外语教学心理学［M］.上海外语教育出版社,1997

［9］倪远霞.狠抓初中英语阅读训练,提高英语阅读能力［J］.新课程学习(中),2011：
(11)

［10］赵艳.英语阅读材料的选择［J］.贵州民族学院学报(哲学社会科学版),2007：(4)

如何寓德于教
——用阅读理解体现人性之美

■上海市民办华育中学　王静

摘　要：本研究将结合在英语教学过程中的案例，讨论如何在阅读教学方面进行德育渗透。一方面，学生将受益于该教学方法，另一方面，该研究也可以给予教师指导。具体而言，本课题致力于研究如何正确选材、适当引导、设置问题，从而实现以下目标：① 在阅读课本和其他辅助阅读材料的过程中落实德育；② 在设置考试阅读题型过程中，结合知识考察和德育渗透；③ 通过赏析经典文学实现德育教育。通过课堂及课外各类阅读素材对学生进行德育教育，将健康良好的思想融于教学过程，使学生在潜移默化的过程中耳濡目染，感受德育。

关键词：英语教学　英语阅读　思想教育　德育

“德育是素质教育的灵魂，是学校教育的首要工作”，老师传授的不仅仅是知识，更重要的是传递正确的世界观和价值观。所谓“教书育人”，使学生在掌握知识的同时，得到思想品德的熏陶，不断提高自身素质是教育工作者们不懈追求的目标之一。虽然近年来各方一直在大力提倡德育在教学中的普遍渗透，但结果并不令人乐观。

在教学当中，引导学生的思想道德不是直接的，也不是没有针对性地说教，而是抓住教育对象的特征，潜移默化地进行的。英语这一学科，既有工具性又有思想性。“语言是思维的外壳，又是思想的载体。”英语阅读正是英语学科特点的综合体现。“文章不是无情物”，每一篇英文阅读文章都是文学智慧的结晶，它们不但是英语文字训练的精彩样本，更是作者对人物、事件的情感流露和价值判断,是德育教育很好的切入点。

一、六年级阅读素材的德育渗透

(一) 六年级上阅读素材的德育渗透

在英语教学中,课本是最基本的载体。每一篇课文在教学中都可以成为德育的最佳实践。预初上是孩子们进入初中生活的第一学期,德育在这一时期尤为重要。在 6A 教材中第一模块 Family and friends 就为教师提供了绝佳的德育素材,家人、朋友、我们赖以生存的地球等等,都来源于同学们的真实生活中。以牛津教材 6A 第二单元 I have a friend 中的文章 *Friends of the Earth* 为例。本篇文章短小精干,简明扼要地介绍了"地球之友"这一组织、环境的定义,人们对于环境的污染以及地球之友这一组织对于环境改善所做的努力。文章中的内容与目前所提倡的环保观念不谋而合。不论文章难易与否,在学生阅读完这一篇文章之后,学生根据已有的学习经验和认知,或多或少都会对文章形成一个初步的理解和感悟。因此,对这篇文章的教学目标进行重构,在课堂教学中以此语篇为载体,在活动设计中融入环保德育元素,可以让学生在理解和表达的语言实践活动中,促进已有的环境认知,提升环保意识,从而塑造正确的人生观和价值观,并对英语科目核心素养的形成和发展起到一定的促进作用。

1. 在本节课的教学目标设立中,根据学生的实际情况和需求,分别设置了三个方面的目标

(1) Language skills

● Students can identify details that support a main idea.

● Students can use proper nouns to refer to organizations.

● Students can use simple present tense to express simple truth.

(2) Cultural awareness

● Students can understand the importance of environment protection;

● Students can have a sense of responsibility to the whole society.

(3) Learning abilities

● Students can get the main idea and the details of the passage by using reading skills.

2. 教学方法设计

本节课中,围绕课文阅读文本的主线,将教学步骤主要分为读前、读中和读后三大部分,教学采用任务型教学法,与此同时注重促进学生的合作探究。

3. 教学流程及活动分析

(1) Before reading

● Step 1 Warming up

在进入正式课堂之前,师生先进行简短问候,之后便进入 warm-up 热身阶段。教师围绕课文中的文本话题,并结合学生原有认知,抛出问题:"Do you know how to read a book?"旨在引导学生进行 brainstorm 头脑风暴,激活学生已有的认知和存储信息,启发学生的创造性思维;接下来,话锋一转,以"Today, we are going to read a book about *Friends of the Earth*."导入本堂课的阅读材料。这样的导入虽简约但并不简单,且活动具备以下三个特点:趣味性、实效性和思维性,使得学生在课堂教学一开始,就进入了活跃的思维状态,为之后的进一步教学奠定基础。

(2) While reading

● Step 2 Skimming

限时略读是阅读课上常见的阅读技巧之一。通过这一方法,可以让学生迅速获得对文章的大体印象,同时了解文章的中心思想。在这一阅读过程中,同时不失时机的对学生进行学习策略渗透指导,让学生关注每一段的主题句,并判断题目的正误。

● Step 3 Scanning

Task 1:Get facts about the Friends of the Earth.

在初步理解文章中心思想后,引领学生通过另一阅读技巧:扫读,借助所给幻灯片上的关键词去寻找有关文章细节问题的答案,并回答相应的问题。同时引导学生对文中出现的重难点词汇,如"environment, pollution"等进行词义猜测。

Task 2:Free talk

之后针对文章中提出的污染问题进行拓展,引导同学思考日常生活中出现的其他污染现象。此类现象会带来什么危害?对于此类现象我们应该怎么做？你是否愿意加入 Friends of the Earth？你是否同意每个人在环境保护中的力量也不容忽视？通过不断深入的问题探讨，引导同学们进一步认识到环境保护的重要性，对于环境保护，每一个人都负有责任和义务，个人的力量再小也不容忽视，环保要从身边小事开始做起。

（3）After reading

● Step 4 Group work

学生以小组为单位，设计完成海报，呼吁人们加入 Friends of the Earth，成为地球的朋友。需使用 Free talk 中的所学语言，以及 PPT 上教师提供的例句和模板。

● Step 5 Summary

总结升华。不积小流无以成江河，独木不成林，积少成多，如果每个人都行动起来，整个世界会大有不同。最后，呼吁学生们从点滴平凡小事做起，从自身做起，为环境和社会增添正能量。

● Step 6 Assignment

海报展示；向周围的人宣传环境保护的重要性和相应的举措，尽自己所能呼吁更多的人加入环境保护的行列中。

在本节课中，通过对课文的重新解读和课程目标的重新建构，让学生在层层递进的学习活动和任务中，提升语言能力的同时，也提升了自身对于环境的认知和环保素养，以小见大，在点滴的教学当中实现德育的完成。因此，在英语的日常教学中，教师应该积极探索和拓展课文以及各类文本的内涵，深入挖掘文本中所蕴含的德育因素和内容，充分利用各种资源认真备课，力求在教学设计中自然而然地融德育于教学活动中，在教学实践中充分发挥文本的德育作用，最终达到寓思想教育于语言教学中，真正做到润物细无声，见微知著的德育教育。

（二）六年级下阅读素材的德育渗透

作为英语教师，在日常英语教学中德育不仅仅是引导学生使用"please""Thank you"等文明用语，更多的是培养学生的人文关怀和道德情操，促进学生心智、情感与价值观的综合发展。教师要善于发现课本中的德育因素，将细化的德育目标融合在单元教学中，避免空泛而谈，让学生在不同单元话题中培养积极健康的人生观。

预初下学期的牛津课本中就存在着丰富的德育元素,例如第三单元 Dragon Boat Festival 的情感目标设定就可以是传播中国传统文化,让学生了解中国的悠久历史和传统习俗,是历史之美;第四单元 Staying Healthy 则是引导学生关注自身健康,帮助他们建立健康的生活方式,是健康之美;第五单元 What will I be like 促使学生思考自己的理想职业,为未来做准备,是志向之美;在第二单元的 More Practice 模块中的话题 Travelling in Shanghai,带领学生回顾了上海交通的变迁,有助于学生了解家乡,培养对城市的深切情感,是热爱之美;第九单元 Sea water and Rain Water,教育学生珍惜水资源,节约用水,是节约之美;第十单元 Forests and Land,引发学生思考生活中取自自然的物品,从而自觉保护环境,是感恩之美。针对不同单元设计适合学生的教学问题和教学活动,在讨论和活动的过程中,学生可以对德育话题有更深刻的切身体会。例如针对第九单元设计小组讨论问题"如果没有雨水我们的生活将是怎样",学生可以设想出诸多没有雨水的场景,从而意识到水资源的重要性。

此外,选择与单元教学相配的补充阅读素材与恰当的教学活动和教学问题相得益彰。例如,课本第三单元关于端午节的课文是关于屈原和国王故事的简单描述,为了充实人物形象,加深学生对端午节由来和习俗的了解,教师在阅读练习中展示了完整的故事,"He was upright, loyal and highly esteemed for his wise counsel that brought peace and prosperity to the state. However, when a dishonest and corrupt prince vilified Qu, he was disgraced and dismissed from office. Realizing that the country was now in the hands of evil and corrupt officials, Qu grabbed a large stone and leapt into the Miluo."形象的描述更容易在学生心中塑造屈原的爱国主义形象,也更容易培养学生的爱国主义情怀;"During the Dragon Boat Festival, a glutinous rice pudding called zongzi is eaten to symbolize the rice offerings to Qu. Ingredients such as beans, lotus seeds, chestnuts, pork fat and the golden yolk of a salted duck egg are often added to the glutinous rice. The pudding is then wrapped with bamboo leaves, bound with a kind of raffia and boiled in salt water for hours."对于粽子做法的详细描述也更易引起学生的兴趣,将日常生活的场景和传统节日联系起来,培养孩子对历史和传统

的喜爱之情。利用补充阅读材料,教师还可以组织学生进行角色扮演,不仅可以将所学语言技能应用到表演中,也可以增进学生对历史人物的理解和把握。

当然,文本之外,言传身教最重要。教师自身对历史文化充满热爱,自己保护环境节约用水,保持积极健康的生活状态,将是对学生最好的德育教育。

二、七年级阅读素材的德育渗透

(一) 七年级上阅读素材的德育渗透

以《牛津》教材 7A 第一模块 Relationships 为例,本模块讲述了自己与周围人之间的关系,在此模块中我们可以渗入一些关于"如何适当地与人交流"这样的德育理念。同学之间应当是平等的,所以应该互相尊重,自傲的人、自卑的人或许会与别的学生产生距离感,影响共同学习的感情。在日常学习生活中,每个同学一般都会有一两个关系不错的朋友。但是,只与班级里个别同学关系好,而和大多数同学较为疏远,长此以往是不好的,对学习是有害的。如果一些小的团体、群里内部产生矛盾,学生应当优先考虑班级的整体利益,适当放弃小集体的利益。当产生矛盾的同学言语激烈、矛盾即将升级时,学生应当尝试心平气和、放平心态,退一步海阔天空。可以尝试放慢说话的速度和声音,要有共情,换位思考,矛盾或许可以得到缓解,大事化小、小事化了。合理退让在大部分情况下都是有必要的,争吵非但不能成功地说服他人,反而会激化矛盾、让对方更加不相信你的言辞。合理的退让能够减小冲突、解决问题,这些都是我们教学工作中需要传递的德育思想。

在教学目标的设立中,我们根据学生的实际情况和需求,设置了三个方面的目标:

(1) Teaching Objectives

The students are expected to be able to

- review what they have learned about relationships.

- Talk about the preparations before a family trip.

- learn the two dialogues on Page 2.

(2) Teaching Focus

- Talking about the relationships in a family.

- Asking the proper questions about how to make a trip.

(3) Learning abilities

Students can get the main idea and the details of the passage by using reading skills.

并设置了以下课程步骤安排：

(1) Warming up：Guess the words

(2) Brain storming：Suppose you have a relative in Beijing，your family are planning a trip there. What will you consider before you take a trip? (Try to ask questions about your family trip)

- How will we travel to Beijing? (means of transport)

- How long/How many days will we stay there? (length of holidays)

...

(3) While-listening

- Listen to "Listen and say" twice with your textbooks closed and answer questions.

- Ask the Students to read the dialogue.

...

(4) Activities：Role-play. If your mother misunderstands you, what will you do?

通过德育教育,结合语言知识点,扩展教学内容,这样的教学能够让学生产生共鸣。英语教学不仅仅是单纯的语言教学,应当与德育、文化等元素有机结合,相互呼应,教育内容方能得到升华。

(二) 七年级下阅读素材的德育渗透

在 7BU1 Writing a travel guide 中,既对上海景点做了介绍,也从德育角度引导同学们要热爱上海,保护上海。

1. 结合学生的学习情况和现状,设定教学目标

(1) Language Learning aims

- To teach the students the names of some places of interest in

Shanghai.

- To help the students go over the usage of the modal verb can.

- To enable the students to describe the location.

(2) Skill and Ability aims：To foster the students' ability of gaining specific information by asking questions.

(3) Emotion，Attitude and Value aims

- To arouse the students' interest in the interesting places in Shanghai.

- To let students love Shanghai more.

2. 教学方法设计

同学采取小组合作的方式，并分配小组任务，强调学生的合作探究精神。

3. 教学流程及活动分析

(1) Step 1　Warming up

上课前 5 分钟主要是热身环节，通过 read the poem 和 sing the song 让同学们了解今天讲解内容，并对上海的一些景点有初步印象。

(2) Step 2　Pre-task Preparation

Show students some pictures of Shanghai and ask them which places they have visited and why they visited those places. Then introduce a map of Shanghai and teach the vocabulary.

展示一些上海著名的景点并一一认识。

(3) Step 3　While-task Procedure

Let the students listen to the passage and read after the recording.

这部分涉及四段小文章，分别介绍了上海概况、人民广场、浦东新区和佘山国家旅游度假区。通过跟读，同学了解到上海的地理位置、它的别称"购物天堂"以及每年都有很多游客到上海旅游；了解到人民广场是上海的中心，有很多高楼、绿草、树木、喷泉和鸽子，周边还有上海大剧院和上海博物馆；了解到浦东新区的交通方便和发达、一些重要景点东方明珠塔和上海科技博物馆，以及磁悬浮列车的方便；了解到佘山旅游区的地理位置，里面含有著名教堂和一个天文台。通过这些景点介绍，同学们知道上海是个很美丽的城市，我们在欣赏美景的同时更加喜爱这个国际化大都市。

（4）Step 4　Pair work

Work in pairs and practice introductions of the interesting place，like Xujiahui、the Bund、Shanghai Wild Animal Park.

两人一组练习其他景点介绍，有徐家汇、外滩和上海野生动物园，通过 free talk 的方式练习对话，并扩充景点内容，锻炼同学们的口语能力。

（5）Step 5　Summary

总结升华。在最后部分关于 Travel Guide 需要做一个讨论并从 shopping，eating 和 sightseeing 三部分总结这些景点或分类。

（6）Step 6　Assignment

写一篇作文介绍一个你自己旅游过的城市，介绍具体景点并向更多的人宣传热爱这个城市、保护当地环境。

三、八年级阅读素材的德育渗透

曾经看过一篇文章，大意是说在美国的一个贫民区，那儿的人的犯罪率高达 80%。有一名记者对其中一个学校的高中某班学生进行跟踪调查，想了解在这种地区成长的孩子长大是否多数是罪犯，教育在不良的环境中还有多少作用。结果十几年后这个班级学生的犯罪率只有 4%，远低于他们所在区的犯罪率。而且大多数学生都在这个社会谋得了自己的位置。记者很不解，就采访了当初带这个班级的老师，想问问她是否有什么特殊的教育方法，能够引导这群孩子不走歪路。老师微笑着说没什么特别方法，只因为我心中有爱。

对学生怀有爱心，就具备了让自己在教师的岗位上成为好教师的基础，而注重方式方法，能让自己在学生工作中如虎添翼。我们在做学生工作时，光有一颗爱心是不够的，还要有方法。爱心是基础，也是我们要给学生的内容，但是如果缺乏正确的方式方法，再好的爱心也没有效果。因此，好的老师，一定是注重对学生工作的谋略和方法的。然而，对于初中高年级学生而言，教条主义是最没用的方法，学生已养成了初步的价值观和自己的人文观。如何给学生正确的引导，作为英语老师，所能想到的就是通过平时的英语阅读，报刊文章来潜移默化的体现德育素养，人文关怀，从他人的爱心中得以习得，以慰成长。

教师定期印发具有德育意义的阅读文章,通过文学熏陶的方式帮助孩子树立正确的人生观和价值观也是寓德于教的重要手段。例如,一位父亲给即将步入哥伦比亚大学的女儿写了封信,信中的观点也适用于我们的学生,我们会进行全文阅读并摘选好词好句:

You often question 'what good is this course'. I encourage you to be inquisitive, but I also want to tell you: 'education is what you have left after all that is taught is forgotten'. What I mean by that is the materials taught isn't as important as you gaining the ability to learn a new subject, and the ability to analyze a new problem. That is really what learning is about — this will be the period where you go from teacher-taught to master-inspired, after which you must become self-learner.

(译文)你以前经常会问到"这个课程有什么用",这是个好问题,但是我希望你理解:"教育的真谛就是当你忘记一切所学到的东西之后所剩下的东西。"我的意思是,最重要的不是你学到的具体的知识,而是你学习新事物和解决新问题的能力。这才是学习的真正意义——这将是你从被动学习转向自主学习的阶段,之后你会变成一个很好的自学者。

The only thing that matters is that you have learned and the only metric(度量) you should use is that you have tried. Grades are just silly letters that vain(爱慕虚荣) people brag(自夸) about, and lazy people dread(害怕). You are too good to be either.

(译文)最重要的是你有在学习,你需要的唯一衡量是你的努力程度。成绩只不过是虚荣的人用以吹嘘和慵懒的人所恐惧的无聊数字而已,而你既不虚荣也不慵懒。

教师也会在平时英语测验中选择人文情怀方面的阅读理解。人类的基本悲欢应该是相同的,他们通过文章中人物的叙事来传递人类的喜怒哀乐。通过阅读去理解他人的同情心和共情心,让学生们对人对事有正确的感观和自己的判断,用文章中的正能量去改变光凭说教所达不到的效果,照亮到你想传递的地方。

教师同时也关注学生的个体表现。例如一位曾经做过初二班主任的教师,接班之初就听说 A 同学和 B 同学是班级中的"问题女孩",不仅在学习上是后进生,而且在行为品德上成为反面典型,在全班造成很坏的影响,这两人还是好朋友。教师希望在全班树立正确的是非观,而不能让其他同学再有样学样,要把坏习惯孤立起来。因此,教师上课时经常给同学介绍一篇篇英语阅读文章,告诉学生们优秀的同学应该具备怎样的品质,对于不良现象自身应如何去做,相信全班同学都有明辨是非的能力。

不光是阅读,教师还会布置作文让学生写出自己的真情实感,并让学生们互相阅读彼此的作文,了解个人情感的点滴。例如:

Write at least 60 words about the topic 'I get _____ from my class life'. (以"我从班级生活中得到_____"为题,写一篇不少于 60 个词的短文。请在答题纸上把作文标题补充完整,如:I get friendship/happiness/help…from my class life.)

每个人的成长都离不开班级生活,你认为你的班级生活如何? 从中你最大的收获是什么? 你又想为班集体做些什么?

教育的道路是漫长的,也是普天下的职业中最会发生状况的,因为不同的学生有不同的性格,如何与他们相处以及帮助他们成长是老师一生的作业,学生的成就就是老师将来的成绩。学生的不懂事,不进步以及调皮捣蛋也会让身为教师的我们感到头疼,觉得他们辜负了老师的苦心。但总会想到陶行知先生曾经告诫我们的一句话:"你的教鞭下有瓦特,你的冷眼里有牛顿,你的讥笑里有爱迪生。"关爱学生是教师的天职,用真心之犁去耕耘学生心田,用阅读中的真善美去感染学生的真情实感,再荒的地我也相信有复苏的一天。

四、总结

英语教学在初中阶段起着非常重要的作用,它不仅仅是教授一门语言,更是通过语言的形式,达到教育的目的,在这个过程中既要提高老师的人文素养,又要提高学生的语言实际运用能力和思维开发能力。本研究就是结合在英语教学过程中的案例,讨论如何在阅读教学方面进行德育渗透。一方面,学生将受益于该教学方法,另一方面,该研究也可以给予教师指导。具体而言,本课题致力于研究如何正确选材、适当引导、设置问题,进而实现设定目标。在英语教学教材中,本研究主要探究了六年级、七年级和八年级的内容,并各选出有代表性的单元和阅读素材进行展开,通过表演、演讲、写作和对话等多种形式展开德育工作,使同学们在课上和课下都得到思想品德的熏陶。教材中阅读课文的内容涵盖诸多方面,其中都渗透了丰富的德育内容,此外,课外相关阅读内容也是毫不逊色,意义非凡。正如我国著名的教育家陶行知所说:"千教万教,教人学真,千学万学,学做真人。"遵循英语教学规律,寓思想教育于英语语言教学之中,对于新课标改革的德育目标的实现也具有极高借鉴意义。

参考文献

［1］Jane Shuter. *Readholic 7B*［M］. Foreign Language Teaching and Research Press,Shanghai,2007

［2］Jane Shuter. *Readholic 7B*［M］. Foreign Language Teaching and Research Press,Shnaghai,2007

［3］*Oxford English 6A*（Shanghai Edition）［M］.上海教育出版社,2008

［4］*Oxford English 6B*（Shanghai Edition）［M］.上海教育出版社,2008

［5］*Oxford English 7A*（Shanghai Edition）［M］.上海教育出版社,2008

［6］*Oxford English 7B*（Shanghai Edition）［M］.上海教育出版社,2008

［7］*Oxford English 8A*（Shanghai Edition）［M］.上海教育出版社,2007

［8］戴佳敏.基于英语学科特点的德育路径探寻［J］.上海教育科研,2014:（7）

［9］戴炜栋.外语教学法的机遇与挑战［M］.上海外语教育出版社,2007

［10］李咏航.试述初中英语教学中渗透德育教育［J］.中外交流,2018:（26）

［11］H. O. Lindgren 著,章志光等译.课堂教育心理学［M］.云南人民出版社,1978

［12］刘道义.启智性英语教学之研究［J］.课程·教材·教法,2015:（1）

［13］鲁洁.当代德育基本理论探讨［M］.江苏教育出版社,2003

［14］万莉.试论学科教学中的德育渗透［D］.华中师范大学,2013

［15］魏贤超.现代德育原理［M］.浙江大学出版社,1993

［16］魏艳.如何在英语阅读教学中有效渗透德育［J］.德育课堂,2016:（16）

［17］武纪军.初中英语教学中如何进行有效的德育渗透［J］.西部素质教育,2016:（22）

[18] 易连云.重建学校道德教育[M].教育科学出版社,2003

[19] 张树勇,吕新华.英语阅读教学中实施德育的实践——以 *When less is more* 一课的教学为例[J].教学月刊：中学版(教学参考),2017：(1)

[20] 周月爱.初中英语课堂教学理论与实践——浅谈新课标理念下初中英语课堂教学的德育渗透[J].课程教育研究,2013：(11)

初中生道德与法治课堂时政演讲中
开展评价的实践探索

■上海市民办华育中学　荆小净　李婷　卢慧芳　韩笑

摘　要：我校在道德与法治课堂开展课前 5 分钟时政演讲实践过程中，发现七年级学生存在切口过大、照本宣科、逻辑混乱等不足，这对于发挥时政演讲的德育作用起到阻碍。通过学生和教师的双重评价可以有效提高学生时政演讲的质量，更好地培养学生的家国情怀和国际视野。

关键词：道德与法治　时政演讲　评价

2019 年 3 月 18 日，习近平总书记在学校思政课理论课教师座谈会上对思政老师提出八个希望，其中包括思维要新，创新课堂教学；视野要广，有知识视野、国际视野。这要求思政课堂应该朝向新颖、有视野的、有趣味的方向发展，用学生喜欢的方式帮助他们扣好人生第一粒扣子。

经过五年多的实践，我校道德与法治教研组在七年级开展的课前 5 分钟时政演讲深受学生喜爱。时政演讲的优势在于充分发挥了学生主体作用，增加了学生自主学习意识，培养了他们关注国家大事、理解时事的能力，增强他们的家国情怀和国际视野，也增强了道德与法治课堂的趣味性。

一、时政演讲存在的问题

在实践中，我们发现七年级学生的时政演讲存在如下问题：

1. 选材方面存在切口过大、实效性不强的问题

笔者抽样统计了 2018 年 9 月—2019 年 1 月华育中学七年级 8 个班级的学生共 67 组时政演讲主题（见表 1）。从表 1 中可以看出，时政演讲内容切入

表1 2018年9月—2019年1月七年级学生时政演讲主题

中国发展话题	社会性话题	国际新闻话题	中美关系话题	美国政治话题	科技主题	其他
中国国际进口博览会2个	八达岭环卫员劝阻扔垃圾被围攻	沙特记者卡舒吉遇害案3个	中美贸易摩擦2个	美国总统特朗普缺席一系列国际会议	基因编辑婴儿2个	2018年诺贝尔奖3个
中国珠海航展	苏州马拉松国旗事件2个	俄火箭发射失败	华为孟晚舟事件	美国政界收到炸药包	中广核德令哈50 MW光热示范项目2个	安南去世
港珠澳大桥通车2个	高铁霸座男女3个	英国脱欧	中国发言人对特朗普手机被中国监听回复	美国中期选举	中法合作研制的海洋卫星发射成功	台风飞燕2个
中非合作论坛北京峰会2个	涉嫌杀害中国公民的3名中非重要嫌犯被抓捕归案	关于加拿大规定吸大麻为合法行为的讨论	美国国务卿访华		spaceX的第一个登月乘客	苹果手机发布会
中国教育方面的政策4个	D&G辱华事件	巴基斯坦新总理卖牛			AG600水上首飞成功	伦敦时装周全面弃用皮草
关于打赢脱贫攻坚战的指导意见	携程虐童案件	法国黄马甲运动			华为手机的崛起	巴西国家博物馆大火2个
中日贸易	杭州保姆纵火案件	联合国谴责阿富汗首都自杀式爆炸			2018年乌镇互联网大会	世界杯中的克罗地亚
世界人工智能大会	中国游客遭到瑞典警察粗暴对待事件2个	德国默克尔政府2个				
	重庆公交车坠江事件					
	人肉搜索导致的中国女医生自杀					

口过大,导致 5 分钟演讲难以概述事件的前因后果。比如两组同学的主题是《中非合作论坛北京峰会的开展》,演讲围绕北京峰会的内容和习总书记的发言。演讲的立意在于希望同学们了解中非合作论坛对中国的战略意义,因此演讲者向听众介绍了人类命运共同体、南南合作、一带一路等多个概念,在 5 分钟内将此说清楚是很难实现的,听众表现出不知所云的状态。所以,选材一定要选择切口小、容易讲清楚且初中学生有一定基础或者积累的话题。

同时,选材方面存在实效性不强的问题。所谓实效性,体现在一定阶段受到广泛关注的事件和现象。初中生由于年龄、阅历的影响,比较难以把握时代的脉搏。因此在 67 组主题中会发现主题重复率较低且部分选题与学生生活偏离。比如"巴基斯坦总统卖牛""美国政界收到炸药包"等主题尽管切入点比较小,但是其影响力比较小,因此听众收获小。再比如"双十一购物狂欢节"演讲详细列举了商家的营销策略,进而告诫听众应理性消费,按需购买。但听众为初中生,往往较少参与双十一购物,对此没有切实体会和参与度,德育作用较小。因此,演讲者必须选择切口较小、实效性较强、符合听众身份的主题,吸引听众兴趣。

2. 演讲过程存在照本宣科的情况,演讲效果不佳

由于主观意愿、知识储备等限制,在演讲过程中往往出现背诵现成媒体新闻评论的情况,演讲者照本宣科,缺乏情绪起伏,演讲效果较差。比如一组时政演讲介绍"乌镇 2018 年互联网大会",演讲者分别介绍了此次大会三个关键词"AI""文化交流共享""网络扶贫",介绍了大会成果《乌镇展望 2018》,但是内容为新闻成文,语言亦是新闻语言,简单凝练,缺乏大会具体数据、具体案例的支撑,听众没有获得具体信息量。所以,演讲者必须查阅大量材料,对演讲主题深入了解后才可以融会贯通,讲授他人。

3. 演讲存在逻辑混乱、信息量过大的情况

如一组同学介绍卡舒吉之死,他们的演讲顺序分别是:卡舒吉遇害事件,其与沙特阿拉伯皇室的恩怨,沙特阿拉伯的前世今生,沙特阿拉伯的皇位继承制度,美国与沙特阿拉伯的关系,沙特阿拉伯在卡舒吉遇害问题上的诉求。演讲时线索较为混乱,既有时空交叉,也有主语变换,听众难以理顺此次演讲逻辑。所以,演讲者必须梳理演讲主题,条理清晰,适当取舍,将前因后果讲述清楚。

在发现上述问题后,从 2018 年 11 月开始,笔者通过评价引导时政演讲。

评价的生成对时政演讲者是个很好的参照,学生从中可以得到老师和同伴的鼓励,也能从中知晓自己的不足之处。

二、师生评价,互为补充

(一) 学生评价

学生评价为赞赏性评价。以近期"中美贸易战"时政演讲后学生撰写的32个评价为例(见表2)。从表2中可以发现,18位同学高度评价演讲清晰,将事情来龙去脉说清楚了。笔者进行访谈时发现,听众对中美贸易战是很有兴趣的,但平时没有时间跟踪事情来龙去脉。但中美贸易战是长期话题,此次演讲涵盖了2018年美国发起"301调查"以来的发展变化,介绍清楚直观,因此听众非常喜欢。评价中第二位的是台风方面,13位同学对此表示赞许,包括演讲者的语言幽默、简明易懂、声音洪亮、富有感情。评价第三位的是演讲者立场客观,有一定自己的想法。在访谈中,笔者发现听众往往不希望在事件介绍的过程中存在明显的价值倾向,因为这会影响演讲过程中他们本人的思考。听众更倾向于演讲者客观陈述事件后提出个人想法,若想法不同,演讲者和听众可以进行适当的思维碰撞或者补充。比如一组以"中国游客在瑞典遭受粗暴对待"为主题的演讲,演讲者最后站在"情理"上评价事件,认为瑞典警察将中国游客在半夜放置于墓地,且其中一位是老年人,这种情况没有充分尊重中国游客的人权。在评论时有同学提出了不同的看法。他表示中国游客的确在酒店提出了不合理的要求,没有尊重酒店规则,瑞典警察维护秩序的行为存在合法性。双方持各自立场进行辩论,在辩论中进一步思考社会问题。除了上述三个方面,选材的实效性、PPT制作的美观度、演讲者脱稿情况也是评价的重点。

根据学生的反馈,笔者整理了学生评价的要素:

(1) 选材的时效性。包括演讲的主题是否为热点话题,是否是近期时政新闻,是否贴近学生生活,是否具有"可讲性";

(2) PPT制作方面。包括PPT的美观度,PPT是否凝练;

(3) 演讲内容方面。包括演讲的逻辑性,是否将事情前因后果介绍清楚,是否具有个人观点,是否有拓展性知识;

(4) 台风方面。包括姿态、声音、表情等。

表2 "中美贸易战"时政演讲后的学生评价

演讲者分工明确,脱稿较好,语言口语化不像是背书
语言生动有趣,条理清晰
演讲选题新,声音响亮,脱稿较好,PPT美观
内容为热门话题,时间线索清晰,内容完整
讲解清晰
演讲严肃又不失幽默
演讲内容熟练,脱稿率高
PPT简约
事情讲解清晰,PPT有趣
思路清晰,内容完整
中美贸易战是大家关注的热门,条理清晰直观,台风很稳
演讲熟练,PPT精致
事情前因后果介绍清晰,将话题凝练浓缩,且客观分析
内容翔实
详细具体
选材为时事热点,引起共鸣;声音洪亮,抑扬顿挫,具有感染力。演讲具有思想性,有条理
演讲内容具体,台风好
语言平易近人,比较流畅
客观评述,评价到位
新闻较新,比较客观,比较清楚,让人可以听得懂
脱稿率高,内容充实,生动有趣,让人了解事件经过
内容丰富,有自己的观点
对内容理解度高,有知识拓展
选题是热门话题,对事件有总结和客观分析
对局势描写详细,视角客观
事情讲得很清楚细致,幽默诙谐
内容全面,准备充分,有适当补充,并且加以个人分析。台风较好
流畅熟练,内容全面,条理清晰,有自己的感想,讲的易懂
内容全面,分工明确,台风较好,PPT不错
结构清晰,生动有趣
讲解详细
热门话题,熟练度高,PPT可以提炼文字,以学生的身份提出自己的思考

学生评价是基于演讲本身进行,缺乏全面性和观念的引导性,因此需要教师进行总结性评价。

（二）教师评价

教师评价与学生评价是互补的,是学生价值观的指引。教师评价的作用如下:

1. 引导学生全面地看待问题

时政演讲时间为 5 分钟,演讲内容较为浅显。这要求教师在演讲后适当补充观点,让学生思考更为深刻。比如在 2019 年"巴黎圣母院大火"时政演讲后,笔者提出一个问题,2018 年巴西国家博物馆发生大火,其关注度没有法国大火关注度高,这是什么原因? 学生们分析,原因有"法国知名度高""法国国家实力强""去欧洲旅游的人比较多""雨果"等。对此教师进行总结升华:"人们提到法国,总会联想到巴黎圣母院,巴黎圣母院成为法国的文化软实力的重要部分。一个国家的软实力是一个国家的相对稳定的资产,关系到国家的文化自信,影响到国外民众对这个国家的好感度和关注度。从巴黎圣母院大火和巴西国家博物馆大火的关注度中,我们可以看出来法国和巴西两个国家文化软实力的对比差距。软实力是一个国家综合实力的一部分。因此也希望各位同学积极地学习和传承中国传统文化,这将是一种增加我国文化软实力的方式。"通过评价,学生可以了解得更为全面和深刻。

2. 引导学生理性地看待问题

随着多元文化的发展,学生思维方式差异显著,往往会产生观点的激烈碰撞。适当的碰撞有利于学生思维能力的培养,但教师在其中应该起到正面引导作用。比如在"中国游客在瑞典遭受粗暴对待"的主题演讲中,演讲者和评论学生各持立场,各有道理。教师在总结时表示:第一,我们要尊重文化差异性,在与其他文明交流时必须尊重其他文明的规则和制度;第二,在不了解事件双方立场的情况下,不应评判"曾先生一家"的素质或者"瑞典警察执法合法性"。通过引导可使得学生看待问题更为理性和客观。

三、开展评价,提高质量

通过两个月学生评价和教师评价相结合的尝试,七年级学生时政演讲的质量得到显著提升。

（一）选材的实效性增强

随着评价的开展，笔者发现学生选材实效性显著增强。笔者统计了2019年以来七个班级共56个时政演讲的主题（见表3）。从表3中发现5组演讲以埃塞俄比亚航空空难为主题，6组以巴黎圣母院大火为主题，其他如黑洞照片的发布、中国海军70周年纪念活动、英国脱欧等热门话题受到较多关注，具有较强实效性。

表3　2019年以来时政演讲主题（抽样）

浙江省教育厅禁止学校使用 APP 布置作业	"1·25"巴西溃坝事故	翟天临学术不端	孟晚舟事件	烟花爆竹燃放危害	珠峰禁令	特朗普签署指令关注"天军"
《粤港澳大湾区发展规划纲要》	学雷锋日	美墨边境墙	烟草大王褚时健	克隆猴	故宫正月十五	英国脱欧
澳大利亚禁用华为	星巴克猫爪咖啡	金特会	印巴关系	地月同框照	埃航波音737MAX客机失事	埃航波音737MAX客机失事
埃航波音737MAX客机失事	《粤港澳大湾区发展规划纲要》	埃航波音737MAX客机失事	垃圾分类	老年人诈骗	新西兰恐怖袭击	中国生态环境保护的变化
金特会	中国新增绿化面积"冠全球"	美墨边境墙	ofo 创始人戴威被法院列入被执行人名单	翟天临事件	上海航空公司为机上乘客而紧急降落	巴黎圣母院大火
美墨边境墙问题	英国脱欧	巴黎圣母院大火	意大利归还中国文物	意大利归还中国文物	"3·21"化工厂爆炸	海军成立70周年
巴黎圣母院大火	巴黎圣母院大火	英国脱欧	黑洞谈判	中国生态环境保护的变化	凉山森林大火	斯里兰卡恐怖袭击
黑洞照片	海军成立70周年	斯里兰卡恐怖袭击	巴黎圣母院大火	巴黎圣母院大火	淘宝儿童女模被父母虐待	黑洞照片

切入点也有较大进步。如在"英国脱欧谈判"演讲中,由于脱欧谈判涉及面较广,演讲者对内容进行取舍,用5分钟时间介绍了英国议会、英国政府在脱欧谈判中的不同诉求,以此说明谈判不顺利的部分原因。学生初步学会了对时政材料的取舍、提炼。

(二) 演讲效果的增强

随着评价中对演讲内容、演讲者台风的要求,笔者发现演讲效果增强。

1. 演讲者学会使用图表增加说服力

通过数据图表的直观展示,帮助听众理解对比、变化。比如在"中国新增绿化面积'冠全球'"时政演讲中,演讲者用 NASA 公布的中国和印度两国在全球绿化中的贡献的图表直接反映了中国在"全球绿化"方面所作的贡献,也加强了听众对"绿色中国"概念的认同。再比如在"特朗普提出修建美墨边境墙"的演讲中,演讲者现场在黑板上绘制了美国三权分立制度图,用以解释国会和白宫在该问题上的不同态度对事件的影响。

2. 演讲者学会运用通俗语言让演讲更加易懂

演讲者在准备演讲时尽可能理解主题内容,在此基础上做到侃侃而谈,语言组织能力得到显著提高。

(三) 演讲逻辑性增强

演讲者开始学着使用时间轴等方式增强演讲的逻辑性,帮助听众迅速地厘清前因后果以便进一步分析。如"巴黎圣母院大火"时政演讲中,演讲者用时间轴的方式绘制了大火发生前后的情况,其演讲稿内容如下:

18:20,巴黎圣母院的火警铃首次响起,但没有发现任何火情。

18:43,另一声警报响起,两名安全员发现天花板上出现火情。

19:53,圣母院顶部塔楼,大火迅速将圣母院塔楼的尖顶吞噬,尖顶倒塌。

次日凌晨 3:30,火情已全部得到有效控制,并已部分扑灭。

通过时间轴,演讲者初步得出结论:第一,第一次火警没有得到充分重视,说明对火灾不够警觉;第二,从 18:20 到 19:53,一个半小时里火灾蔓延迅速,这其中有建筑本身的特殊原因,这为进一步分析事件原因做了铺垫。

除上述三点之外,学生在互动性、自信、幽默等方面都有了显著提高。

四、总结

初中阶段的青少年正处在身心健康发展和思想成熟最关键的阶段。在网络化的时代,在道德与法治课堂上开展5分钟时政演讲,有利于增加学生对社会和国家的了解。因此时政演讲已成为道德与法治教学中的有效载体。通过学生和教师的点评,不仅可以增加时政演讲的效果,也可以充分发挥学生的主体作用,让学生从中获益良多。

参考文献

[1] 习近平主持召开学校思想政治理论课教育座谈会[E]. 央视网 https://xw. qq. com/news/20190318009162/NEW2019031800916200

[2] 王剑舞. 时政演讲中教师发挥的作用[J]. 思想政治课教学,2015:(7)

[3] 师文君. 高中思想政治课时政教育研究[D]. 上海师范大学,2012

[4] 谭代伍. 课前时政演讲的实践与反思[J]. 文史月刊,2012:(8)

[5] 方永平. 如何把时政演讲做成一道精品小菜[J]. 辽宁教育,2012:(5)

[6] 王丽蓉. 论中学政治课堂中的时政教育[J]. 西部素质教育,2016:2(3)

史地学科核心素养培养的校本实践研究

■上海市民办华育中学　曹玉婷　孙蕾　姚毅

摘　要: 教育部于 2016 年 9 月 13 日在北师大举行了中国学生发展核心素养研究成果发布会。学科核心素养是核心素养的载体与体现。怎样在课堂教学和学科活动中落实核心素养培养目标是目前各地区学科教学与研究的重点与热点。2017 年,华育中学提出了基于我校实际的华育学生 6+3 核心素养的培养目标。针对我校学生实际情况,将史地学科核心素养目标进行整合,通过对学生的指导、小报作业要求的解读和评价,将“人文探宝”的学科活动培养目标落到实处。

关键词: 核心素养　地理实践力　历史时空观念　人文探宝

地理学科核心素养包含了人地协调观、综合思维、区域认知、地理实践力。中学地理教师在教学中也经常使用“人地观”“综合性”和“区域性”等概念。然而对于地理实践力这一核心素养的培养,一线教师仍存在认识误区和教学缺失。具体表现在地理实践力教学环节的缺失等。基于这种情况,需要教师在具体的教学过程中创造条件,努力开展相关的教学活动,以弥补其不足。

《普通高中历史课程标准》(2017 年版)提出的核心素养包括唯物史观、时空观念、史料实证、历史解释和家国情怀五大方面。虽然新版初中历史课程还未公布,但高中的课标对初中也同样有着指导意义。其中的时空观念,包括历史时序的观念和历史地理的观念,这两者都是了解、认识、研究客观历史的基本意识,因此在历史学科核心素养体系中居于基础地位。所谓空间观念,就是要了解历史所发生的地点、区域、范围等,这涉及历史上人类活动的场所和舞台。

我校的历史、地理学科同在政史地教研组,希望通过"人文探宝"学科活动将地理学科的"实践力"和历史学科的"时空观念"相结合,通过学生小组活动落实两大学科学生核心素养的培养。

(一)明确要求,教师示范

"人文探宝"是我校史地组的传统学科活动。对于"人文探宝"中的"人文"有多重理解,最广泛的指所有有人参与的活动地点等。在与历史学科活动相结合的过程中,我们选择了这样的人文定义:"有一定的历史时期的积累,有一定的文化内涵,可以是实体,如文物古迹,名人故居,革命遗址,纪念地,会馆建筑等;也可以是精神形式,像神话传说,民俗风情等。"具体如徐家汇附近有光启公园、天主教堂……华泾镇有黄道婆纪念馆、邹容墓、邹容纪念馆……龙华地区的龙华寺、龙华塔……多伦路、武康路、外滩一带的历史文化建筑,松江古镇、嘉定古镇等的历史古迹及豫园、城隍庙、新天地……

1. 明确要求

(1)分组进行实地探宝活动,每组最多 4 人。每个小组实地考察比较靠近的 2—3 个历史文化景观,绘制这一带的地图,介绍其历史沿革及意义等,以小报的形式展现出来。

(2)活动具体要求

● 分工明确,每人都要有任务,在小报右下角注明任务安排。

● 关于地图。控制好图幅大小,要有地图三要素:图例、比例尺、方向。图中标注出所考察的历史文化景观的名称、附近重要地理事物的名称及主干道。

● 关于内容。介绍所考察的历史文化景观的地址、简介、历史沿革及影响意义,也要说明选择的理由。

● 小报中配小组活动照片,写一段本组活动的小结或心得启示,其中要说明收集资料的方法,如实地考察采访、文献查阅、参观博物馆、网络搜索等,必须采用两种及以上方法。

(3)小报标题自拟,如华泾寻宝、寻访多伦路……

(4)图文并茂,编排合理。

（5）小报大小为 A3 纸。

（6）每组聘请至少一位家长作为志愿者，陪同前往实地考察点。

（7）开学第一周周五交。

2. 教师示范讲解

（1）讲解地图绘制方法

● 选择底图：利用网上的电子地图作为底图，参考电子地图进行手绘。（底图资源：http://map.tianditu.gov.cn 天地图国家地理信息公共服务平台）。① 打开地图网页，选择制图的区域（华泾镇）。② 去除地名的图层信息，截屏保存。

● 制作地图：① 设计图例：利用绘图软件，参考原图中的地图信息绘制图例和方向标。② 标注出所考察的历史文化景观的名称、附近重要地理事物的名称及主干道。③ 将底图、图例、方向标叠加合并，并标注图名。④ 导出并保存即可。⑤ 计算比例尺并标注于图上。

（2）展示小报范例（以华泾寻宝为例，见图 1）

（3）对文字介绍部分提具体要求和作示范：必须列出地址、选择理由、历

图 1　华泾寻宝小报

史沿革和影响意义。

（二）学生实践，提高能力

2018 学年第二学期第一周收齐小报。

共收到小报 132 份，其中 115 份达到基本要求，24 份为优秀小报。批阅完学生的小报，发现多数学生能根据老师的引导，选择自己感兴趣的历史文化景观进行寻访。小组成员间能互相商讨确定合理的寻访路线，在寻访过程中能做好记录，并去图书馆或利用网络查阅有关文献资料，在小报中能介绍该历史文化景观的地理位置、历史沿革及影响意义等，并能科学绘制相关地图，在地图中准确标注出所介绍历史文化景观的具体位置。小报内容丰富多样：武康路的、思南路的、徐家汇的、外滩的、新天地的、七宝古镇、松江古镇的……全面展现了上海的历史文化景观。

（三）分析研究，积累经验

在收取了学生小报后，学科教师对作业进行分析研究，以便不断改进。

【案例一】

以"多伦路人文之旅"为例（图 2）：学生选择多伦路作为考察地点。小报中包含了地图和人文景观图示；多伦路的长度——500 多米；采用的交通方式——步行；步行的起点和终点。从培养地理"实践力"的角度来考察，人文探宝活动需要根据计划的路线实地探访，同时将路线清晰的记录，并在后期根据选择的地点和设计的路线将目的地和路线都标注在制作的地图上，这促使学生要掌握地图的基本语言，灵活的利用方向、图例和比例尺三要素。同时学生通过自身实践地理事物和地形的多方面性质，发展和提高多维度空间思维观念。地理绘图的过程也是图文转换的思维分析过程，在绘图准备和制作过程中提升了学生的空间思维发展水平。学生通过绘图，把生活中的具体知识图像化，运用地图学习和表达地理知识，在绘图过程中，可以使学生空间思维走向自觉。通过小组活动，把学生的空间思维发展水平与学生已有的生活经验和情感联系紧密。学生通过绘画地图，从生活中抽象出图形，然后图形再应用于生活，从觉察、辨别、转换、识别的直观化水平不断地提高到描述、分析、抽象和演绎等复杂的思维水平。通过本次作业中地图的呈现，学生基本完成了模仿和学习的任务。

图 2　多伦路人文之旅

在简介和活动小结中写道:"多伦路是一条名人街,在中国近现代史上,这条不足一公里不算宽敞的马路边曾经居住着众多的文化名人,有茅盾、郭沫若、鲁迅、叶圣陶、柔石、冯雪峰以及内山完造等,多伦路可以说是 20 世纪二三十年代的文化界的大本营。""这次去也是想深入探寻一下这些历史人物曾经生活的地方,沿着他们的活动轨迹,了解当时的历史,拉近历史与我们的距离,也更了解我们这座美丽的城市。"

在这段文字中出现了"多伦路""中国近现代史""文化名人""20 世纪二三十年代""文化界"这几个表示时间、空间和人物活动的词。其中多伦路位于现在的虹口区,当年的公共租界内,如果想对这条路的历史沿革进行进一步的了解就必须查阅租界的相关资料。"中国近现代史"既是现在一种历史阶段的表述,也包含着后人对这段历史的解释。一般我们把 1840 年鸦片战争作为中国近现代史的起点,这种人为地历史阶段划分蕴含着我们对鸦片战争所带来的变化的理解。"20 世纪二三十年代"是一种绝对年代的表达方法。"文化名人"和"文化界"指的是当时这些人的身份和他们的社会活动及影响。通过这些文字,学生能够初步感知特定的人物活动是与特定的时间和空间相联系的;初步感知到历史时间与空间的多种划分方式;与绘制地图相结合,初步感知重要人物活动发生的地理状况;使学生的历史思维能够在时空框架下运作,按照历史时间顺序和地理因素,建构历史事件、历史人物、历史现象之间的相互关联性,理解历史上的变迁、延续、发展的意义。随着年龄的增长和思维的发展,这样的活动还可以有进一步提升的空间,如学生可以继续探究多伦路的前世今生;把鸦片战争作为中国近现代史划分的原因;租界的由来;文化名人大多住在租界的原因;文化名人的主要活动;中国的文化高地发展的过程等课题,以多伦路作为了解中国近现代史的切入点。

【案例二】

有学生在老师的指导下补充写下了考察路线的选择和参观过程:"我们确定了位于市中心的复兴公园作为我们的汇合点。这里是南北高架下面,交通比较便利。小组成员分别从闵行、浦东等地乘坐公共交通前来,要找公共交通发达的地方。会合之后,沿着复兴中路走到思南路……沿着思南路往北走,来到了香山路的孙中山故居,接着沿着思南路—南昌路—兴业路来到了'一大会址'。全程都是步行,各参观点距离比较近,一次活动可以打卡多个红色纪念地。参观完毕,大家都各自乘公共交通回家。"这段文字包含的信息有:小组成员通过交流确定考察地点的原因;考察人文景观的主题;成员会合的交通方式等,是一份比较典型的小组活动策划和实施方案。人文探宝活动打破了教学的框架,更大程度地给予学生自由选择自己感兴趣的人文景点进行探访,有效地发挥小组同学们各个方面的优势。活动开展初期学生就积极地进行分组,寒假刚开始就组队走出家门陆续展开实地的探访活动。很多学生选择方案都是通过步行的方式串联起各个人文景点,充分利用此次实践活动,感受上海城市的魅力。让学生在运用地理知识来解决实际问题的同时,增强对知识的理解和运用能力,有利于提高学生的地理实践力和综合思维,同时还激励了学生熟悉家乡、建设家乡的意识。

(四)总结与反思

根据人文探宝小组活动后制作的小报可以看出,大部分的学生在教师示范作用之下,通过模仿,能够基本完成"人文探宝"的学科活动。除了充分的利用地图,还在各个人文景点的探访过程中收获颇丰,每张小报中除了地图外还包含了各个人文景点的地理特色、历史沿革和存在的重要意义。从这些内容中可以看出,在真实的情境中直观地体验地理学习的意义,提升了学生的地理信息收集与处理能力、小组学习能力和交流表达能力等综合素质。在景观的选择和简介中,学生的时空观念有了初步的体现,对在特定历史环境下人物活动有了初步的印象。本次学科活动的目标基本完成。

本次活动存在的主要问题:

(1)小报最终呈现的是考察的结果和景观介绍。对地理实践力的培养和落实的体现比较欠缺。所以在一部分学生上交小报后,教师又要求他们补充活动的策划方案和过程。通过这次活动和研究,教师也意识到学科活动的成果包括学生的讨论记录、方案策划记录、小报等多方面的材料,研究的对象不仅包括小报,也包括整个活动的过程。这也是本次学科活动与学科课堂教学研究的重要区别。

(2)预初的学生年龄比较小,还没有接受比较系统的历史学科教育。部分学生介绍历史文化景观时,泛泛而谈,没有深入了解其影响意义,内容比较空洞。下一届组织该活动时,要向学生强调在介绍历史文化景观前,应深入透彻了解该历史景观,介绍该景观时应揭示其内在的深刻历史意义和影响,使读者有所感。或者将"人文探宝"作为初二学科活动,经过两年的学习和体验,无论学生的知识储备、组织能力都比预初要强,可以对这些景观进行更为深入的研究,同时有更深的感悟,达到更好的活动效果。

(3)部分学生缺乏制图技术,有些学生是在家长的帮助下完成的地图绘制,有些学生对地图的处理不符合要求。在下次布置活动前,对学生进行相关软件使用培训,学生能掌握最基本处理地图的方法。

(4)绝大多数学生使用了实地探访、网络搜索这两种方法进行考察和小报制作,收集的材料主要是自己拍摄的照片。口述史资料几乎没有涉及。随着时间的推移,和人文景观有直接关联的人物几乎都已经去世,收集口述资料确实难度很大。下次布置活动可以推荐收集名人故居、纪念馆等的纸面材料和文字介绍,与讲解员或者志愿者交流内容记录等,丰富考察的内容,使活动更有意义和价值。

参考文献

[1]韦志榕,朱翔.普通高中地理课程标准(2017版)解读[M].高等教育出版社,2018

［2］徐蓝,朱汉国.普通高中历史课程标准(2017版)解读[M].高等教育出版社,2018

［3］徐蓝.关于历史学科核心素养的几个问题[J].课程·教材·教法,2017：(10)

［4］赵海明,何成刚.历史空间观念素养的历史解读[J].中学历史教学参考,2018：(9)

［5］刘继伟."时空观念"核心素养再探[J].中学历史教学参考,2019：(1)

心理篇

　　进入新时代,人们对于心理健康的要求日趋提高,心理健康教育也成为学校教育的重要组成部分。华育中学非常重视学生的心理健康教育,李英校长对全体的华育学生提出了"6+3"核心素养的要求,其中之一就是富有情趣的健康生活。李英校长在2019届初三毕业典礼致辞中也提到"在未来成长的道路上,希望你们懂得学习的重要性,懂得身心健康的重要性,懂得良好品德的重要性……"所以,华育中学形成了完备的心理健康教育体系,多层次,全方位,既开设心理课,又有针对各年级学生和家长的心理讲座;既有一对一的心理咨询,又有针对不同需求的学生和家长的心理沙龙活动;既有分散时段的心理咨询预约,又有集中在一天的心理开放日活动。同时,学校既有一支专业的心理教师队伍,又依托本校心理教师对本校的骨干班主任进行了心理学方面的培训。正是在这样的氛围下,老师们写出了高质量的有关学生心理方面的论文。

　　黄燕老师,是学校专职心理教师,国家二级心理咨询师,上海市学校心理咨询师,市级精品课程《园艺养心》课程的作者,是一位有多年园艺和心理学教学经验的老师。黄燕老师在她本人多年工作经验的基础上,通过大量的实践研究、问卷调查、个别访谈等方式,撰写了《运用园艺疗法为初中师生赋能的实践研究》,对于同行们将会有极大的借鉴作用,相信学校的心理健康教育也将会有新的突破。

　　田艳妮、沈敏老师,是学校的年级组长,有丰富的班主任经验,接受过骨干班主任的心理学培训。她们有丰富的实践经验,有一双善于发现问题的眼睛,又能够从自己所学,运用心理学的知识去分析问题,帮助学生提出自己的独到见解,体现了老师的大爱无私。

　　在新学期,祝愿华育中学在心理健康教育上更上一层楼,更盼借这次论文集的出版,老师们能够在学生心理教育领域开展更多有意义的研究。只有在实践中不断反思,解决问题,才能让我们站得更高,看得更远。

对性格孤僻学生的同伴干预方法研究

■上海市民办华育中学　田艳妮

摘　要：每年在我执教的初中都有几个性格孤僻的学生，他们由于种种原因在新的班集体中找不到存在感，慢慢被边缘化，影响了孩子的性格养成，也大大影响了孩子的学习。对于这样的孤僻学生，我在实际教学中尝试以同伴干预的方法来慢慢转化。这是一个很慢的过程，中间也会遇到波折，但是从转化效果来看，还是比较成功的。

关键词：性格孤僻　同伴干预

"孤僻"是性格用语，属于一种性格特征。《现代汉语词典》中对"孤僻"的解释是：性情孤独怪异，难与常人相处。孤僻是我们常说的不合群，指不能与人保持正常关系、经常离群索居的心理状态。很多心理学家对于孤僻的形成原因进行研究后得出结论：孤僻不等于自闭。自闭是先天原因造成的，孤僻是后天形成的性格特点。一个人性格的形成与家庭环境、成长经历、文化素养等多种因素有关，是长期积累形成的。性格孤僻学生在中学生群体中约占5%—8%。在我执教的民办初中，每年也都有几个性格孤僻的孩子，看着他们在集体中没有朋友，没有话语权，不能很好融入班级，总会感到非常心疼。这样的性格孤僻学生在预初年级表现特别明显，因为预初刚刚进入新的学校环境，面对在新班集体中的角色重新定位，同学和老师之间的关系非常陌生，彼此之间缺少了解，更加增加了这种紧张感，从而形成孤僻。

在进入预初的第一个学期，我们留心观察了年级中性格孤僻的孩子，并且通过调查问卷进行证实。在问卷内容中表现出明显的消极、颓废的心态，特别是在"是否被别人需要？""感觉自己在班级的人缘怎么样？""你是否愿意参加班级集体活动?"等问题中都是 D 档或者 E 档的回答,积极性指数很低。在对性格孤僻学生转化中,最直接的途径和最迫切的问题就是在人际关系的融合性上发生改变,改变他们孤独的处境。为了探求其中的可能性和相关情况,我进行了个案干预研究。

形成干预的主要条件是:通过改善孤僻学生与同伴之间交往的风格,促进孤僻学生与同伴的友好交往;通过孤僻学生与同伴之间的心灵沟通,改善他们对同伴帮助的感受,让他们体验到同学对自己的帮助和良好期望。

干预选择了 4 名个案,干预持续一个学期,在整个干预过程中每隔一到两周进行谈话,以跟踪了解被试者的内心想法。最终,有 3 名个案出现了明显进步,有 1 名个案进步不大。个案在干预过程中内心状态的变化存在着一些值得关注的现象,这些现象也许带有某种规律性,值得我们思考。

(一) 一名进步了的个案的干预过程

小 D,男,偏科严重,给人印象是机灵,上课注意力差,一节课能集中听课时间不超过 10 分钟,大部分时间东张西望,或咬铅笔,或发呆。D 的父母带他去检查过,说他有多动症,并且吃药治疗一个学期,但老师没有发现他有什么好转。平时作业总不能完成,几乎天天漏做或者不做,成绩远远低于班级水平,被同学嘲笑,人际关系不好,怨气很重,喜欢用贬义词攻击学生。自认为"很聪明,但不努力",学习中抱有幻想,认为自己没有问题,一直以"聪明者"自居。在这种状态下,同学帮助他反而伤他自尊,他的交往风格也被同学排斥,成绩和同学关系越来越差,成为班级的"孤僻者"。

第一周,2018 年 9 月 7 日,第一次谈话。

安排 A 帮助 D。A 是班长,成绩和班级威信度都很高,A 坐在 D 的后面,跟 D 是同一个小组。第一次谈话主要是告知 D 以后要接受 A 的帮助,D 马上就接受了。谈话内容如下(老师简称 T):

T:你愿意接受 A 的帮助吗?

D:愿意。

T:你怎样评价 A?

D:挺好的,同学们都喜欢他,选班委的时候,我也投票选他了。

T:你希望 A 能在什么方面帮助你?

D：处理和同学的关系。

T：这个时间可能有点慢，你有耐心吗？

D：有的。

T：你想知道 A 最想帮助你的地方吗？

D：不知道。

T：A 最想帮你按时完成作业。因为你不交作业会影响小队评比的分数，给小队拖后腿，他觉得这是你被同学不喜欢的重要原因。你愿意在这方面努力吗？

D：（皱眉头想了一会儿）我不是做不来作业，只是懒得做而已。那好吧。

从第一次谈话中，明显能够看出 D 的内心是很有改善人际关系的渴求的，所以他马上就接受了人际关系很好的 A 来帮助他，并且直奔主题希望能帮他改善人际关系。但是当听到要先从交作业开始的时候，有一些迟疑，考虑到这是实现目标的第一步，也就同意了。在 D 的身上存在着性格孤僻学生的普遍共同点：有交朋友的渴求，但是不知道该怎么融入他人；做事的消极感比较足，对别人的评价同感比较迟钝，难以发现自己身上存在的问题。

谈话之后，第一周的作业 A 都做了，而且质量还不错。到第二周就开始又出现不做作业的情况了，基本回复到以前的状态。

第三周，2018 年 9 月 21 日，第二次谈话。

T：说一下你这两周的作业完成情况，自己还满意吗？

D：我不愿意 A 继续帮助我了，我觉得根本没有用。

T：详细说说。

D：第二周我有一次作业漏了一点点，他就惩罚我，不允许参加 OM 训练。

T：你是 OM 队员么？你特别喜欢 OM 是吧？

D：当然，我要参加美国比赛的。

简短谈话就结束了，因为 D 的情绪不高，于是找来了 A 一起商量，把处罚减轻，换成惩罚额外完成一定量作业的方式，不要停 OM 训练课。还有在跟

D 的谈话中,最明显表露出来的反抗情绪在于:他把 A 当成了老师角色,而不是来帮助他的朋友,他觉得 A 像老师一样在管着他,这让他想要放弃"被帮助"的过程。基于这一点,在跟 A 的谈话中,我重点教给 A 要和 D 处于平等地位,不要居高临下,多采用朋友式的规劝和谈心的方式,尊重他,慢慢加强他的信任感。

这次谈话以后的两周时间里,A 的状态一直很稳定,按照约定作业很少出问题,并且慢慢看到 A 和 D 一起吃饭,吃完饭一起散步,相处比较轻松。在这四周的跟踪中,我发现孤僻学生的特点:对他人信任感的脆弱,由于缺少倾诉的对象,所以情绪的自我调节能力很差,碰到挫折轻易就想放弃,所以选择干预的同伴类型应该是有耐心、比较平和、情绪处理能力比较强的学生。

第五周,2018 年 10 月 5 日,第三次谈话。

这次谈话主要是了解 D 平时与同学交往的倾向。

T:你觉得自己以前在跟同学的交往中存在什么问题吗?

D:经常有冲突,他们骂我,我也会骂他们。

T:是你先骂的还是他们先骂你的?

D:都有,我觉得他们针对我。同样是自修课,小组别的同学也有不认真,他们就会专门跟老师告我的状,还会因为作业和成绩嘲笑我。

T:那你是怎么做的?

D:我就会故意发出声音让小组扣分。

T:你现在仔细想想他们真的只是针对你一个人吗?有没有同学对你比较友好的表现?

D:嗯……上两周作业全交齐了,小组同学给我鼓掌了,还把这周的进步之星给了我。

T:我们给小组同学做了问卷调查,他们对你的评价都很客观,并且还列举了你的一些优点,"OM 很好,头脑灵活。""D 做完功课,我们替他高兴。""D 上次运动会 200 米为班级拿了第一名,很厉害。"

D:我没想到他们都记得这些,我以为他们都觉得我是小组的累赘,想把我赶出这个组。

T:你愿意尝试着跟他们交往吗?

D：愿意。

在这次谈话中，D已经在反思自己以往和同学的交往风格。接下来的两周，A给我反馈说，看到了D的明显变化，没有跟同学起冲突和骂人的情况。小组同学也看到了A的明显变化：发本子的时候不再飞本子，以前喜欢逃值日这周也都能完成，一次在卫生随检的时候马上检查自己桌面，把水杯收到桌肚里。

需要提及的是，在这一周虽然小组的同学都觉得D有很大进步，在问及D班级的三位主科老师（主科老师与学生相处的时间比较多，对学生也比较了解），老师们并没有感觉到除了作业之外D的变化；在对班级里除这组以外的其他同学进行访谈时，也没有察觉D有什么变化，大多数同学的回答是"没注意"。这说明在对孤僻学生转化中，与他最近的小圈子的同学是最敏感的，这种敏感度超越了其他学生、班委和老师。老师的工作比较多，自然不容易及时关注到每一个学生细微的变化，班级整体层面也只能起到氛围上对这位同学的帮助，较远座位的同学交集很少，所以在对孤僻学生座位的安排上要提起注意。

第七周，2018年10月14日，第四次谈话。

刚刚坐下就感受到D很开心，眼神中放着光，跟以前不大一样。

T：最近有什么开心的事吗？

D：我们队要去参加全市的OM比赛了！老师觉得我在小组合作中制作道具的能力比较好，最后一轮确定名单把我定成正式队员了。

T：那你很厉害的！这是团队项目，你要做很多准备，不怕辛苦吗？

D：当然不怕！我们吴老师特别厉害，她会指导我们的，而且吴老师什么都会，我们不用怕。

T：比赛期间你落下的课怎么办呢？

D：我们小组昨天开会了，他们分工帮我记笔记拿作业，我不会落下的。他们还一起送了我一个礼物，希望我比赛胜利。我也不能辜负他们，我得多带点钱，回来也要给他们带礼物。

这次谈话是跟踪两个月以来 D 的状态最好的一次,心态明显开放了很多。而且由于吴老师对他的认可和信任,他找到了自己心中的榜样,把吴老师当作了自己崇拜的对象,言听计从。感受到小组同学的祝福和帮助之后,他也有勇气去承担起责任,懂得不要辜负别人的期望。但是老师反映在最近集训的时间里,他更多时间都在训练,作业又开始出现不交或漏做的情况。A 找到他补作业时,他态度还不大好,说自己没有时间,甚至还跟 A 冲突了起来。这是跟踪以来,D 第一次跟 A 冲突。

分析上述表现,我们可以看到在 D 无助的时候,他愿意接受任何形式的帮助,对 A 也抱着仰望的心态。在慢慢进步之后,特别是收获了一些来自小组其他同学的友谊和认可,又在自己的兴趣爱好上取得进步,他就开始对帮助他的伙伴发生冲突,出现了反抗的自我意识,这也等同于每个生命在成长过程中,由对母亲的依恋逐渐走向独立和分离的过程,是一个新的整合时期。

另一方面也可以看出,对孤僻学生干预是一件比较艰苦而费时的事情,即使像 A 这样出色的孩子在付出很长时间之后,也难免冲突,孩子的调节能力毕竟比较弱。在这种情况下,需要重新审视两者的关系,转变原来强帮弱的模式,转换成互相帮助取长补短的模式,更加有利于激发 D 本身的自我调节潜能。

在期中考试中,D 的各门功课都有进步。尽管去美国参加比赛一个星期,也没有完全放掉学习。回来之后,由于比赛得了第一名,老师安排他在班级跟大家分享心得体会,D 的交往范围从小组走向了全班,有共同爱好的同学跟他讨论 OM,有了共同话题,他就慢慢摆脱了依靠老师指定与 A 做朋友的局限,慢慢在班级有了其他的朋友,告别了"孤僻"的处境。

(二)几乎没有进步的一个案例

小 B 属于极度自卑型的。父母都是普通工人,小 B 从小一直比较内向,胆子很小,且没有特别的兴趣爱好,自尊感不强,在老师批评他的时候也没有太大改观,同学嘲笑他的时候也不会发脾气。老师在找家长交谈时,家长对孩子的了解很少,对孩子的评价也很低。在对小 B 的干预中,也安排了周围的同学作为定点帮助对象,但是提高不大。跟踪一个月以后,改由老师来作为同伴干预的主体,但也几乎没有什么变化。分析原因,最主要有以下两条:

(1)原生家庭中,父母比较忙,无暇顾及孩子的成长,对孩子关心很少,孩子向上的内驱力不足。

（2）过于内向和胆小，封闭了自我意识，在同学欺负和老师批评时，只想要躲避一时，丧失反思和反抗的能力。

在儿童的自我发展中，除了通过与身边重要的成人建立自我对象关系，将他们的力量内化，促成独立性的发展之外，还有一个非常重要的力量来源，那就是同龄人群体。心理学家哈洛的假母猴实验发现，与母猴的隔离使得小猴心理严重失调，出现了自伤、恐惧、孤僻等异常行为，尤其是"社交"行为特别差。早期隔离造成的影响可以延续到成年以后。后来一些研究者进一步研究发现，如果将早期未形成依恋的猴子放到合适的条件下生活可以恢复正常的行为。这种合适的条件是——与正常的小猴群一起生活。4 只隔离了整整一年的小猴，以前曾认为这样长时间的隔离会造成永久性的损害，然后再与正常的小猴一起玩，共同生活一段时间，病态猴子逐渐恢复了常态。专家们认为，那群正常生活的天真活泼的小猴可以称得上是"治疗家"。这一研究结果预示着，健康的群体存在着极大的积极影响力，在健康的群体里生活甚至可以抵消和补救曾经有过的损伤。

无论从发展的年龄特征，还是从人际交往的方式特征看，少年儿童的同伴群体在从共生走向独立的过程中都具有人生重要的过渡性意义。在同龄伙伴之间，存在一种与成人的密切关系不同的完全平等的人际关系。在亲子关系和师生关系中，无论怎样平等，都存在着依赖和被依赖、支持和被支持的角色区分。如果在同伴之间建立其自我对象关系，即在伙伴之间的情感联结基础上将伙伴力量内化，形成积极的自我调节，那么自我心理学的研究者们可以给我们一些启发。

曾经提出过"镜像性自我对象"和"理想性自我对象"的自我心理学的创始人科赫晚年提出，还应该存在着一种自我对象，这种自我对象可以称为"密友自我对象"。他提出，"镜像自我对象"意味着"我很好"，"理想自我对象"意味着"你很好，我是你的一部分"，而"密友自我对象"则意味着"我们"，这个"我们"可以加上任何的动词，表示我们如何，我们做什么，诸如我们喜欢，我们害怕，我们读书，等等。之所以提出这样的分析，原因在于，这些精神分析学家在临床经历中感到，如果相似性需求没有得到满足，就会感到极度孤独，并缺少了学习生活技能和能力模仿对象和动力。"我们"是放大了的独立体，相对于独立的成人世界,也相对独立于其他的同伴群体。在中小学我们可以看到,如果班级未正规地组织起小组,学生自己也会自发组织起来,但这种组合往往是以调皮捣蛋和相互争斗为主要内容。心理学家发现,在群体中没有共同和有意义的任务,也会自发形成某种共同的目标行为。英国心理学家拜恩称此现象为"基本假定",主要通过依赖、争斗等行为表现出来。

从共生到独立的过渡阶段,少年儿童需要在群体中得到独立和肯定的满足。需要的存在好似泉眼,如果不开渠引流,泉水就会乱溢。学校可以为学生建立同伴关系创造条件,小组的形成不能只依靠组织形式的建立,而要依靠小组为单位的班级活动。"当任务有意义时,基本假定的作用减少。"积极的群体是在有意义的活动中形成的,有意义的活动为小组成员确定了明确且有意义的共同的任务目标。专注于任务完成情况形成的"我们"感,会让小组成员以从未有过的毅力,强迫自己执行集体的规定,改变不良的习惯。

参考文献

[1]刘啸霆,高桂梅. 论个体的内化认识[J]. 新华文摘,1997:(3)

[2][美] 马斯洛等著,林方等译. 人的潜能和价值[M]. 华夏出版社,1987

[3][美] 莫里斯著,定扬译. 开放的自我[M]. 上海人民出版社,1987

[4]夏甄陶. 人的自我认识[J]. 哲学研究,1998:(4)

[5]乐国安,郝琦. 以新的视角看待人生——心理的社会治疗理论与方法[J]. 心理学动态,1998:(2)

[6][美] 阿德勒著,黄光国译. 自卑与超越[M]. 作家出版社,1986

[7][美] 赫根法著,文一等编译. 现代人格心理学历史导引[M]. 河北人民出版社,1988

[8][美] 埃里克森著,孙名之译. 同一性:青少年与危机[M]. 浙江教育出版社,1998

对二孩家庭中处于青春期的大宝的心理研究

■上海市民办华育中学　沈敏　周颖

摘　要：在放开二胎政策后，处于青春期的大宝的教育问题逐渐被人们所重视。通过对二宝家庭的家长和学生的问卷调查，从一线班主任的实践出发，深入了解二宝家庭中初中阶段大宝的学习状况和心理状况，发现二胎家庭中大宝的心理问题常常有以下几种：占有欲变强、暴躁易怒、敏感嫉妒、学习动力不足，家长方面要能接纳理解孩子的情绪并不断学习探索适合自己孩子的教育方式，学校方面要给予一定的关注，正面引导，对问题较为严重的学生进行心理干预，社会也要重视二胎政策下的青少年成长。

关键词：二胎家庭　青春期　亲子关系

（一）二胎家庭中大宝较常出现的心理现象及问题

教育是一种人类道德、科学、技术、知识储备、精神境界的传承和提升行为，也是人类文明的传递。广义上讲，凡是增进人们的知识和技能、影响人们的思想品德的活动，都是教育。现代教育中，学校环境、家庭环境、社会环境等，密不可分。在放开二胎政策后，青春期的大宝的教育问题逐渐被人们重视。

我们通过对二宝家庭的家长和学生的问卷调查，从一线班主任的实践出发，深入了解二宝家庭中初中阶段大宝的学习状况和心理状况，充分考虑家长、孩子和老师对现阶段的家校环境需求，对部分特殊孩子以及特殊家庭给予有针对性的建议和措施。我们采取问卷调查、访谈等方式，了解年级中二胎家庭的数量、现有问题（孩子的、家长的）；经过筛选后，找出典型案例加以分析，通过访谈、沙龙等形式对一部分人群进行引导，希望在调查研究中，慢慢摸索出一些针对本校学生家庭情况的有效应对方式。

我们在年级的 80 个二宝家庭里做了家长问卷调查,发现二胎家庭中大宝的心理问题可能有以下几种:

(1)更强的占有欲。有的孩子在独生子女阶段,还没那么依赖父母,一旦家中添了弟弟或妹妹后,反而开始黏父母。尤其当父母把主要精力放在照顾弟妹上时,他们心中非常不舒服,经常出现与弟弟妹妹争吃、争穿、争抢玩具等现象。

(2)易怒暴躁。有的孩子在家中一直很懂事听话,家中出现弟弟妹妹后,行为出现了异样,主要表现为容易生气,在学校里违纪调皮,还经常摔东西发泄。

(3)学习动力不足。心理和生理的双重发展,使孩子的生活体验加深,心理极不安定,不安和好奇心相互交织,容易被其他事物吸引,找不到自己学习的目的和意义。最终出现孩子没有学习目标,对学习没兴趣,甚至厌学等情况。

(4)敏感嫉妒。有的孩子在弟弟妹妹出生之后,听到爸爸妈妈夸奖弟妹就很不高兴,趁着父母不在时,或者抢走弟弟妹妹的零食,或者故意把弟弟妹妹玩得正开心的玩具抢过来扔掉甚至弄坏……

(二)大宝心理问题的成因分析

对于不少二宝家庭的家长来说,现在工作比较累,还要照顾两个孩子。老大初中,学业很重,老二年龄较小,对妈妈的依赖也很重。在这样的情况下,家长的身体心理肯定都是比较劳累、比较不容易的状态。我们可以感受到,尤其在妈妈心里,肯定有委屈、不满、愤怒等。因为妈妈在两个孩子和工作间周旋,对她来说,挑这副担子很不容易。妈妈付出了很多的心血来照顾两个孩子,尤其是二宝,可能牵扯她的精力非常多。所以老大一旦出现这种行为,妈妈很愤怒和不满,怎么为孩子付出这么多,这个大孩子还添乱,不体谅妈妈,不懂事。对于妈妈来说,确实是一个不容易的妈妈,她希望把两个孩子都照顾好,希望他们互相很友善,希望家庭和睦。现在老大出现这样的情况,妈妈在心里很无助,甚至有愤怒、委屈等各种情绪。

再从两个孩子的角度,说说他们的感受。

对于二宝来说,他出生到这个家庭,得到了所有人的极大关注,而且有一个哥哥或姐姐,他所得到的关注度非常高,心里认为爸爸妈妈对他很重视很在乎。

对大宝来说,就会有些不同了。首先,家长可能觉得老大已经大了,不需要那么多时间了,应该用更多时间照顾小的。实际这个青春期的年龄段是需要特殊对待的。老大现在初中,正好青春期,老二不到 3 岁。这两个孩子的年龄阶段,都是对安全感、对妈妈非常需要、敏感的阶段。老二很好理解,3 岁之前,我们都知道,妈妈的爱对孩子的安全感、性格至关重要。老大是青春期阶段,青春期的孩子本身就有叛逆的特性,他是非常需要得到爸爸妈妈的肯定、认同和看见,他需要看到他是很重要的,需要这种力量感。

当老二来到家庭时,可能父母没有刻意用时间精力做功课,来安抚老大的安全感。很可能老二来到家中时,老大已经处于青春期的阶段,对安全感比较敏感的状态。如果时间退回去,假如现在二宝还没来到家庭,爸爸妈妈需要对老大做安全感上的沟通。你们需要告诉他,我们会要一个小弟弟(或妹妹),但爸爸妈妈给你的爱不会减少,你们两个都是我们最爱的孩子。

其实,很多时候,我们觉得孩子已经大了,再要老二,是非常自然而然的事情。他应该懂事,谅解、体谅弟弟(或妹妹)。这些都没有错,前提是老大要得到爸爸妈妈足够的体谅和照顾。父母照顾到他的安全感,他才会对弟弟(或妹妹)抱有真正的爱心。在老大的内心深处,是很爱这个弟弟(或妹妹)的,他有种深深的责任感,愿意为弟弟(或妹妹)付出,愿意保护弟弟(或妹妹),做大哥哥,这是他内心深处非常大的声音。但为什么你看到的却是不喜欢弟弟(或妹妹)呢?

父母看到的老大不喜欢弟弟(或妹妹)的行为,并不是老大不喜欢弟弟(或妹妹)。他所表达的是一种情绪,是表达给爸爸妈妈的情绪。他想告诉爸爸妈妈要看见他,不要有了弟弟(或妹妹)就把他忘记了。所以他对弟弟(或妹妹)的不喜欢的行为,不是针对弟弟(或妹妹)的,而是对爸爸妈妈的不满。学校心理老师接触过非常多这样的二胎家庭,一般情况下,如果处理得不好,老大都会对老二有或多或少的报复行为,因为他感受到爸爸妈妈现在不再重视他了,他们的爱被弟妹夺走了。

在老大心里,你别看他已经十多岁了,内心对爸爸妈妈的爱还是很渴求的。比如他在学校好好学习,想考好成绩,都是在要爸爸妈妈给他一个认可,说他做得很好，父母很满意。他仍然是一个孩子，还没有真正的长大成人。他现在很需要父母的关注！对于老大来说，原来家里只有他一个孩子，他感受到的是：我享受着家里百分百的爱，爸爸妈妈给我百分百关注。当有老二时，爸爸妈妈没有特意跟我商量，爸爸妈妈可能要分很多精力照顾第二个孩子，给我的爱会变少。我没有任何心理预设，突然有了弟弟，曾经每一天爸爸妈妈最关注的是我，现在爸爸妈妈每天的关注点全部在这个突然出现的小孩身上。虽然他是我的弟弟，但我的爱就是被剥夺了，我就是不停地被忽视，我还必须让着他。孩子这样想的话心里能没有气吗？

我们从妈妈的感受、两个孩子的感受的角度，分析了为什么会出现这样的情况，每个人怎么想的。分析清楚后，怎么去调整现在的状态呢？主要需要你做些事情。首先，建议妈妈要跟老大道歉。说对不起宝贝，弟弟（或妹妹）来到家里以后，你感受到爸爸妈妈不再像以前那么爱你了，是妈妈粗心了。妈妈想告诉你，虽然有了弟弟或妹妹，你在我心里还是最重要的，你们对我来说都是最重要的，我给你们的爱，是一样重要、一样平等的。

老大学业会有问题，可以鲜明地看出来他的家庭教育，对他的安全感已经产生了非常大的破坏作用，所以他才会出现厌学、拖拉这样的状态！老大从小学到初中的整个学习过程中，父母对他的学习的行为更多的是督促，甚至更多时候表现出指责，父母对孩子的心灵沟通、心灵的关爱做得太少，所以孩子才会对学习产生这么大的情绪。孩子对学习的情绪，其实是因为父母给他的安全感严重不足。试想一下，对老大来说，每天去上学，不喜欢学习还必须要去，作业还很多，每天起早贪黑，要把十几个小时用在一个那么厌恶的事情上。白天在学校已经很厌恶了，晚上回家还要看着爸爸妈妈对自己的弟弟（或妹妹）的百般呵护，还要让着弟弟（或妹妹）。如果你是老大，从早到晚一天天这样的生活，你的心灵有出口吗？你让他从哪儿去获取安全感呢？你觉得你的孩子快乐吗？他肯定是不快乐的。因为很简单，他上学也不快乐，回家也不快乐。他在内心非常不快乐，而且非常孤独。因为在他的内心深处，他和爸爸妈妈不能说心里话，爸妈不能帮他分担压力，甚至给他很多挑剔、指责和不满。对这样的孩子来说，内心是十分可怜的。

我们曾经接触过一些孩子，也是二胎家庭，就是爸爸妈妈一直没有关注老大的感受，还要求必须谦让老二，同时给孩子的安全感从小就很匮乏。好几个案例,这样的孩子慢慢表现出厌学,到高中就不上学了,休学了。这样的案例都出现过。预初、初一,对孩子来说真的是至关重要的。现在这种情况下,作为妈妈,身上有非常严峻的使命,需要马上填充自己,让自己可以用正确的方式,在这个关键点上弥补孩子的安全感,才不会造成以后的严重后果。举个例子,你心里可能希望老大能做到学习成绩好,认真、踏实上课,积极面对生活,对老二比较体贴关爱,有大哥哥的样子。这是你对老大的期望。我想跟你说的是,在孩子成长过程中,妈妈给孩子的安全感就像给他的小汽车加油。妈妈的加油站给孩子填充了多少,决定了他这个小车能跑多远,能跑多快,能跑多稳。对于妈妈来说,可以推测她在老大整个的成长过程中,给他的安全感真的很欠缺。包括家长一直会提到讲道理没有用。为什么没有用?因为你在讲道理,你没有理解他的情绪。可能你苦口婆心地说了很多,你也很累,但实际对他的安全感的补充来说,效果可能还是负面的。你想过这个问题吗?你作为妈妈,作为他的加油站,给他的油是不充分的,你还希望他这个小车在马路上可以疾驰飞奔,那怎么可能呢?

独生子女早就习惯了所有人以自己为中心,缺少分享的习惯和能力。一旦家长把更多精力投入到第二个孩子身上,忽视了对大宝的关心,大宝就会有种被忽视,甚至是被抛弃的感觉,他们就会将父母不再爱自己的责任推到弟弟妹妹们身上。孩子其实还无法用语言来表达这种"失宠"的感觉,只能表现在激烈的行为上。加上青春期的敏感,一些孩子对自身情绪的控制障碍也较大,各种问题集中爆发,家长、学校十分头痛,应接不暇。

(三) 对建立和谐二胎家庭的建议

在调查中我们发现,很多家长觉得处理两个孩子的关系实在是太难了,大宝有错也不敢批评,对二宝有爱又不敢在大宝面前表现……怎样的处理才是合适的? 通过老师与家长的沟通,尝试寻找疏通化解的方式,建议如下:

1. 家长方面

父母要善于沟通,将"突然"变成"有准备",缓解大宝们的各种困惑,既让大宝了解父母的决定,感受到自己被尊重,也有利于家长针对大宝的反应,对生育的时机进行适当调整。合理沟通也有助于大宝勇于分担付出爱,增加对小宝降生的期待,提升大宝可以当哥哥(姐姐)了的自豪感,理解妈妈的辛苦。许多父母经常会犯这样的错误而不知觉:当两个孩子发生矛盾或争执时,家长总是单方面要求大的让着小的,并且不区分事情原因及对错。这时就需要赏罚分明不偏爱,一定不要让大宝的负面情绪累积到一定程度,那将会有一个可怕的爆发。

在二宝家庭中,父母要树立"每个孩子都有自己的闪光点"的教育理念,肯定每一个孩子的好的方面,也不错过任何一个批评教育的机会,确保两个孩子的心理平衡。同时,更要鼓励两个孩子认可相互的闪光点和优势,相互学习。

家庭因素是孩子心理健康成长的重要基石,再多的困难,都必须让孩子觉得家庭是他可以依赖的港湾,在这点上家长有绝对的责任和义务。

2. 学校方面

学校层面的干预是对于发现孩子有情绪问题后的后期对策,往往工作难度较大,需要老师十分有耐心,与学生沟通,与家长协调,给大家时间来调整。

(1)借助媒体学互助。学校可以通过广播讲述一些兄弟姐妹合作探险的动画故事,如《小猪佩奇》等;也可以播放一些兄弟合作探险的影片,如《爸爸去哪儿》……也可以让大宝、小宝一起玩乐,一起完成简单小任务,在体验共同"当家"的过程中感受互助合作所带来的成就感。

(2)搭建平台展风采。学校可以建立网络咨询平台,开办分享会。还可以设计一本成长手册,每周填写一次"与弟弟(妹妹)相处生活记录表",文字、图画、照片……形式不拘,追求个性化的表现。

(3)对于叛逆情绪强烈的孩子,老师联合家长暂时降低对大宝课业上的要求,多关注,多鼓励,让孩子在一个阶段里慢慢放平自己的心态,卸下盔甲,希望他渐渐能用乐观积极的情绪面对自己周遭的变化。往往在"瓶颈"期,最需要的还是时间良药。

(4)极端特殊家庭情况,特殊对待,跟踪了解,及时关爱引导。

其实在这类家庭中,大部分家长还是可以理性面对孩子的教育问题,达到各方面的平衡。少部分的孩子青春期叛逆行为严重,学习压力过大,自己又难以调节。真正要对这样的大宝给予有效帮助,情况较为复杂,也很难照本宣科。

例如,我们在调查中接触到这样一个孩子。他目前是一名初三的学生,表现出来的很多行为都让老师家长头疼不已。比如作业总是无法保质保量地完成,长期拖欠作业,上课精神不佳,基本上都趴在桌上,周末、放假期间无法安排好时间,手机不离身,多次出现拒绝上学、离家出走的情况,甚至表示有轻生念头。对于这样的学生,老师们一直都密切关注并给予相应的关心引导、鼓励支持。

据心理老师和班主任老师与家长沟通,该生有这样表现的深层原因主要有两点,第一是他内心对自己的期望与现实之间有很大的差距,第二是他的父母对他的重视程度不够,让他缺乏安全感。在家庭里,他觉得感觉不到爱的,他曾经对妈妈是否爱他表示质疑。父亲是做地产行业的,经常在外地上班不回家,他与父亲之间的交流是比较欠缺的。母亲是高中老师,自己还在工作之余做电商,工作比较忙。家里有一个小妹妹,4岁左右。兄妹之间的关系还可以,毕竟年龄差距比较大。但是他的父母明显更关注妹妹一点,曾经在老师家访的时候表示过,妹妹比较懂事,不要他们操心,不像哥哥。种种原因导致该生与父母之间的交流很少,他的父母在与他交流的时候也多是责备,语气也比较尖锐,所以使得孩子内心郁结而没有出口,对未来很焦虑很害怕,希望能逃避现实。面对这样较为极端的情况,想找到有效的方式方法是十分困难的。我们让老师与孩子多交流,对孩子近期的学习要求也降低一些,但孩子仍表现出相当颓废的状态,让家长和老师一筹莫展。

在具体了解家庭情况后,我们对这个学生进行了每周情况跟踪记录(包括每日作息时间、学习情况、每周老师交流、安排义务补习等),与家长保持每周交流,关注成绩波动,安排学生在学校晚自修、每天记录作业完成情况等。孩子的细微变化还是有的,他愿意和老师交流,每天准时到校。但是回家后,家长的教育还是十分缺乏的,家长甚至不能做到每日正常的陪伴,学校交涉也收效甚微。面对这样的家长和家庭,学校老师十分无奈,但也只好尽力帮助孩子。

所以对待情况较为极端的孩子,这部分的调查研究我们还需深入,这需要多方面的配合,希望能有所进展。

(四)总结

在面对二胎家庭的诸多问题时,学校力量只是一部分的外在力量,而父母态度的改变、策略的思考和实施,真正用心关爱自己的孩子,不要功利,不能逃避,孩子的心才有可能再一次打开,接纳自己的家人。现在社会广泛关注原生家庭问题,家庭气氛、传统习惯、子女在家庭角色上的效仿对象、家人的互动关系等,都影响着子女日后在自己新家庭中的表现。人要客观认识到自己原生家庭的影响,才不至于将原生家庭一些负面的元素带到新家庭去。青春期阶段的孩子脆弱、固执、焦虑、迷茫,需要切实做好家庭、学校教育,让孩子在完整健康的环境中成长。

参考文献

［1］方芳.小学生心理健康教育存在的热点问题及解决策略［J］.新课程学习(上),2014:(5)

［2］段建平.《心理健康》课程教学的研究与实践［J］.知识窗(教师版),2014:(5)

［3］李雪荣.儿童行为与情绪障碍［M］.上海科学技术出版社,1987

［4］陈鹤琴.家庭教育［M］.华东师范大学出版社,2005

［5］赵春燕,丁国荣.透过"罗琦琦"看二胎时代的家庭教育误区［J］.管理天地,2014:(16)

预初学生适应障碍的教师调节机制研究

■上海市民办华育中学　田艳妮

摘　要: 在青春期的孩子身上表现出的青春期独立和对初中生活的适应同时作用在个体,进而衍生出许多专属于这个年龄阶段的特点和不适。在教学实践中,我所在的预初学生身上表现出的最明显的两种不适反应,可以归结为"自恋型"与"理想型"。在不断的教学实践中,我在探索这两种适应障碍的化解方法,通过同感和设置理想性对象,实现教师调节,进而完成自我调节,促进成长。

关键词: 独立　适应障碍　同感　理想性　教师调节　自我调节

心理学家认为,人类个体是一个从共生到独立的发展过程。共生是指个人完全依赖于他人而生存的状态,典型表现是胎儿期;独立是随着自我意识的发展,个体自我与母体逐步分离,逐渐将自身作为观察、分析和调节的对象的存在状态。在这方面拥有启示性研究的临床心理学家玛勒进一步提出,人存在着各种不断独立的方面和层次,所以人的一生有很多次"独立"的过程,特别是在青少年时期,不断经历着各个阶段各种水平的分离和独立,因此也会发生很多个周期性的反复变化。对此,著名的格赛尔儿童发展研究所的专家们也提出——

首先,我们观察到,2岁、5岁和10岁是焦点。这一时期,儿童的行为处于平衡状态,他们自身或对周围世界几乎没有什么困难。在这些相对平衡的年龄之后,有一个短暂的时期,这一时期,儿童的行为严重地分裂了,被扰乱了,令人不安,表现出显著的不平衡。因此,2岁的平衡性在

2岁半时打破了,5岁时的平衡性在5岁半到6岁时打破了,10岁时行为的平衡性在11岁时打破了,11岁儿童独特地表现出对环境和自己的一定的矛盾。

不管是心理学家的临床观察还是理论推测,都给出了肯定的结论,无需进行专门的调查。初中老师不难从自己的教学经验中发现,在一些转折性的年级,比如中学的起始年级——六年级,学生很容易出现不稳定和散漫的现象。也许各人的平衡期与扰乱期不一定完全相同,但在预初学生身上,我们确实能够看到明显的骚动不安。一些本来挺安分的孩子不再那么安分,常常会发生吵闹甚至打斗的现象。他们在家与父母开始发生分歧和冲突,在学校与教师的交往也表现出类似现象。有些父母被孩子闹得心烦意乱,也有些教师被学生搅得束手无策,包括一些很受学生欢迎的优秀教师。有一些教师能与学生建立起比较平等和随和的关系,也有一些老师弄不明白:为什么老师会与学生发生冲突。老师会觉得学生的情绪起伏变化很大,刚刚安定,一会又出现了波折和问题。发展心理学研究发现,有些处于青春期变化中的少年甚至会出现极度烦恼的状态。例如,有一个12岁的学生不堪忍受烦恼的折磨,去寻求心理医生的帮助。在治疗中,心理医生发现,他的思维混乱,已经与精神病人的状态相当。但是医生并未进行干预,他两年后自动恢复了心理的健康状态。很多临床案例表明,青少年身上出现的心理混乱往往是独立过程中的一种正常的现象。从长远发展来看,混乱不安的出现对于某些个体往往是进一步发展的前奏,个体正是在冲突之中进行整合,孕育新的发展。

了解自我独立形成中变化起伏的规律,就能更好地从学生独立性发展的趋势,去理解他们个体化需求、矛盾心理和骚动不安,而不是简单排斥,并从中去探求自我调节的机制。

(一)自恋型——渴求老师的关注力量

我所执教的初中是上海名校,这里汇集了最优秀的学生。在进入初中之后,学生在独立性过程中,表现出最明显的适应障碍是失落感。这是一种光环失去的留恋表现,只是程度不一,影响程度和时间长短的很关键的因素是家庭原始塑造。如果在相对健康和谐的家庭氛围中长大的孩子,有父母的及时同感和调节就会大大缩短适应障碍的时间;如果在不良的家庭氛围中长大的孩子,可能从此就走上了特殊学生的路线,并且影响四年的学习,最终无法成为优秀的高中生。这方面的适应障碍,我们选择了一个比较有代表性的案例。

【案例一】

小 A 同学,今年预初,父母离异,作为监护人的母亲工作很忙,小 A 长期跟外婆居住。在学校里,他的行为很乖张,经常会有一些出格的表现。在老师家访的时候,他就小动作不断,并且很直白地跟老师说:"我是一个问题学生,老师您以后会受累了。"每次老师找他谈话之后,他就喜欢在班级大肆宣扬谈话的内容;有一次他有进步,外公给他买了一块手表,他就在上课的时候故意拿着手表玩,当老师走到他面前时,他就主动将手表交到老师手里,让老师没收,下课又赶紧去办公室认错,主动告诉老师手表的来历。其实,这两个举动都是要让别人知道他被表扬了,他得到了奖品,要让别人与他同感,对他发出呼应。这个学生脾气特别大,稍不顺心就会发火,一旦发作就怒气冲天,难以平息,甚至会寻死觅活地吓唬人。由于身边没有监护人对他的行为及时给予调节,他的情绪调节能力很差。此外,他还表现得很不愿遵守常规纪律,对他进行的任何管束都会遭到强烈的反抗,这种表现多与幼年时为所欲为有关,在受到管束时,表现出比幼儿更多的敌意和不可忍受感。

但是在他张狂的表现下面隐藏的却是内心的脆弱。在调查问卷中,有几项问题显示了他内心的不良状态。分别是:"我觉得自己是个有用的人,别人需要我。——E(从不)""我觉得很难让人喜欢。——B(经常)""我感到没有人可以信赖。——A(总是)"从中我们能看到的是,由于没有特定抚养人在身边,不能够被及时同感,致使他强烈感受自我价值和人际信任的失落。浓重的心理阴影,又阻碍他接受老师的帮助,甚至抱有敌意。

对于这样的由于缺失父母同感而形成强大自我的自恋型学生,我们在接触过程中感受到他们对于被关注、被赞美的强烈需求,希望老师能够倾听他们说话,时时关注他们,感知他们的心理状态,定期谈话、做老师的小助手、放学后留下写作业等措施,都有很好的效果,能帮助他们逐渐摆脱被拒绝的感觉,建立起自我强化和抚慰的能力。

在师生关系中强调反应的同感性,就是指反应要关注和适合于学生的自尊需要,同时又有利于学生的发展。要让学生在教师给予的评价中获得自尊心的满足,并且从中学会如何努力使自尊心获得新的满足和提高,实现从教师调节到自我调节的过程。然而这一切不是通过老师的施舍,也不能带有任何的迎合和哄骗性质。在课堂内外,教师通过仔细地倾听学生的发言和议论,观察学生的行为和表情,捕捉学生的点滴成功和善举,察觉学生的细微烦恼和问题,给予及时的强化鼓励和帮助引导。

教师的同感不仅体现在对学生的强化鼓励中,也体现在对学生问题的指点和不良习惯的纠正上。但对不良习惯的纠正要与积极行为的引导鼓励紧密结合,使行为矫正同时具有促进整合的意义。在受到限制和批评时,学生往往会生出"坏老师"的印象,设法在学生受批评的同时,引导激发他们投入良好的行为,并且给予肯定,这就会转化为"好老师"的印象,从而达到自我调节的目的。教师对学生的评价不能过于严格。临床心理学研究发现,一些边缘化的问题少年家庭,也存在着非好即坏的分裂评价倾向,"如此一来,每个家庭成员看起来都相当单纯和坚决……"对学生的评价应该有弹性,要在具体情境中分析,因人而异。尤其不要过于苛刻,似乎只有符合某种标准的行为才是好的,否则就是不好的。非好即坏的观念,会让学生难以整合性地评价自己和别人,久而久之,就会形成咄咄逼人的情况,形成不良的人际交往风格。对客观现实的认识,在不同层次不同侧面进行综合,绝不是单线条的评定,促使学生感受自己的进步和成功,造成一种激励和支持发展的氛围,学会肯定自己和别人的优势,健康地发展自我。

(二)理想型——寻求教师的榜样力量

在近几年的初中教学中,学生与老师的矛盾冲突主要集中点是低年级,特别是预初第一年。很重要的原因是现在学生的压力较大,跟父母的矛盾冲突较多,在现代社会中,评价体系多元,青春期的学生也更多关注人格的特征发展,从生活中寻求榜样的力量。

【案例二】

小 B 同学,今年预初,她是一位住宿生,她的学习成绩不太理想,每天总是懒洋洋的,成天一副睡不醒的模样,对什么事都不感兴趣。平时不大愿意跟同学玩,全班能够称得上是朋友的只有一个被称为"博士"的男生,因为他们有共同的爱好就是读书很多,作业经常漏做。一次,在作文中,她写到自己的父母,流露出轻蔑的态度,特别提到了父母的虚伪,在和别人聚会时,当面很热情,回家以后却是各种谩骂,这件事对孩子心理形成很大的影响。她只沉浸在阅读之中,不注意自己的个人形象,甚至不洗澡。平常的表现颓废而消极。在研究过程中,在他们班级进行心理健康标准评价的调查,她在问卷表上大发议论,表达她的不满,并且在一次学校秋游中,因为收掉了手机,不允许学生玩游戏,她就在秋游小报上写道:"这是最差的一次秋游。"

这个学生的成长中,很显然她的父母不能满足她的理想型的需要。个体虽然生来具有自我肯定的需要,但是在成长过程中,能力的限制使得不可能完全靠自己去满足自尊需求,因此需要从身边人那里获得理想型的强化和具体指导。有不少心理学家谈起过在人的成长过程中存在这样的现象,并形象地将这种现象比喻为卫星化过程:卫星借助行星的引力,围绕着行星运行,青少年个体在成长中,也要借助关系亲密的成人之光辉来映射自己的形象和照耀自己的生活轨道。在逐渐成熟独立之后,再逐步从卫星状态中分离出来。青少年需要自己身边重要的人——主要是父母,也包括其他关系亲密的人物,如老师,作为他们的榜样而生活。

教师对学生的理想型作用最明显是发生在初中。在青春独立期,对于理想型的需求,会转化到教他们的老师身上。此阶段的学生明显关注个性特征,他们也会从整体的个性特征方面评价人,因此,与他们相伴时间较多的教师自然会成为理想特征搜索和评价的目标。由于对理想特征的喜好和拒绝已经具有了一定的倾向性,他们在与教师的交往中产生自我倾向性投射。在学生心目中,年长于自己的老师应该具有理想的个性特征,如果不是那样,开始具有个性追求的学生就会感到不满,就会出现挑剔老师的表现,甚至会波及家长,形成很大的师生矛盾。青少年时期正在形成对生命和人生价值的意识,尤其是当代的青少年,对新潮流、新形象特别敏感,他们大多喜欢新的气息和时尚的生活风格,因此,他们会讨厌单调、刻板和僵化的表现,欣赏有创意、有生活情趣和生活鉴赏力、幽默洒脱富有人情味的老师。学生在师生关系中获得理想型自我对象的支持，然后形成自我独立调节的力量。如同父母不一定能够胜任自我对象的角色一样，老师要成为学生的理想型对象也没那么容易。把学生真正看作一个发展中的人，是教师处理与学生关系的关键，明确认识这是一群有自尊需求、有探索个体化需求的充满生机的人。

在对小 B 同学进行教育的过程中，作为语文老师，我先抓住了她喜欢阅读这一具体表现，在她的作文中，在她的迷茫之处写下很多的指导和自己的看法，慢慢地，这位学生语文作业的质量成为全班最好的。她开始在作业中留言，跟我探讨很多生命的话题以及人格品格方面的"为人处事"的困惑，我也在交流过程中发现她因为对父母的失望，读过很多书，思想上比同龄学生早熟很多，写作文笔也很好，于是，我就鼓励她参加作文竞赛。她嘴上说根本不可能获奖，但也认真准备参加了，因为很显然她把我当作了她升入初中后的理想型对象，比较愿意听我的话，而对另外几位任课老师就根本不理不睬，一如既往。没想到作文竞赛她获得了很好的奖项，那天她非常高兴，手舞足蹈，从此对我说的话她言听计从。于是我鼓励她要学好其他学科，要注意时间管理、个人卫生等，都起到很好的效果，老师们都觉得她像变了一个人。后来在一次家长会上，她的父母专门来找我说，孩子特别崇拜我，模仿我的字体，模仿我说话……

在这类实践中，很多老师都感受过学生进步的快乐，经历过学生对自己真挚的感情。眼见谈吐不畅的学生变得口齿伶俐起来，胆小羞怯的学生变得落落大方起来，傻头傻脑的学生变得能思善辩起来，天真无知的学生变得成熟聪慧起来……这些是教师自我价值感的真正来源——在一群朝气蓬勃的学生中感受自己生命的意义。同时，教师在工作中也会发展起自我的力量，和学生一起成熟。

除了理想型对象的提供，老师在平时的学校生活中还需要创造各种表现的机会——创设日常任务环境，促成自我调节的实现。

在一次学校执勤时，老师安排小 B 同学上岗，她非常珍惜这个机会，执勤结束后还恋恋不舍。这次任务只是站在校门口向老师敬礼问好，监督学生的行为。所以，初中学生的班级管理应继续遵循"把班级还给学生"的口号，建立班级岗位设置、班级干部轮换、班级评价和班级文化建设等一系列的制度和措施。这些工作往往会被精心于完成知识教学任务的老师所忽视,其结果是,学生不能视校园为家园,在班级里感受不到吸引与乐趣,大部分学生除了完成学习任务之外,就是服从老师和班干部的管理,时间长了,学习也一定会受到影响。

综上所述,学生的适应和成长与老师的用心息息相关。面对青春期孩子独立和适应中出现的各种障碍,我们只有多研究、多思考、多尝试、多积累,才能不断化解。教师调节的重要性在青春期的孩子身上超越了其他任何亲近的关系,从这个角度来说,我们真的是离孩子灵魂最近的人。

参考文献

[1][美]墨森等著,缪小春等译.儿童发展和个性[M].上海教育出版社,1990

[2][美]范伦特著,颜文伟等译.怎样适应生活[M].华东师大出版社,1997

[3]李晓文.关于自我意识发展轨迹的探索[J].心理科学通讯,1990:(5)

[4]陈仲庚等编著.人格心理学[M].人民出版社,1986

[5]冯振渊.如何培养初中生的自我管理能力[J].华东师范大学学报,1998:(4)

[6]李晓文、王莹编著.教学策略[M].高等教育出版社,2000

运用园艺疗法为初中师生赋能的实践研究

■上海市民办华育中学园艺疗法课题组　黄燕　何婉青　韩笑　朱定亚　沈桂冰　吴芸

摘　要：本研究是以园艺疗法为手段,以提升人们心理健康水平为目标,对初中学校的教师和学生进行的实践研究。研究选取了教师 28 人次,进行了 4 次园艺疗法活动,选取了学生 36 名,均分为实验组和对照组,实验组学生参加园艺疗法活动共 20 次,对照组学生不参加。我们对师生参加园艺疗法活动的心情前测后测数据进行对比分析,并对所有学生在一年前后所做的两次心理测试《心理健康诊断测试》量表数据进行分析,得出结论:园艺疗法对普通人群的心理健康有明显的益处,对焦虑人群的疗愈效果比普通人群更为显著。所以,我们认为,在初中开设园艺疗法课程,对学生的心理健康有着十分明显的好处;经常组织教师参与园艺疗法活动,有利于教师纾解压力,保持心理健康。

关键词：园艺疗法　心理健康　纾解压力　中学生

一、研究背景

随着社会发展和城市化的不断推进,大城市里的人们生活节奏越来越快,精神压力越来越大,焦虑、抑郁等各种各样的身心健康问题日益突出,人们开始追求更加美好和自然的城市生活。因此,园艺疗法作为一种心理调适和精神康复的方法,正逐渐被更多的现代人接受。

园艺疗法是指通过植物、植物的生长环境以及与植物相关的各种活动,维持和恢复人们身体与精神机能,提高生活质量的有效方法。[1]

欧美以及日韩等国家越来越多的卫生医疗机构,把园艺疗法作为一种辅助治疗手段,有减缓心率、改善情绪、减轻疼痛等功效,对病人康复具有很大的帮助作用。园艺疗法适用于多种人群,比如有身心障碍的老人、儿童、妇女等。其实,对于普通人群,园艺疗法也有显著的疗愈作用,能够缓解工作、学业和生活压力,激发人的积极情绪,提升能量,提升审美情趣,使人们更加热爱生活。但国内外把园艺疗法运用于中学生和中学教师还十分少见,仅有四川成都市树德中学的张艳等人在探索。

初中学校教师由于中考压力大,学生家长的期待高,教师自己家庭中养育子女赡养老人担子重,相当部分教师处在亚健康状态。工作繁忙的教师,如何找到一个快速有效的调节情绪的方式来保证自身的身心健康,并对学生产生良好的示范作用,是一个亟待解决的问题。

当前,"赢在起跑线"的社会风气盛行,相当一部分学生从小就被一个接一个的培训班和无休无止的功课占据了大量的时间,他们几乎与自然隔绝。语文老师常抱怨学生写不出有生活气息的好作文,就是因为学生缺少生活体验。缺少生活体验,与自然隔绝,不仅写不出生动的文章,还会导致学生对学习压力难以承受,对生活没有热情。随着初中的学生进入青春期,他们的内在冲突加剧,有的为找不到生活的意义而苦恼,有的渐渐出现厌学情绪,他们却没有直接面对问题,而是选择了诸如玩游戏、读网络小说等逃避的方式,导致心理问题日益严重。这些问题主要体现在青春期交友、亲子矛盾、学业压力、自我认同等四个方面。虽然上海的每所中学至少有一名专职心理教师,而拥有 1 400 名学生的我校已有 3 名国家二级心理咨询师给学生提供个别心理辅导,但仍不能满足需求,一些学生常抱怨预约不到个别辅导的时间。还有一些在心理老师看来是需要心理辅导的学生,却由于种种原因主观上排斥拒绝心理辅导,导致他们在现实生活中较难适应。

学生进校后大都做了心理测试,建立了加密的学生心理健康电子档案。心理健康中心的老师分析心理测试数据,本着"预防为主"的原则,与达到心理健康预警线的学生家长面谈,提醒家长在教育孩子时需要采用更恰当的方式方法。而对这些心理健康达到预警线的学生本人,怎么能不露痕迹地帮助到他们呢?如果能够让他们参与我们组织的园艺活动,接受园艺疗法,无疑会帮助他们提升心理品质,更好地适应生活学习。

二、研究过程

(一) 实践研究的目标和方法

针对上述三种不同人群:教师、一般学生、焦虑指数达到预警线的学生,我们研究从事园艺活动(含园艺植物、园艺活动以及园林绿地环境)对他们产生的疗愈效益,从而设计最佳园艺疗法课程来改善不同人群的身心状态,维持和增进健康,提高生活品质。

我们组织教师 28 人次共 4 次活动,每次 2—3 小时;学生实验组 3 个(包含心理健康人组、轻微焦虑组和明显焦虑组)共 18 人进行 20 次活动,每次1.5 小时,师生参加不同的园艺疗法课程。之后对测得的相关数据进行分析。我们主要采用实验法、对比研究法和测量法:通过对参加园艺疗法活动前后测量结果做对比分析,并随机找出对照组学生,做对比分析;其次我们还使用观察法,观察师生的精神面貌;第三,我们用访谈法,来了解参与园艺活动师生的心理状态。

对照组学生 18 人不参加园艺疗法活动,在实验组学生参加园艺疗法活动的同时,对照组学生参加了学校其他第二课堂活动。

(二) 实践研究的基本内容

我们组织校内外部分师生参加由心理老师带领的园艺疗法活动,通过视觉、味觉、听觉、嗅觉和触觉等感官刺激,增进身心活力,获得认知、社交、身体、精神等方面的益处。具体说来,师生通过参加花卉及蔬果种植、香薰植物种植、植物插花设计、多肉植物组合栽培、香草植物食物品尝、森林浴等活动,与园艺植物亲密接触,融入大自然,从而有效纾解压力,提升生活质量,达到调整生理及心理健康的目标(见表 1)。

1. 准备阶段

设计园艺疗法课程,寻找实验组师生,购买所需耗材,设计前后测问卷。

2. 实施阶段

园艺疗法课程因季节变换有所不同,往往一次课里有几种类型的课程融合其中(见图 1)。

表1　园艺疗法课程内容

课程类型	课　程　内　容	课程目标
知识传授型	① 夏季的园艺观赏植物——植物和温度的故事；② 植物的有性繁殖和无性繁殖；③ 叶子的分类；④ 我国南北园林艺术特点；⑤ 日本和欧洲园艺欣赏。	通过多种方式的教学活动，使师生能认识、欣赏常见的园艺花卉植物；掌握基本园艺知识。
技能掌握型	① 播种、扦插、压条和嫁接；② 校园采集叶片，画叶之曼陀罗；③ 菜园翻地、种菜、锄草；④ 种植球茎花卉（风信子、水仙花、郁金香）；⑤ 制作落叶堆肥或者厨余垃圾堆肥；⑥ 菜园春播（西红柿、黄瓜、秋葵、玫瑰茄）；⑦ 多肉组合盆栽（箱庭园艺，我的生活，认识自我）；⑧ 苔藓栽培或雨林缸制作（静心之旅）；⑨ 种香草植物（薄荷、罗勒、迷迭香、碰碰香、紫苏等），品香草茶，吃香草饼干；⑩ 制作永生花（或自然野趣插花）。	让师生掌握基本的植物栽培（含播种、扦插、分盆以及日常管理）和有机肥的制作、植物后期管理等技术。
情景体验型	① 校园采集叶片；② 校园花境的欣赏；③ 植物园赏菊；④ 品味香草植物：烘焙迷迭香饼干，饮用藏红花茶；⑤ 植物园赏秋叶（冥想，捡叶片、玩槭树种子）；⑥ 箱庭园艺，认识自我；⑦ 五感之旅：植物园赏樱；⑧ 结业式茶话会：闻蜡梅、吃泡洋姜、喝柠檬香茅草茶。	借助植物和环境，培养提升师生对园艺植物的审美情趣，从而更加热爱生活。通过刺激人们的五感，缓解工作学业压力，从而提升心理品质。
游戏参与型	① 种子游戏（认识班里的新伙伴＋认识自我）；② 师生故事会：神奇的植物，私家花园的故事；③ 期末结业式交流：我和植物的故事讲述，我的梦想花园设计图展示。	通过园艺游戏，更好地掌握人机互动技巧，更好地认识自我。

图 1 学生和教师在园艺养心课上

（三）实践研究的数据

实验组学生采集的数据包括三种：《心理健康诊断测验》（简称 MHT）前后测数据；《园艺疗法福祉效益测量问卷表》前后测数据；园艺疗法课程心情前后测数据。对照组学生只取 MHT 前后测数据。对教师仅采集园艺疗法课程心情前后测数据。

1. 学生《心理健康诊断测验》（简称 MHT）前后测数据

实验组学生为此次实践研究的活动主体，他们来自 6、7、8 三个年级，其中男生 10 名，女生 8 名。依据 MHT 测试分数将 18 名学生分成 3 个小组，分别是心理健康组、轻微焦虑组和明显焦虑组。这三组的划分仅仅是老师在做后期数据分析时使用，平时上课并没有这样的划分，都参加同样的课程。

根据 MHT 测试结果，随机找 18 名在 MHT 测试中心理健康总体水平的分值与实验组相同的学生作为对照组。对照组学生不参加园艺疗法课程。对照组和实验组的学生都会参加 MHT 复测，以取得数据。

MHT 量表介绍（华东师范大学科教仪器厂开发测评软件）：为了正确诊

断中小学生的情绪困扰和适应不良,我国心理测量专家对日本铃木清等人编制的"不安倾向诊断测验"进行了修订,并制订出中国的常模,成为适用于我国中小学生标准化的《心理健康诊断测验》。本测验是目前我国中小学心理健康教育中使用最多的心理健康测验。

测试结果综合起来,就可以知道一个被测试者的一般焦虑程度,即心理健康总体水平,用字母 I 表示,分数高低意味着是否有以焦虑为主的情绪困扰或障碍。

全量表由 8 个内容量表构成:A. 学习焦虑;B. 对人焦虑;C. 孤独倾向;D. 自责倾向;E. 过敏倾向;F. 身体症状;G. 恐怖倾向;H. 冲动倾向。

测验结果是用 T 分来表示的。T 分的平均数为 50,比 50 愈大,心理健康在这方面的问题愈多;比 50 愈小,心理在这方面愈健康。凡 T 分在 65 分以上(含 65 分),表明心理健康有问题,即有以焦虑为主的情绪困扰或情绪障碍。家长和老师要高度重视,该生应该接受有计划的心理辅导。

实验组和对照组的学生是 6 年级至 8 年级的学生,目前 12—14 岁,他们做前测的时候比现在小 1 岁。

为了保护学生的隐私,隐去学生的真实姓名,使用代号。

分组说明:实验组学生代号为字母 A,对照组的学生代号为字母 B,字母大写为前测,小写为后测。3 位数的代号中,第一个阿拉伯数字表示为第几组,例如,A - 101,表示这个学生是实验组第一组的学生的前测。实验组和对照组均分成 3 个组:第 1 组是前测时心理健康总体水平指数≦60 的学生,下文称他们为"不焦虑组";第 2 组是前测时心理健康总体水平指数在 61—64 的焦虑中度的学生,下文称他们为"轻度焦虑组";第 3 组是前测时心理健康总体水平指数≥65 的学生,下文称他们为"明显焦虑组"。这里需要特别说明的是,用分数段来分组,主要是研究的需要,这不是给学生贴标签,因为心理测试只能提供参考,处在青春期成长中的学生会有很多的变化,测试的分数需要结合对学生横向纵向的了解才能准确地判断该生的适应状况,从而更好引导学生健康成长。

表格中后测指数比前测下降,说明焦虑降低,心理健康水平上升。反之,心理健康水平下降,焦虑指数上升。

表 2 是实验组学生心理健康前后测试数据对比。

表2 实验组学生前后测 T 分对比

实验组学生前后测 T 分对比(字母 A 大写为前测,a 小写为后测)											
代 号	性别	X	A	B	C	D	E	F	G	H	I
A－101	女	5	43	38	49	39	36	46	47	42	36
a－101	女	3	58	47	43	35	46	55	47	48	43
A－102	男	4	66	57	63	62	55	55	62	56	60
a－102	男	4	65	55	65	56	54	54	57	57	59
A－103	男	3	81	55	42	52	58	46	43	70	55
a－103	男	4	62	47	43	45	50	47	47	60	48
A－104	男	3	60	52	42	52	65	50	43	60	51
a－104	男	3	47	47	43	51	50	42	56	43	42
A－105	男	3	53	66	62	56	45	42	67	60	56
a－105	男	2	66	67	53	45	37	51	67	56	56
A－106	女	4	53	43	42	56	45	42	47	46	42
a－106	女	5	52	42	42	52	42	42	47	46	40
A－201	女	4	65	55	55	56	49	67	70	60	63
a－201	女	3	58	67	49	57	55	66	56	52	58
A－202	男	2	65	66	59	87	72	54	63	54	65
a－202	男	4	69	67	53	71	55	47	52	43	57
A－203	女	6	81	60	42	61	72	64	63	54	64
a－203	女	1	62	62	49	51	50	63	64	56	58
A－204	女	1	60	66	65	65	58	64	47	70	65
a－204	女	2	58	67	60	62	59	55	56	52	59
A－205	女	2	60	55	42	52	54	67	63	75	62
a－205	女	1	69	74	49	62	59	66	64	87	60
A－206	女	3	65	81	71	73	45	54	57	42	61
a－206	女	2	58	57	57	45	46	42	56	43	48

续　表

实验组学生前后测 T 分对比(字母 A 大写为前测,a 小写为后测)										
代　号	性别	X	A	B	C	D	E	F	G	H	I
A‑301	男	1	65	87	49	52	65	67	70	63	68
a‑301	男	1	51	47	43	35	41	42	52	48	39
A‑302	男	2	69	81	59	87	65	87	70	63	73
a‑302	男	1	57	67	49	55	57	66	54	63	65
A‑303	男	6	60	36	75	87	87	87	87	87	87
a‑303	男	2	51	47	53	57	55	51	52	56	51
A‑304	女	3	74	66	68	87	87	87	57	63	73
a‑304	女	1	69	67	60	57	64	63	67	60	66
A‑305	男	3	65	66	62	52	72	87	67	75	73
a‑305	男	4	62	57	57	66	64	76	76	72	65
A‑306	男	2	81	87	59	56	87	87	75	67	77
a‑306	男	2	58	67	63	62	55	59	64	63	65

实验组学生心理健康总体水平(上表中字母 I 所代表的数据)前后测对比见图 2。

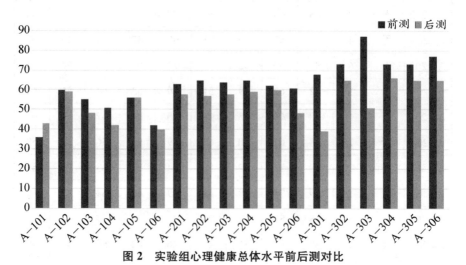

图 2　实验组心理健康总体水平前后测对比

从心理健康总体水平这项数据可以看出,实验组学生前测平均 62.94,后测平均 54.39,平均下降 13.6%,平均分 54.39 这个数字处于正常水平。可见,参加园艺疗法课的学生心理健康水平明显上升。

表 3 是对照组学生心理健康总体水平前后测试数据对比。

表 3 对照组心理健康总体水平前后测试数据对比

对照组学生前后测 T 分对比(字母 B 大写为前测,b 小写为后测)										
代 号	性别	X	A	B	C	D	E	F	G	H	I
B-101	男	3	43	43	49	37	38	39	43	42	36
b-101	男	2	37	37	43	35	33	37	47	36	31
B-102	女	3	60	60	75	52	49	54	50	54	57
b-102	女	1	62	62	69	40	41	63	52	52	56
B-103	女	5	56	60	49	61	54	57	60	46	55
b-103	女	6	51	53	43	35	46	59	60	43	45
B-104	男	5	60	52	55	52	49	50	50	54	50
b-104	男	4	51	37	53	51	55	47	64	48	48
B-105	男	1	60	55	49	61	54	61	50	57	55
b-105	男	0	55	47	57	62	50	47	52	60	52
B-106	女	2	49	43	59	52	49	36	47	46	42
b-106	女	2	55	62	49	45	59	63	60	56	56
B-201	男	3	56	52	49	56	58	87	60	60	60
b-201	男	3	55	57	49	45	64	66	60	63	58
B-202	女	2	81	66	65	43	65	87	54	75	69
b-202	女	0	87	74	63	62	64	87	69	72	80
B-203	男	4	65	55	68	56	58	61	60	67	65
b-203	男	3	51	57	53	40	55	59	69	63	58
B-204	男	1	87	87	71	52	65	57	43	50	64
b-204	男	0	55	62	57	57	59	69	56	72	63

续　表

对照组学生前后测 T 分对比(字母 B 大写为前测,b 小写为后测)											
代　号	性别	X	A	B	C	D	E	F	G	H	I
B‑205	男	2	56	87	71	43	58	87	47	50	61
b‑205	男	2	47	53	60	62	59	51	52	48	52
B‑206	女	1	65	66	65	52	58	64	43	54	59
b‑206	女	1	62	67	60	51	64	72	60	52	64
B‑301	女	1	53	60	79	39	58	87	70	75	69
b‑301	女	1	62	74	53	40	64	87	69	87	68
B‑302	男	4	81	66	42	73	87	87	75	57	74
b‑302	男	3	47	47	49	66	59	59	62	48	54
B‑303	男	6	81	81	49	87	72	87	87	67	87
b‑303	男	4	69	74	49	78	59	66	73	63	69
B‑304	女	5	74	81	42	87	87	64	60	70	72
b‑304	女	4	73	67	49	78	69	63	62	68	68
B‑305	女	2	74	60	62	65	65	87	54	67	69
b‑305	女	3	69	67	53	66	50	66	62	72	66
B‑306	男	6	81	81	65	87	72	87	63	63	79
b‑306	男	4	74	75	60	65	64	64	63	60	65

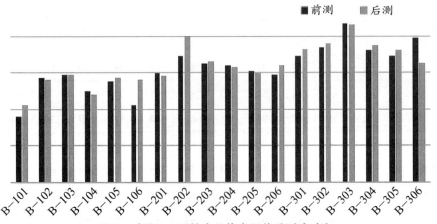

图 3　对照组心理健康总体水平前后测试对比

　　对照组学生前测的心理健康总体水平,平均 62.61,与实验组持平,但复测的平均数 64.22,上升了 2.6%,从测试误差来看数据小到可以忽略。和实验组明显进步相比,对照组心理健康总体水平没有发生改变。当然,该组内也有个别学生指数明显下降,比如代号 B-306,已经从明显焦虑降低到了中度焦虑。通过访谈我们了解到,该生的家长自从到学校心理中心了解到孩子的心理焦虑指数严重程度之后,引起了足够的重视,一方面坚持带孩子去专业机构做心理咨询,另外一方面,家长的养育方式也做了一些相应的改变,孩子才取得了明显的进步。

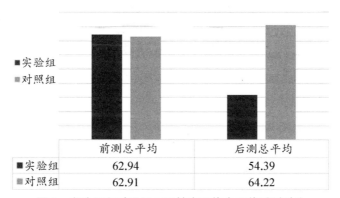

	前测总平均	后测总平均
■实验组	62.94	54.39
■对照组	62.91	64.22

图 4　实验组和对照组心理健康总体水平前后测对比

　　图 5—7 是学生实验组和对照组的各自三个小组对比数据分析。

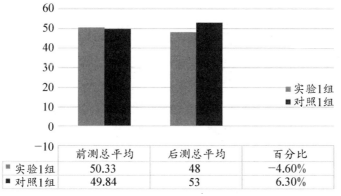

	前测总平均	后测总平均	百分比
■实验1组	50.33	48	−4.60%
■对照1组	49.84	53	6.30%

图 5　实验 1 组和对照 1 组心理健康总体水平前后测对比

第一组,是心理健康水平正常的人群,实验组的适应性似乎更好了,指数下降了 4.6%。对照组上升了 6.3%,学生焦虑指数有所上升。通过访谈和分析,我们认为,对照组的焦虑指数上升,可能是随着年龄增大,学业难度上升,学习压力增大,加上青春期的种种烦恼等综合原因所致,基本属于这个年龄段学生的正常变化。

第二组的数据见图 6。

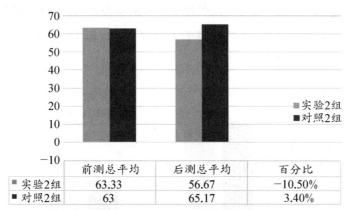

	前测总平均	后测总平均	百分比
实验2组	63.33	56.67	−10.50%
对照2组	63	65.17	3.40%

图 6　实验 2 组和对照 2 组心理健康总体水平前后测对比

前测时两个第二组学生的情况相同,都是中度焦虑。对照组的学生焦虑指数上升了 3.4%,参加了园艺养心课程的实验组学生,心理健康总体水平从原来的中度焦虑的平均数 63.33,下降到趋于正常的 56.67,下降了10.5%。

第三组的数据见图 7。

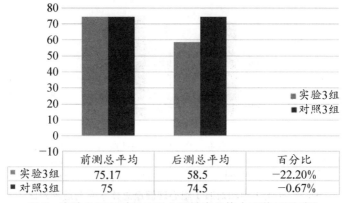

	前测总平均	后测总平均	百分比
实验3组	75.17	58.5	−22.20%
对照3组	75	74.5	−0.67%

图 7　实验 3 组和对照 3 组心理健康总体水平前后测对比

前测时实验组和对照组的第三组学生情况相同,都是重度焦虑。后测时对照组的学生焦虑指数上升了 0.67%,几乎没有改变,实验组学生的焦虑指数从平均 75.17 降到 58.5,这是一个惊人的结果,下降了 22.2%。

根据上述实验数据分析,我们看到对照组学生的心理健康总体水平大多没有发生明显的变化,少数学生似乎更加焦虑了。参加了一年园艺养心课程的实验组学生的心理健康状况发生了明显的好转。

表 4　实验组和对照组学生心理健康总体水平前后测数据对比

实验组和对照组的前后测变化对比			
组　　别	前测总平均	后测总平均	百分比
实验组	62.94	54.39	− 13.60%
对照组	62.61	64.22	2.60%
实验 1 组	50.33	48	− 4.60%
对照 1 组	49.84	53	6.30%
实验 2 组	63.33	56.67	− 10.50%
对照 2 组	63	65.17	3.40%
实验 3 组	75.17	58.5	− 22.20%
对照 3 组	75	74.5	− 0.67%

实验组学生中,仅有代号为 A - 101 的学生心理健康数据从前测的 36 上升到了 43,而 43 依然属于心理十分健康的范围。实验组从第一组到第三组,全都降低了焦虑,提升了心理健康总体水平。可以明显看出,前测时焦虑程度越高的学生,从园艺疗法课程中获得的收益越高,这说明,园艺疗法对那些严重焦虑的学生益处更加明显。

从实验组的三个小组都取得收益来看,园艺疗法课程适合所有人群,适合在广大初中学校推广。该课程尤其能够帮助到那些明显焦虑的人群降低焦虑指数,提升心理健康水平。

2. 学生《园艺疗法福祉效益测量问卷表》前后测数据

该问卷由黄燕老师参考台湾郭毓仁博士《园艺治疗福祉效益前后测问卷表》,[2] 结合我校学生实际情况修改如表 5。

表5　园艺疗法福祉效益测量问卷表

项目分值	0分：非常不符合 10分：完全符合　　请圈选最适合自己的分值 5分为中间状态　　　请注意正确理解题意	前测日期： 后测日期：
A 我了解园艺栽培技术	0　1　2　3　4　5　6　7　8　9　10	前测
	0　1　2　3　4　5　6　7　8　9　10	后测
B 我感觉自己的身体状态很好	0　1　2　3　4　5　6　7　8　9　10	前测
	0　1　2　3　4　5　6　7　8　9　10	后测
C 我对很多事情都有兴趣	0　1　2　3　4　5　6　7　8　9　10	前测
	0　1　2　3　4　5　6　7　8　9　10	后测
D 我感觉到我对很多事情都很满意	0　1　2　3　4　5　6　7　8　9　10	前测
	0　1　2　3　4　5　6　7　8　9　10	后测
E 我的学业成绩让我感到满意	0　1　2　3　4　5　6　7　8　9　10	前测
	0　1　2　3　4　5　6　7　8　9　10	后测
F 我觉得我的人际关系不好	0　1　2　3　4　5　6　7　8　9　10	前测
	0　1　2　3　4　5　6　7　8　9　10	后测
G 我经常紧张焦虑	0　1　2　3　4　5　6　7　8　9　10	前测
	0　1　2　3　4　5　6　7　8　9　10	后测
H 我控制不住自己的脾气	0　1　2　3　4　5　6　7　8　9　10	前测
	0　1　2　3　4　5　6　7　8　9　10	后测
I 我经常伤心难受	0　1　2　3　4　5　6　7　8　9　10	前测
	0　1　2　3　4　5　6　7　8　9　10	后测
J 总分	前测：　　　后测：　　　前后差异：	

实验组学生福祉效益前后测数据对比（前测时间相距约一年）见表6。

表6　实验组学生福祉效益前后测数据对比

编　号	实验组学生福祉效益前后测									
	A	B	C	D	E	F	G	H	I	J
A-101	4	8	9	8	7	9	8	7	7	67
a-101	6	8	10	9	8	9	9	8	9	76

编 号	A	B	C	D	E	F	G	H	I	J
实验组学生福祉效益前后测										
A－102	1	7	9	4	6	3	8	4	2	44
a－102	3	5	10	7	10	8	9	4	7	63
A－103	9	10	9	8	8	8	9	7	8	76
a－103	10	10	10	10	10	10	10	10	9	89
A－104	4	6	10	5	5	7	8	4	2	51
a－104	8	7	10	5	7	7	8	6	5	63
A－105	2	6	8	9	8	8	5	3	4	53
a－105	6	7	9	10	9	8	5	6	5	65
A－106	4	8	8	5	5	8	9	7	3	57
a－106	7	9	9	7	8	8	9	8	7	72
A－201	9	8	9	10	8	8	8	7	7	74
a－201	9	8	10	10	10	9	8	10	8	82
A－202	2	8	5	4	6	10	5	9	3	52
a－202	5	8	8	5	7	10	7	10	6	66
A－203	4	5	6	4	3	5	5	8	3	43
a－203	6	6	6	6	4	5	6	9	6	54
A－204	5	6	7	6	6	6	5	4	3	48
a－204	6	6	8	8	8	6	5	5	4	56
A－205	0	7	2	1	4	5	8	1	1	29
a－205	1	7	4	5	4	5	8	3	4	41
A－206	0	7	7	5	5	8	4	9	5	50
a－206	2	7	7	5	5	8	4	9	5	52
A－301	2	8	7	7	5	8	8	7	6	58
a－301	8	8	7	8	6	9	8	7	7	68
A－302	3	8	9	9	3	3	1	2	5	43
a－302	6	9		9	6	5	3	4	7	49
A－303	8	6	7	5	5	6	7	6	5	55
a－303	9	7	8	6	7	6	8	7	6	64
A－304	0	7	8	3	2	3	2	3	1	29

续　表

编　号	A	B	C	D	E	F	G	H	I	J
a－304	2	8	9	3	3	4	3	4	2	38
A－305	6	10	10	9	10	7	8	4	4	68
a－305	10	10	10	10	10	8	10	6	6	80
A－306	6	5	8	7	9	7	3	3	3	51
a－306	6	6	9	7	9	7	4	4	6	58

注：表头"实验组学生福祉效益前后测"

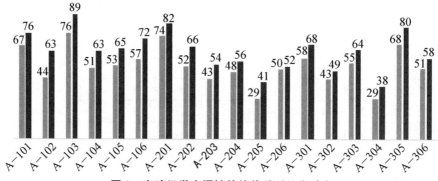

图8　实验组学生福祉效益前后测总分对比

柱状图直观地表明，园艺疗法给实验组学生的心理健康带来明显提升。

3. 学生园艺疗法课程心情前后测数据

实验组学生4次园艺疗法课程的心情前后测量记录（心情从低到高为0—10分）见表7。

表7　实验组学生4次园艺疗法课程的心情指数前后测记录

第一课	前测分	后测分	第二课	前测分	后测分	第三课	前测分	后测分	第四课	前测分	后测分
A－101	5	6	A－101	7	8	A－101	7	9	A－101	7	9
A－102	7	8	A－102	5	7	A－102	3	7	A－102	3	8

第一课	前测分	后测分	第二课	前测分	后测分	第三课	前测分	后测分	第四课	前测分	后测分
A－103	7	8	A－103	8	8	A－103	6	8	A－103	6	8
A－104	6	8	A－104	5	8	A－104	7	5	A－104	5	8
A－105	5	6	A－105	4	6	A－105	4	7	A－105	5	8
A－106	4	6	A－106	5	6	A－106	5	7	A－106	5	8
A－201	4	7	A－201	4	7	A－201	4	8	A－201	5	8
A－202	6	6	A－202	4	6	A－202	5	7	A－202	5	8
A－203	7	8	A－203	4	6	A－203	5	7	A－203	4	7
A－204	4	5	A－204	4	6	A－204	4	6	A－204	4	7
A－205	3	5	A－205	4	5	A－205	4	6	A－205	4	7
A－206	5	6	A－206	6	6	A－206	5	6	A－206	5	6
A－301	6	7	A－301	6	7	A－301	7	8	A－301	6	8
A－302	4	7	A－302	4	7	A－302	4	7	A－302	4	6
A－303	6	7	A－303	2	7	A－303	5	7	A－303	4	7
A－304	4	5	A－304	5	6	A－304	4	6	A－304	5	7
A－305	8	10	A－305	8	10	A－305	8	10	A－305	8	10
A－306	5	8	A－306	5	8	A－306	6	8	A－306	6	8

　　我们从上面4次课程的前后心情测试数据可以看到,学生很喜欢上园艺疗法课,几乎每次都会提升心情指数。

　　4. 教师园艺疗法课程心情前后测数据

　　参加园艺疗法体验课程的教师由校内外的部分教师构成,前后4次活动,共28人次参加。老师们参加的园艺疗法体验课有植物园春季樱花欣赏五感之旅,种植多肉盆栽组合以及永生花的制作。

　　在这些活动中,教师的福祉效益前后测数据如图9。

　　从图9可以看出,参与活动的教师福祉效益都有不同程度的提升。

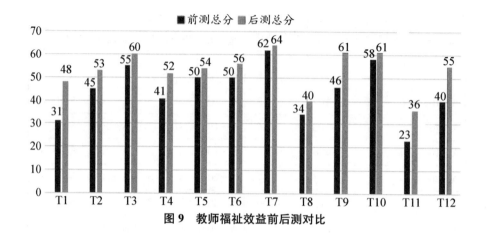

图 9　教师福祉效益前后测对比

（四）参与实践研究的师生的心得感受

1. 学生的感受

初二的莹莹说：园艺养心在我报过的第二课堂中数最独特的一门。在这门课上，你一定会有丰富的心理变化过程。给我印象最深刻的是第一次种植任务。我以前只种过兰花和牵牛花，从未有过任何高大上的种植体验，所以当老师宣布我们要种水仙花和风信子时，我甭提有多高兴了。那堂课我听得特别认真，生怕错过任何一个种植细节。回家后迫不及待地种下了。此后，每天放学回家我第一件事就是去观察，看着风信子的茎一点一点长高，水仙花的叶一点一点长大，每天都有新的惊喜，即使微小，也够我高兴好久。可怎么还不开花呢？随着同学们的花一朵一朵开出，我的焦急与日俱增。终于，在第 52 天，我的花总算绽放了。拍照给老师看，老师还夸我的花开得舒展。我心中是既高兴又欣慰，谁说晚开的花就不美呢？

玮是花房的志愿者。他说：我喜欢每天中午到学校的园艺角去当志愿者，不论是扫地还是清除杂草，还是浇水，或者修枝，我都乐在其中。花房成了我最爱的地方，在那里干活，我觉得自己渐渐不再烦躁不安。是啊，我急什么呢？植物的生长有着自己的节奏，我也会慢慢成长，成长的每一天都是美丽的，不是只有第一名才是好的。

2. 老师的感受

（1）在植物园森林浴的活动中，老师们樱花树下冥想后，交流了自己的感受。

吕老师说：那一阵樱花雨给我的感受最好。我坐在樱花树下的石头上，一阵春风吹过，花瓣从我身后往前飞。纷纷扬扬的花瓣往前飞，花瓣如此自由！而我就身在花瓣雨的当中！我感觉到了那些飘落的小小花瓣的生命力。

黄老师说：我来到那株繁花盛开的雨晴垂枝樱花树面前感动得想落泪，今天正好是这一树樱花开得最灿烂的时候，一串串粉色的花朵垂下来，在风里摇曳，我觉得自己整个身体很放松。感觉到这棵树强大的生命力，此刻如此美丽，如此无拘无束，我几乎和它融为一体。

陆老师说：我最喜欢的是那些光秃秃的枝条当中刚刚发出来的嫩嫩的叶子，尤其是银杏的树叶。我也很喜欢秋天金黄色的银杏叶子，但是这初春的银杏叶子，它太可爱了，就像一个萌萌的小生命一样！

王老师说：今天，我在植物园看到美丽的花朵，我就静静地在花朵的旁边注视着它，我就很满足了，这就是我的幸福。

袁老师说：我很疲乏，心情有点抑郁，能够调动我兴趣的事情很少。但今天来植物园走了一段下来，我感觉很好，看到植物园里兴致勃勃的人们那兴奋的笑脸，还有这春天里盛开的花朵，他们都在影响着我。我需要慢一点再慢一点，而不要被忙碌的生活弄丢了自我，我开始反思我们的教育工作该如何让孩子们得到自由的发展？快速发展的科技改变了人们的生活，如何才能做到让科技不影响我们追求内心的宁静？

张老师说：我注意到了袁老师，今天刚来的时候他的眉头是紧锁着的，后来慢慢放松下来。看来不要思考，只是沉浸到大自然中就好。其实大自然告诉我们，自然的才是最好的，哪怕我的脸上有皱纹，头上有白发，那也是很正常的。今天我感觉很舒心。

金老师说：我最近工作中遇到几个很不讲道理的家长，心情很沮丧。我在植物园樱花树下来来回回走，心就慢慢静了下来。

（2）经常到学校花房批改作业的王老师说：我喜欢到学校花房去批作业。温暖的阳光从花房的玻璃顶洒下，无比明亮舒适，周围各种植物旺盛生长，一派生机勃勃，中间放着长长的桌子摆放着各种漂亮的花卉，伏在桌上批作业真有花团锦簇之感。时时闻着花朵的芬芳，抬眼看见姹紫嫣红的花朵，再做几个深呼吸，真是令人心情舒畅、神清气爽！在与自然的交流互动中，你会慢慢地静下心,放松紧张焦虑的心情,在自然的美好当中,心中涌上一种满满的幸福感,美好的生命总是有一种无与伦比的感染力。

3. 学生的两个故事

子浩,初一学生,他非常热爱数学,不喜欢写作文,害怕跟人说话。放学后他经常被语文老师留在办公室补写作文,可即便留在办公室他也如同在家写作文一样,可以枯坐两三个小时写不出一个字!他和他的语文老师都非常痛苦。一天下午放学后子浩再次被留下写作文,语文老师已经放宽要求,任他写什么主题都行,但他依然不知如何下笔。原来这个数学小天才从小就在一个个奥数培训班里度过了自己几乎所有的空余时间,很少外出玩耍,对老师布置的命题作文,他往往一头雾水不知如何写。在家里除了写作业就是刷题,他的父母从不让他干任何一件学习之外的事情,他的生活自理能力也十分低下。在征得子浩和他语文老师同意后,我让他跟着我去花房种花。我们一起把已经扦插成活的秋海棠小苗种进一个花盆里,每个步骤都讲解给他听,甚至日后盆花的日常管理,他都一一记在心里。回办公室后,他第一次比较流畅地写了一篇 600 字的关于种花的记叙文,语文老师终于肯定了他的文章,他露出了难得轻松的笑容。从那以后,花房的那盆秋海棠牵挂着他的心,他成了花房的常客,在花房认识了更多的花花草草,跟老师也能主动聊天了。

像子浩这样缺少生活经验的孩子并不是个案,他们不仅害怕写作文、害怕课堂上的演讲任务,而且他们中多数还不懂得怎样和人打交道,遇到烦恼没法向人倾诉。随着青春期的到来,加上学业压力增大,他们烦恼更多,渐渐成为师生口中的"怪人",不被大家理解。可是这样的孩子一旦跟花草做了朋友,往往能变得开朗乐观很多。

初二的佳佳是单亲家庭的女孩,幼年丧母,她跟着爸爸和奶奶生活。同学嫌弃她不讲卫生,她话虽不多,但每次跟人说话缺乏分寸,不太注意别人的感受,活在自己的世界里。在班级没有朋友,每次春游分组都是问题,往往要到最后由老师来帮她找一个接受她的小组。佳佳来到园艺班后,很喜欢观察植物。每天一有空她就往花房跑,和我经常在花房碰面,但依然不太多说话。一天早上她跟我一起看晨曦中的牵牛花,我告诉她这些美丽的花朵在中午太阳出来后就会慢慢凋谢,她整个人就待在那里不语,几分钟后我停下手里的活抬头看她,她已是泪流满面。她说妈妈的生命也如这美丽的花朵一样短暂。她开始跟我讲她去世的妈妈，讲述中哭哭笑笑，我知道她想念妈妈了。后来我拿了一小包牵牛花的种子给她，要她带回家去播种。过了些日子，她的牵牛花每天都开出美丽的喇叭花的时候，她来告诉我，她就是妈妈生命的种子，她会好好照顾自己，好好活着，替妈妈活出精彩。你看，是牵牛花在启发和影响佳佳，这就是园艺疗法的作用。

三、实践研究结论

我们对参加园艺活动的师生进行的前后测数据分析，并结合访谈和观察，得出的结论主要是：园艺疗法对压力指数不同的师生人群都能有效纾解压力，对焦虑程度较高的学生，园艺疗法的效果更加明显。

此次我们重点分析了师生在园艺疗法课程中缓解焦虑情绪的数据。其实，园艺疗法对人们的功效远不止缓解焦虑这一项，园艺疗法的功效还表现在心理环境、物理环境、精神方面、感觉运动和心理社会五大方面。[3]

事实上，师生参加园艺养心课程后，不仅仅是转换了心情，提升了自我评价，而且学习和工作效率都有不同程度的提升，人际交流方面也有一些改善，整个人更有活力了。

园艺疗法为什么能够取得如此明显的福祉效益？那是因为植物对人们发挥着绿色疗愈作用。植物挺立于天地之间，凝太阳之能量，聚大地之精华，是我们能量的源泉。植物不仅提供人类衣食住行的种种原材料，而且能慰藉人的心灵。[4]人们在栽培植物、观赏植物、感受植物等园艺活动中看到植物的美，让植物的美涤荡人的心灵，唤醒人们对自己内心的尊重，人与植物建立紧密的联系，以生命见证生命，以生命影响生命，最终帮助人们舒展身心，促进心理发展，从而更加热爱生活，有效提升生命活力。

通过此次实践研究，我们课题组增强了在初中学校对学生继续开设园艺疗法课程的决心和信心，我们把这门以心理学为背景的园艺疗法课命名为园艺养心课。这门课程是以情境体验式教学为主，课堂知识传授为辅；以学生实践操作为主，老师从旁协助为辅；由有心理学背景的园艺疗法老师带领学生进行的以园艺活动为媒介的心理训练、心理教育和心理疗愈的课程。在园艺养心课上，我们力求让学生不仅能够学习到观赏园艺的一些知识，还能掌握一些基础技能，尤其要保证良好的课堂体验感。上课的场所除了教室，更多的时候是花房、菜地、绿地以及植物园。学生们跟着老师一起体验园艺之美,一起感受植物的生命魅力。在与自然接触中,从春天赏樱,到秋天观叶,学生们不知不觉中被植物疗愈,既学习到了园艺方面的知识和技能,缓解了学习的紧张压力,又提升了审美情趣,身心健康得以发展。

与此同时,我们还将继续带领老师们一起栽培植物,欣赏花朵,让工作繁重的老师有喘息的机会,为教师的心理健康出一份力。

四、实践研究反思

(1)课题实践研究中使用的量表是我们的薄弱环节。目前使用的量表主要是参考台湾园艺疗法专家郭毓仁博士的《生活压力表》和《园艺疗法福祉效益测量问卷表》,以及我国心理测量专家依据日本铃木清等人编制的"不安倾向诊断测验"制订出的适用于我国中小学生标准化的《心理健康诊断测验》(简称 MHT)。如何能够制作更加贴近学生实际情况的测量表,从而准确了解园艺疗法带给不同学生的身心益处,是今后努力的方向。

(2)设计更适合不同人群的园艺疗法课程,积极运用本地公园、绿地、植物园、校园等公共资源,多栽培一些有效刺激五感的香草植物和中药植物,是下一个阶段需要做得更好的方面。

(3)每次园艺疗法活动需要留下足够的时间给师生交流看法和感想,这是提升园艺疗法功效的一个重要环节,不可因时间不够而草草行事。

(4)从心理健康教育工作的伦理要求来看,对于初中生这样的未成年人参加心理测试,需要得到监护人的知情同意,我们想让心理测试中焦虑指数太高的学生得到园艺疗法带来的实惠,还需要得到家长普遍配合和理解。同时,教师对学生心理测试等环节的保密工作要做得更好,这对教师的职业伦理提出了更高的要求。

参考文献

[1]李树华.园艺疗法概论.中国林业出版社,2011

[2]郭毓仁.遇见园艺治疗的盛放:启动五感能力,接受植物疗愈力量[M].台湾养沛文化馆出版,2015

[3]李树华.园艺疗法概论.中国林业出版社,2011

[4]李树华.2017中国园艺疗法研究与实践论文集.中国林业出版社,2017

图书在版编目(CIP)数据

初中资优学生培养探索：华育中学教育教学研究文
集 / 李英主编. —上海：文汇出版社，2019.10
　　ISBN 978 - 7 - 5496 - 3007 - 3

　　Ⅰ. ①初… Ⅱ. ①李… Ⅲ. ①中学－教学研究－初中
－文集 Ⅳ. ①G632.0 - 53

中国版本图书馆 CIP 数据核字(2019)第 201443 号

· 名牌中学研究丛书 ·

初中资优学生培养探索
——华育中学教育教学研究文集

李　英 / 主编

责任编辑 / 竺振榕
特约编辑 / 胡敦伦
封面设计 / 薛　冰

出版发行 / 文汇出版社
　　　　　上海市威海路 755 号
　　　　　（邮政编码 200041）
经　　销 / 全国新华书店
排　　版 / 南京展望文化发展有限公司
印刷装订 / 上海新文印刷厂
版　　次 / 2019 年 10 月第 1 版
印　　次 / 2019 年 10 月第 1 次印刷
开　　本 / 720×1000　1/16
字　　数 / 337 千字
印　　张 / 22.25

ISBN 978 - 7 - 5496 - 3007 - 3
定　　价 / 65.00 元